JN443042

행정학의 뉴프런티어 시리즈 ①

한국행정학의 방향

- 교육, 연구 및 제도 -

| 박종민·윤견수·김현준 편 |

박영사

머 리 말

20세기 중반 미국의 근대행정학이 한국에 도입되고 반세기가 지난 요즘 한국행정학은 교육과 연구에서 중대한 도전에 직면해 있다. 21세기를 목전에 두고 일어난 정치의 민주화와 경제의 세계화는 정치와 행정, 정부와 시장 및 정부와 시민사회 간의 관계를 변화시키면서 그동안 관치모형에 바탕을 두고 성장해온 한국행정학의 방향 전환을 요구하고 있다. 지난 반세기 행정이 정치에 우선하고 정부가 시장과 시민사회를 주도하는 체제에서 행정학은 괄목할 만한 성장을 이루었다. 건국과 부국을 위해 정부관료제의 역할이 강조되면서 행정발전은 국가발전의 필수조건으로 인식되었고 미국행정학은 한국행정의 근대화를 위한 주요한 지침이 되었다. 이러한 배경에서 선진 행정지식과 기술을 체계적으로 전수하고 연구하는 고등교육기관이 우후죽순처럼 설립되었고 이를 통해 신생국에 필요한 공무원 교육과 훈련이 본격적으로 이루어졌다. 부국강병을 지향하는 권위주의적 발전국가에서 한국행정학은 최고의 전성기를 누릴 수 있었다.

그러나 권위주의 통치의 붕괴와 IMF 경제위기는 한국행정학의 급성장에 기여하였던 환경을 크게 변화시켰다. 대의기관인 국회의 권한이 회복되면서 국정과정의 중심이 행정에서 정치로 이동하였고 시장과 시민사회의 역할이 확대되면서 정부행정의 주도권이 약화되었다. 이러한 환경 변화로 행정을 경제와 사회발전의 동인으로 보고 관치모형을 강조하였던 한국행정학은 점차 규범에서만이 아니라 현실과도 괴리되면서 교육과 연구의 적실성이 의문시되고 있다. 관치모형의 유용성으로 급성장해온 한국행정학은 이제 관치모형의 유효성의 한계만이 아니라 정당성의 적자로 위기에 직면한 것이다. 태생기와 크게 다른 정치적, 경제적 및 사회문화적 환경에 직면한 한국행정학은 이제 교육과 연구에서 경험적 유용성과 규범적 정당성을 입증하면서 다시 학문적 활력을 되찾아야 하는 과제를 안게 된 것이다.

한국행정학의 태생과 성장과정에서 미국행정학의 영향은 그야말로 거의 절대적이었다. 미국의 원조계획으로 설치된 서울대학교 행정대학원은 미국의 행정전문대학원의 교육제도와 과정을 모방한 것이었다. 서울대학교는 학부의 행정학과를 폐지하고 행정대학원을 설치하였는데 이는 행정학교육을 일반교육과 학술이론교육보다는 직업교육으로 간주하였음을 보여준다. 이는 미국의 행정학교육모형을 따른 것이었다. 한편 국내 다른 대학교들은 학부와 일반대학원에 행정학과를 설치하고 행정학교육을 실시하였다. 이는 행정학교육을 암묵적으로 직업교육보다는 일반교육 및 학술이론교육으로 간주하였음을 보여준다. 아이러니는 국내 학부교육과정이 미국 행정전문대학원 석사과정을 모방하거나 이를 모방한 서울대학교 행정대학원 석사과정을 재모방하면서 학부와 일반대학원의 행정학교육이 전문대학원 행정학교육과 별 차이가 없게 되었다는 점이다. 근대행정학의 본산인 미국을 따라야 할 모형으로 삼았음에도 불구하고 한국에서 행정학은 주로 일반교육을 강조하는 학부와 학술이론교육을 강조하는 일반대학원에서 실시했다는 것은 부정적으로 말하면 한국 행정학교육의 무원칙성을, 긍정적으로 말하면 독특성을 보여주는 것이라 할 수 있다.

역사성을 갖는 미국행정학에 대한 한국행정학의 지적 의존은 아직도 변함없이 지속되고 있다. 국가주의 전통이 강한 한국에서 반국가주의 전통 속에서 발전한 미국행정학을 피해야 할 모형이 아니라 따라야 할 모형으로 간주한 것은 아이러니이다. 적실성에 대한 검토 없이 미국행정학을 한국의 행정현실을 이해하는 데 가장 적합한 모형으로 상정하고 이를 무비판적으로 도입해 전수한 것이다. 역사와 문화의 경계를 넘어 이전 가능한 일반법칙과 이론을 제공하지 못하는 미국행정학을 기계적으로 소개하고 적용하는 상황에서 자의식을 갖춘 한국행정학의 성장은 부진할 수밖에 없었다. 미국과 달리 한국에서 행정학은 관방학(국가학)이 발전한 독일의 국법학의 영향을 받은 법학교육과 밀접히 관련되었었다. 국가 활동의 핵심인 행정은 공법의 집행으로 간주되었기 때문에 행정학교육이 법과대학에서 실시되기 시작한 것은 의외가 아니다. 그러나 정치학에서 출발한 미국행정학의 도입은 한국에서 행정학을 법학으로부터 탈피하도록 조장하였다. 행정학의 경험과학적 성격이 강조되고 행정학과의 소속대학이 법과대학에서 사회과학대학 혹은 정경대학으로 바뀌면서 한국행정학의 脫법학화는 가속화되었고 그에 따라 법 중심인 행정현실을 이해하는 데 있어 한국행정학은 점점 한계를 드러냈다. 한편, 한국행정학은 정치학에서 출발하지 않았기 때문에 미국에서와 달리 정치학으로부터 학문적 독립성을 굳이 강조할 필요조차 없었다. 脫정치적 권위주의 통치도 한국에서 행정학의 非정치적 성격을 강조하는 지적 경향을 강화하였다. 그러나 행정을 법 집행으로 보는 현실이 지속되고 다른 한편 정치적 민주화로 행정의 정치적 환경이 중요시되는 상황에서 脫법학적 및 非정치학적 행정학교육의 적실성은 더욱 약화되었다.

미국행정학을 추종하는 풍토에서 역사와 맥락이 고려된 한국행정학의 교육 및 연구프로그램의 개발이 부진한 것은 당연한 결과이다. 미국의 연구프로그램이 우리의 연구방향을 결정하고 미국의 전문대학원제도가 우리의 학부 및 일반대학원의 교육모형이 되면서 “한국적”이지도 않은 한국행정학은 적실성을 상실한 채 개발연대의 버블이 꺼져가는 것을 경험하고 있는 것이다. 일반교육보다 직업교육을 강조해온 학부교육은 고시제도의 변화 전망에 직면해 교육과정을 재설계해야 할 상황에 놓여 있다. 학문후속세대의 육성을 목표로 하는 일반대학원교육은 여전히 외국학위과정과 비교해 경쟁력을 갖지 못한 채 무기력과 패배주의에 빠져있다. 전문행정인력의 육성을 목표로 설치된 전문대학원은 공무원임용제도의 폐쇄성으로 고용시장과 괴리된 채 표류하고 있다. 직업인 계속교육을 목표로 설치된 특수대학원은 무책임한 학사관리와 학위남발로 대학원교육과정을 희화화하고 있다. 미국행정학 연구프로그램에 의존적인 학술연구는 종종 한국의 행정현실과 겉도는 하찮은 결과를 보여줄 뿐이며 임기응변적 용역연구는 한국행정학의 학문성을 정립하려는 노력을 약화시키고 있다.

이러한 지적 위기감에서 교육, 연구 및 제도의 측면에서 한국행정학의 길을 모색하기 위해 고려대학교 정부학연구소는 작년 11월 "한국행정학의 방향"이라는 주제로 학술대회를 개최하였다. 학술대회는 3개 패널로 구성되었다. 첫째, 교육패널은 학부 및 대학원을 구분해 행정학교육 자체에 초점을 두었다. 학부교육과 관련해서는 다음과 같은 쟁점을 다루었다: 현 학부교육의 문제는 무엇인가? 학부교육의 목표를 어디에 둘 것인가? 일반교육과 직업교육을 어떻게 조화시킬 것인가? 학부에서 무엇을 가르치고 강조할 것인가? 다른 전공교육과 어떻게 차별화시킬 것인가? 그리고 대학원교육과 관련해서는 다음과 같은 쟁점을 다루었다: 현 대학원교육의 한계는 무엇인가? 일반대학원, 전문대학원, 특수대학원 등 각 대학원교육의 목표를 어디에 둘 것인가? 각 대학원교육을 어떻게 특성화하고 차별화할 것인가? 학문후속세대의 육성을 위한 일반대학원교육이 가능한가? 국제경쟁력을 갖춘 대학원교육의 개혁 방향은 무엇인가?

둘째, 연구패널은 한국행정학의 주제적 관심과 학문으로서 행정학의 고유성 문제에 초점을 두었다. 주제적 관심과 관련해서는 다음과 같은 쟁점을 다루었다: 현 한국행정학 연구의 문제는 무엇인가? 행정학계의 지적 대응이 요구되는 주제는 무엇인가? 이를 어떻게 접근하고 연구할 것인가? 연구결과를 어떻게 체계화시킬 것인가? 연구와 교육을 어떻게 연계시킬 것인가? 그리고 행정학의 고유성과 관련해서는 다음과 같은 쟁점을 다루었다: 행정학만 가질 수 있는 학문적 특성은 무엇인가? 학문간 교류를 지속하면서도 행정학의 고유성을 어떻게 확보할 것인가? 주변 학문에 대한 지나친 의존성을 어떻게 완화시킬 것인가? 한국행정학 연구의 대외 의존성을 어떻게 완화시킬 것인가? 행정학의 토착화, 한국화 그리고 한국행정학의 국제화가 어떻게 가능할 것인가?

셋째, 교육제도패널은 학부와 대학원을 구분해 행정학교육편제에 초점을 두었다. 학부교육편제와 관련해서는 다음과 같은 쟁점을 다루었다: 현 학부교육제도의 장점 및 한계는 무엇인가? 행정학교육을 위해 학부가 필요한가? 경쟁력 있는 학부교육을 위한 제도적 틀은 무엇인가? 행정학과를 어디에 소속시킬 것인가? 그리고 대학원 교육편제와 관련해서는 다음과 같은 쟁점을 다루

었다: 현 대학원교육제도의 문제는 무엇인가? 행정학 대학원교육을 어디서 시킬 것인가? 일반대학원에서 실시하는 것이 좋은가? 전문대학원이 대안인가? 특수대학원은 어떻게 자리매김할 것인가? 이들간의 관계를 어떻게 구축할 것인가? 학술 및 전문학위과정을 어떻게 활성화할 것인가?

학술대회는 이들 쟁점에 대해 하나의 해답을 추구하기보다 다양한 시각과 관점에 기초한 대안을 모색하려 하였다. 제시된 대안의 다양성에도 불구하고 문제인식은 대체로 공유하고 있었다. 한국행정학이 현재 어디에 있는지에 대해서는 큰 이견이 없었지만 어디로 어떻게 가야 하는지에 대해서는 의견이 상이하였다. 본서는 학술대회에서 나온 공통된 문제의식과 다양한 대안논의가 한국행정학의 방향을 모색하는 데 단초를 제공하기 바라면서 6편의 발표논문, 12편의 지정토론, 3편의 사회자평, 그리고 학술대회요약보고를 묶은 것이다. 자칫 지루할 수 있는 하루 종일의 학술대회를 활기차고 긴장된 토론의 장으로 만들어주신 발제자, 토론자, 사회자 한분 한분께 이 지면을 빌어 감사의 말씀을 드린다.

학술대회의 개최 및 본서의 출간은 고려대학교 행정학과 창립 50주년 기념사업의 일환으로 조성된 행정학과 발전기금의 지원을 받았다. 본 학술대회를 "한국행정학의 뉴프런티어" 첫 번째 사업으로 추진할 수 있도록 도와주신 김태일(정부학연구소장), 김선혁(BK21아시아행정학허브구축을위한교육연구단장), 최진욱(학과장), 윤성식(발전기금관리위원장), 염재호, 최흥석, 이용숙, 구교준, 김두래, 김희강, 최영준 동료교수께 감사한다. 학술대회의 기획부터 본서의 출간에 이르기까지 전 과정을 함께 한 윤견수, 김현준 동료교수께 특히 감사한다. 학술행사와 편집과정을 도와준 박사과정의 박상현 군에게도 고마움을 표한다. 끝으로 본서의 출간을 흔쾌히 맡아주신 박영사의 안종만 회장님께 감사한다.

2011년 6월 1일

박종민

차 례

제1편 교 육

제1장 행정학 학부교육을 어떻게 할 것인가? 〈김준한〉

Ⅰ. 서 론 …… 3
Ⅱ. 학부 행정학 교육의 현황 …… 5
Ⅲ. 대학교육 목표 변화에 대한 환경적 압박과 대응책 …… 8
Ⅳ. 학부 행정학 교육의 개선 방안 …… 18
Ⅴ. 결 론 …… 27

제2장 행정학 대학원교육을 어떻게 할 것인가? 〈이승종〉

Ⅰ. 서 론 …… 29
Ⅱ. 현황 및 문제점 …… 30
Ⅲ. 개선방향에 대한 논의 …… 42
부 록 …… 56

논 평 …… 〈송하중〉 47
논 평 …… 〈유재원〉 52
논 평 …… 〈송희준〉 59

논 평 ……………………………………………………………… 〈윤성식〉 66
사회자평 ……………………………………………………………… 〈김현구〉 73

제 2 편 연 구

제 3 장 한국 행정학에서 무엇을 어떻게 연구할 것인가? 〈정용덕〉

Ⅰ. 서 론 ……………………………………………………………… 79
Ⅱ. 한국 행정학 연구의 과거와 현재 ……………………………… 82
Ⅲ. 미래 한국 행정학 연구의 전망과 과제 ………………………… 93

제 4 장 한국에서 행정학의 적실성에 대한 비판과 대안: 전문성과 고유성을 중심으로 〈박통희〉

Ⅰ. 문제의 제기 ……………………………………………………… 109
Ⅱ. 한국에서 행정학의 학문적 위상에 대한 비판적 검토 ………… 112
Ⅲ. 한국에서 행정학의 적실성 제고 방안 ………………………… 127
Ⅳ. 한국에서 행정학에 대한 비판적 성찰의 실천에 있어서 장애 …… 137
Ⅴ. 결론: 비판적 성찰의 실천을 위한 학문공동체적 대안 ………… 140

논 평 ……………………………………………………………… 〈박천오〉 144
논 평 ……………………………………………………………… 〈염재호〉 146
논 평 ……………………………………………………………… 〈최병선〉 153
논 평 ……………………………………………………………… 〈하연섭〉 165
사회자평 ……………………………………………………………… 〈백완기〉 171

제 3 편　교육 제도

제 5 장　행정학 학부교육의 대안적 접근 〈조성한〉

Ⅰ. 서　론 ····· 177
Ⅱ. 한국 행정학 학부교육의 의의와 환경 ····· 179
Ⅲ. 학부 행정학 교육의 당위성과 한계 ····· 183
Ⅳ. 학부 행정학 교육의 대안적 모델 ····· 186
Ⅴ. 결　론 ····· 195

제 6 장　행정학 대학원교육을 위한 제도적 구상 〈남궁근〉

Ⅰ. 문제의 제기 ····· 197
Ⅱ. 국내대학 행정학 석사 및 박사과정 설치현황 ····· 199
Ⅲ. 외국의 행정학분야 대학원 교육제도 ····· 208
Ⅳ. 교육환경변화에 대응한 대학원 교육제도의 제도적 구상 ····· 218

논　평 ····· 〈김성기〉 227
논　평 ····· 〈김석태〉 234
논　평 ····· 〈유민봉〉 240
논　평 ····· 〈문명재〉 245
사회자평 ····· 〈윤재풍〉 251

학술회의의 요약 및 평가 〈김현준·윤견수〉

Ⅰ. 서　언 ····· 257
Ⅱ. 제 1 패널 “행정학 교육”의 소결 ····· 258
Ⅲ. 제 2 패널 “행정학 연구”의 소결 ····· 264

Ⅳ. 제 3 패널 “행정학 교육제도”의 소결 ······ 271
Ⅴ. 결 어 ······ 277

참고문헌 ······ 281

SECTION 1

교　육

CHAPTER 1
행정학 학부교육을 어떻게 할 것인가?
김준한

CHAPTER 2
행정학 대학원교육을 어떻게 할 것인가?
이승종

논　평
송하중 / 유재원 / 송희준 / 윤성식

사회자평
김현구

CHAPTER 01

행정학 학부교육을 어떻게 할 것인가?

김 준 한

Ⅰ. 서　　론

지난 30여 년간 행정학자들 사이에서 '행정학의 위기', '행정학 교육의 위기' 등 행정학의 연구 및 교육과 관련된 위기의식은 지속되어 오고 있으며, 그 내용과 대처 방안에 대해 많은 논의가 있어 왔다. 행정학 교육의 실태 파악, 문제점 분석과 발전 방안의 모색 작업도 끊임없이 이어져 오고 있으며, 다양한 견해와 많은 좋은 처방들이 제시되어 왔다(김기환·김상묵, 2009; 김준한·강명구, 1992; 문명재, 2009, 박종관·김상묵, 2009; 송병주·정원식, 2000; 이선우, 2006; 이종범·정용덕·김준한, 1990; 정연택·이주실, 2008; 제갈욱·최근열·김태영, 2001; 제갈욱·최근열·김태영, 2005; 조경호, 2005; 조경호·황영호, 2009; 홍준형, 2008; 하태수, 2004). 세미나 주최 측으로부터 원고 청탁을 받고 이런 상황에 왜 반찬 하나를 더 얹어야 하는가 고민을 하지 않을 수 없었다. 문헌 검토 끝에 이제까지의 관련 연구들이 주로 행정학, 행정학과, 행정학과 교수 및 학생들을 대상으로 미시적이며 내부지향적인 접근을 취하였다는 점에 주목하여, 상대적으로 고려가 미흡하였던 대학교육을 둘러싼 거시적인 환경적 요소들에 초점을 맞추어 행정학 교육의 실태를 진단해 보고 개선 방안을 탐구하면 약간의 공헌을 할 수 있지 않을까 생각하게 되었다.

본고에서는 행정학 교육의 실태 파악과 개선 방안 도출에 있어서 교과목들의 구성이나 행정학 교육 관련자들의 의견이나 행태를 분석하고 처방하는 미시적 접근이 아니라, 대학 차원의 교육목표와 이를 달성하는 수단으로서 수업 목표와 방법을 핵심 요인으로 다루는 거시적 접근 방법을 사용하고자 한다. 이러한 거시적인 요소들은 그 범위가 넓고 포괄적이기 때문에 엄밀하고 객관적인 자료를 통해서 분석하는 것은 본 논문의 취지를 벗어나는 작업이라고 판단하였고, 필자의 20여 년 행정학 교육 경험을 바탕으로 관찰과 직관에 의존하여 논의를 전개하려고 한다. 본 논문의 연구 목적은 대학교육 목표 설정에 영향을 끼치고 있는 환경적 요인들을 확인하고 대응책을 제시하며 이러한 요인들이 행정학 교육에 주는 함축을 바탕으로 우리나라 행정학 교육의 개선 방안을 모색하는데 있으며, 이를 통해 행정학 학부교육 발전 방안에 대한 공감대를 확산할 수 있는 실마리를 제공하고자 한다.

논문의 대상은 행정학 학부교육이지만, 거시적인 환경의 파악은 대학교육 전체를 단위로 접근할 것이며, 포괄적으로 행정학의 교육을 논할 때에는 대학원교육도 포함하나 구체적인 처방의 제시는 4년제 대학의 학부교육에 초점을 맞출 것이다. 또 이 논의는 시간적으로는 지난 30년, 공간적으로는 대한민국에 초점을 맞출 것이며, 학문 분야는 행정학에 초점을 맞추지만 논의 주제에 따라 관련 분야인 사회과학으로 확장될 수 있다. 이렇게 범위를 한정한다 하여도 행정학 학부교육의 환경과 특성은 대학마다 다르기 때문에 이 논문에서의 상황 파악 및 처방 내용이 모든 대학에 그대로 적용될 수는 없을 것이며, 가능한 한 공통적인 요소들을 중심으로 서술하겠지만, 필자의 경험에 기인한 편향이 개입되어 있을 가능성이 크다는 점을 미리 지적해 두고자 한다.

II. 학부 행정학 교육의 현황

1. 교육 목표

대학의 기능은 시대마다 그 강조점이 달라져 왔으며, 이에 따라 대학교육의 목표는 다양한 기능을 포함하는 복합적인 성격을 지니게 되었다. 대학의 역사적 변천과정을 살펴보면 대학교육의 목표는 크게 3가지로 요약될 수 있다. 첫째, 전문 지식인의 배양이다. 초기 대학은 플라톤 시대에 볼 수 있었던 바와 같이 특권층이 모여 진리탐구를 위한 대화의 장을 운영하는 데에서 시작되었다. 그 후 시대적 요구에 따라 학문 탐구와 전문 지식인 배출이라는 대학의 기능은 부침을 거듭하였지만, 19세기 초반 독일의 훔볼트가 학문의 장으로서 진리 탐구가 중심과제가 되는 대학의 이념을 재정립하였으며, 19세기 이후에는 상아탑으로서의 대학 및 전문 지식인의 배양이라는 대학교육의 목표는 부동의 자리를 차지하고 있다. 둘째, 교양인의 배양이다. 15세기 영국과 17세기 미국의 대학은 사회 지도층을 구성하는 교양인의 배출을 강조하여 각국 대학의 전통을 수립하였다. 위에서 언급한 훔볼트 역시 진리탐구를 강조하는 동시에 이를 통한 인격 도야를 대학교육의 목표로 삼았다. 서구에서 민주화의 진전에 따라 19세기말부터는 교양 교육을 통한 민주시민의 배양이라는 목표가 확산되었으며, 20세기 중반 이후 고등교육의 대중화 현상은 이러한 경향을 강화시켰다. 셋째, 직업인의 배양이다. 근대적인 대학의 시초라고 할 수 있는 12세기 유럽 대륙의 대학들은 의사, 법률가, 목사 등 직업인을 양성하기 위한 제도로서 출발하였다. 그 후 전제군주 시대에는 국가발전을 위한 관료의 배출이 중요한 목표이었으며, 20세기에 들어서면서부터는 산업사회를 위한 인력배출이라는 사회적 요구를 수용하였고, 최근에는 "대학교육과 사회의 연계 강화"[1]라는 기치하에 후기산업사회에서 요구되는 창의적인 직업인의 배출이 요

1) 최근 정치인, 언론, 교육정책 담당자들 나아가 학자들로부터도 "대학이 사회와의 연계가 약해진 것이 문제이다"라는 주장을 흔히 듣게 되지만 그 의미가 불분명하여 대학에 대한

구되고 있다.

세계의 모든 대학들은 그 강조점이 다를 뿐 전문인, 교양인, 직업인의 양성이라는 대학교육의 목표들을 혼합해서 추구하고 있으며 우리나라도 예외는 아니다. 일제시대에는 소수 전문분야에 대한 지식전수 중심의 대학교육이 상당 기간 자리 잡았으며, 해방 이후에는 미국식 교육제도의 도입과 함께 대학에도 개인들의 자기계발을 중시하는 일반교육이라는 목표가 수용되었다(정우현, 2001: 19-25). 1970-1980년대 우리나라는 세계에서 유래가 없는 급격한 경제성장으로 인하여 전문 인력의 공급 창구로서 대학의 역할이 강조되었다. 그에 따라 1980년대 이후 우리나라의 대학교육은 기존의 일반교육과 전문교육 목표의 갈등에 더하여 산업사회의 중추 인력으로서 직업인의 양성이라는 목표가 추가됨으로써 대학교육을 둘러싼 목표 갈등의 양상이 더욱 복잡해졌다. 이런 상황에서 우리나라 대학교육은 상기 목표들을 선별적으로 수용하거나, 그 우선순위를 명백하게 결정하지 않고 엉거주춤한 상태에서 대학교육을 진행해 왔다고 해도 과언이 아니고, 양적 팽창을 통한 졸업생의 급증 현상과 맞물려 대학에 대한 사회의 불신을 키우는 결과를 초래하게 되었다. 이와 같이 우리나라는 대학교육 목표를 둘러싼 갈등이 짧은 시간에 확대되었고, 아직은 뚜렷한 전통이 확립되지 못하였기 때문에, 우리나라의 대학교육을 둘러싼 논쟁은 외국보다 훨씬 더 혼란스럽게 전개되고 있으며, 대학교육 개혁을 위한 국민적 합의 도출을 어렵게 하는 핵심적인 요인으로 작용하고 있다고 판단된다.

불만을 지칭하는 수사 이외의 의미를 전달하지 못하는 경우가 많다. 대학교육에 초점을 맞추면, 원론적으로 대학이 배출하는 인력들과 사회에서 요구하는 인력들 간 괴리가 있다는 해석이 가능하지만, 구체적인 수준에서는 '사회'가 누구/무엇을 지칭하는 것인지, '사회가 요구하는 인력' 및 '대학이 배출하는 인력'에 대해서는 사회적으로 합의가 있는 것인지, '괴리'의 내용은 무엇이며 그 정도는 어떠한지가 논란거리이다. 더 근본적으로는 양자의 괴리가 사회적으로 바람직하지 않은 현상인지, 과연 그 괴리는 없애는 것이 이상적인지, 괴리를 없애는 것의 외부비용은 어떠한지, 그렇다면 사회적으로 용인될 수 있는 또는 용인하는 것이 바람직한 괴리의 정도에 대한 판단기준은 무엇이고 어느 정도의 합의는 있는 것인지 등의 의문이 존재하는 이슈로서 세심한 검토와 주의를 요하는 주장이다. 위에서 '수사'라고 표현하였지만, 이 이슈가 중요하지 않다는 것은 아니며, 그 내용을 정확히 규명하여 사회적인 합의를 도출하고 그 개선책을 마련하는 것이 필요하다.

우리나라 행정학 교육의 목표 역시 대학교육 목표 설정을 둘러싼 혼란과 유사한 양상을 띠고 있다. 즉 전문인, 교양인, 직업인이라는 공존하는 목표들의 우선순위에 대한 뚜렷한 선택 없이 사회 환경에 따라 소극적으로 적응해 나아가고 있어, 교수-학생 간 이에 대한 공감대가 높지 않은 상황이며, 그 결과 사회로부터는 어느 목표도 제대로 수행하고 있지 못하다는 평가를 받고 있다. 즉 행정학 학부교육이 배출하는 학생들의 전문지식 수준은 그리 높지 못하며, 교양교육은 비체계적이며 전문 교육과의 연계가 미약한 상황이고, 직업교육이라는 측면에서는 실용성이 미흡한 교육을 하고 있다는 비판을 면치 못하고 있다.[2] 따라서 학부 행정학 교육의 개선 방안 모색을 위해서는 교육목표의 재정립이 우선적으로 필요하다.

2. 수업 목표

교육목표는 개별 수업들의 목표로 구체화되어 추구된다. 수업목표를 분류하는 다양한 이론들이 있으나 일반적으로 쓰이는 계서제적 모형에 따르면 다음의 5단계로 정리할 수 있다: ① 전달 - 사실·정보의 전달·숙지 ② 이해 - 사실·정보의 의미 이해 ③ 응용 - 사실·정보의 의미를 구체적인 문제에 적용 ④ 분석 - 대상의 이해를 위한 새로운 정보의 창출 ⑤ 종합 - 다수 정보들의 적실성을 판단·종합하여 심층적인 지식의 창출. 이 모형에 따르면 중등교육에서는 ①-②, 학부교육에서는 ②-③-④, 대학원교육에서는 ③-④-⑤의 수업목표들이 적절할 것으로 판단된다. 그러나 우리나라의 사회과학 분야 학부교육의 수업목표는 ①-②가 주종을 이루면서 ③은 어느 정도 추구되고 있으나, ④는 거의 반영되지 않고 있으며, 행정학 교육도 별로 다르지 않다.

2) 물론 행정학뿐 아니라 모든 사회과학 분야가 이러한 비판에서 자유롭지 못한 상태라고 판단된다. 따라서 학부 교육의 문제를 특정 학문 분야의 문제로만 바라볼 필요는 없으며, 거시적인 수준에서 공통적인 문제점에 대한 인식과 판단이 선행되어야 할 것이다.

3. 수업 방법

수업방법은 다양하며, 수업 내용과 환경 그리고 교수자와 학습자의 특징에 따라 달라지는 것이 당연하다. 그러나 일반적으로 수업방법은 수업목표와의 관계에서 적절하게 선택될 수 있다. 우선 "전달"을 위해서는 가장 고전적인 방법이라고 할 수 있는 강의식과 질문식이 적절하다. "이해"를 위해서는 강의식과 질문식에 더해서 토론을 통한 상호작용이 효과적이다. "응용"을 위해서는 토론식에 더해서 사례탐구식이 적절하다. "분석"을 위해서는 사례탐구식에 더해서 문제해결식의 수업방법이 유용하다. 마지막으로 "종합"을 위해서는 문제해결식에 더해서 독립연구 및 현장연구가 효과적일 것이다.[3)] 수업방법 측면에서 우리나라 사회과학 분야의 학부 교육은 대부분 강의식과 질문식이며 토론식이 가미되는 정도이다. 반면 사례탐구, 독립연구, 현장연구 등은 흔히 찾아 볼 수 없는 수업방법이며, 이는 위에서 지적한대로 사회과학 학부교육 수업들이 대부분 전달-이해 목표에 머물러 있으며 응용-분석 목표는 제대로 추구하지 못하고 있는 상황과 긴밀한 관계가 있다.

Ⅲ. 대학교육 목표 변화에 대한 환경적 압박과 대응책

세계 각국은 특수한 역사와 환경에 따라 서로 강조점이 다른 대학교육을 지향해 오고 있지만, 산업사회를 지나 후기산업사회로 진입하고, 세계화 현상이 모든 부문에 영향을 끼치고 있는 20세기 말부터 대부분 선진국들의 대학들

3) 독립연구의 단위는 개인이어야 하는 것은 아니며, 팀 단위로 연구과제를 선정하여 수행하는 방법이 갖는 장점이 많아 사회과학 분야에서는 팀 단위의 독립연구가 더 바람직하다. 1980년대까지는 졸업논문이 학사학위 취득의 필수요건이었으나, 거의 모든 대학에서 폐지된 것으로 알고 있다. 물론 당시의 졸업논문 제도가 극히 형식적으로 운영되기는 하였으나, 취지는 독립연구 수업방법을 구현한 것으로 이해할 수 있다. 현장연구 역시 오해의 소지가 많은데, 여기서는 실제 해당 (사회)문제가 발생하고 그것을 처리하려고 노력하는 관계인들과 상호작용하면서 (사회)문제를 분석·이해하고 해결을 모색하는 방법을 지칭하고자 한다.

은 사회로부터 상당히 유사한 성격의 압력을 받고 있다. 이들은 대학교육의 졸업자는 급증하지만 고급 일자리 숫자의 증가는 별로 없는 대량 청년실업 현상, 급속한 기술 발달과 그로 인한 산업구조의 변화가 요구하는 전문 인력과 지식을 적절히 공급하지 못하고 있다는 비판, 비용은 급증하지만 재정적 지원은 축소하며 그 대신 대학교육에 경쟁 논리와 시장 기제의 도입을 확대하려는 정치인들의 의사결정 등 유사한 압력에 직면해서 대학교육의 목표를 설정하고 이를 수행해 나가는데 상당한 혼란을 경험하고 있으며, 우리나라의 대학교육도 동일한 상황에 직면해 있다고 판단된다. 이 논문의 연구 대상인 행정학 학부교육 역시 예외는 아니다. [그림 1]은 우리나라를 중심으로 대학교육의 목표에 혼란을 초래하고 있는 요인들을 도식화 한 것이다. 현재 대학교육의 목표에 변화를 요구하며 혼란을 초래하고 있는 중요한 환경적 요인으로서 4가지를 선정하였다. 각 요소들의 의미와 이들이 대학교육 목표와 관련하여 야기하는 혼란을 서술한 후 대학교육이 취해야 할 대응책을 제시하고자 한다.

1. 산업/경제적 환경

주지하다시피, 지난 30여 년간 정보통신 분야를 중심으로 기술이 급격히 발전하여 개인 및 사회생활의 구석구석에 큰 변화를 초래하고 있다. 이는 세계경제의 개방화 흐름과 결합되어 산업구조에도 직접적인 영향을 끼치고 있다. 그 결과 고부가가치 산업과 저부가가치 산업이라는 산업구조의 양극화를 초래하고 있다. 일부 산업들은 갈수록 부가가치가 높아지고 우수한 기술과 인력들을 독차지하면서 경제적인 번영을 구가하는 반면, 그렇지 않은 산업들은 지난 30여 년간 부가가치 점유율은 감소하고 이에 종사하는 근로자들의 경제적 지위는 상대적인 하락을 면하지 못하고 있다. 이러한 고부가가치 산업을 중심으로 대학에 대해 급변하는 기술과 그로 인한 사회의 변화에 대처할 수 있는 연구와 교육을 요구하고 있으나, 대학들은 이러한 수요 변화에 적절히 대처하지 못하고 있다는 비판에 직면해 있다. 한편 이러한 급속한 산업·경제적 변화는 새로운 사회문제들을 만들어 내며 기존의 문제들도 더욱 복잡·다양하게 만들고 있다. 그러나 대부분의 선진국에서 사회나 정부가 이런 문제들을 해결하는 능력은 답보 상태에 머물러 있어 국민들의 불만이 팽배해 있으며, 대학 또한 이런 문제들을 효율적으로 해결할 수 있는 전문 인력의 양성에 실패하고 있다는 비판을 받고 있다. 전문지식을 탐구하고 교육하는 기능은 오래 전부터 대학에 요구되었으며 새로운 압력은 아니다. 그러나 대부분의 선진국 대학들은 1950년대 이후 산업사회의 인력 요구에 부응하여 기초적인 전문지식을 갖춘 인력들의 대량 양성에 초점을 맞추면서 최근의 산업/경제적 환경 변화가 요구하는 심층적인 전문지식을 갖춘 인력의 배출 목표는 소홀하게 다루어 왔기 때문에, 대학교육의 목표를 수정 또는 보완하여야 할 상황에 직면하고 있다고 판단된다.[4)]

21세기 대학교육은 지식사회 및 양극화사회에서 지식과 기술 그리고 사회문제 해결의 혁신을 주도할 인력을 양성할 것을 강하게 주문받고 있으며, 그에 따른 대학교육 목표의 보완을 게을리 할 수 없는 상황에 처해 있다. 따라서 대학교육에 있어서 전문지식의 창출과 연마가 또 다시 최우선의 목표가 되어야 할 것이며,[5)] 이에 더해서 전문지식을 바탕으로 경제를 포함한 각종 사회문제의 해결에 공헌하거나 이를 주도할 수 있는 인력의 배출이 가장 우선시되는 목표로 설정되어야 할 것이다. 즉 [그림 1]에서 좌상단과 우상단에 적어 넣은 전문인과 "혁신인"[6)]을 배출하는 목표가 강화되어야 사회로부터의 괴리라

4) 산업사회에서는 기술의 발전 속도가 빠르지 않고 사회의 변화도 느리게 진행되며 근로자들은 분업 체제의 일원으로서 생산 활동에 참여하였다. 근로자의 직무 능력은 기초적인 전문지식을 가진 인력들이 서서히 장기간 학습하여 배양할 수 있었기 때문에 대학교육은 고도의 전문지식보다는 기초적인 전문지식과 교양 교육의 제공으로도 사회의 수요를 충족시킬 수 있었다. 반면 후기산업사회는 급속한 기술 발전으로 인하여 이를 주도할 고급 전문인력에 대한 수요가 급증하고 있다. 기술 변화의 영향을 많이 받고 있는 고부가가치 산업에서는 갈수록 기술의 활용 범위가 넓어지고 그 방법들이 다양해지고 있기 때문에 신규 채용 인력들도 산업사회에서는 충분하였던 기초 전문지식만으로는 이러한 변화를 따라갈 수 없으며, 더 많은 전문 지식과 직무 능력을 갖출 것이 요구되고 있다.

5) 20세기 초중반 산업화 시대의 인력 수요에 맞추기 위해 직업인의 양성이라는 목표가 나타나기 전에는 대부분의 국가에서 심층적인 전문지식의 전수라는 목표가 대학교육의 가장 중요한 목표로 취급되고 있었다.

6) 최근 "혁신"이 함축하는 신자유주의적인 성향 때문에 내키지 않는 용어이나, 마땅한 대안이 없어 "혁신인"이라는 용어를 사용하였다. "혁신인"은 전문인 수준의 심층 전문지식을 갖춘 바탕 위에서 지식사회의 인재상에 걸맞게 새로운 지식을 창출하거나 기존 지식을 새

는 비판을 면할 수 있다. 물론 이러한 심층 전문지식의 교육은 대학의 분업 체제에서 주로 대학원교육이 담당하는 기능이지만, 학부교육도 이러한 요구로부터 자유로울 수는 없으며, 학부에서도 더 높은 수준의 전문지식 및 창의적 문제해결 교육 지향성을 강화할 필요가 있다.

그림 1 **대학교육 목표 변화에 대한 환경적 압박**

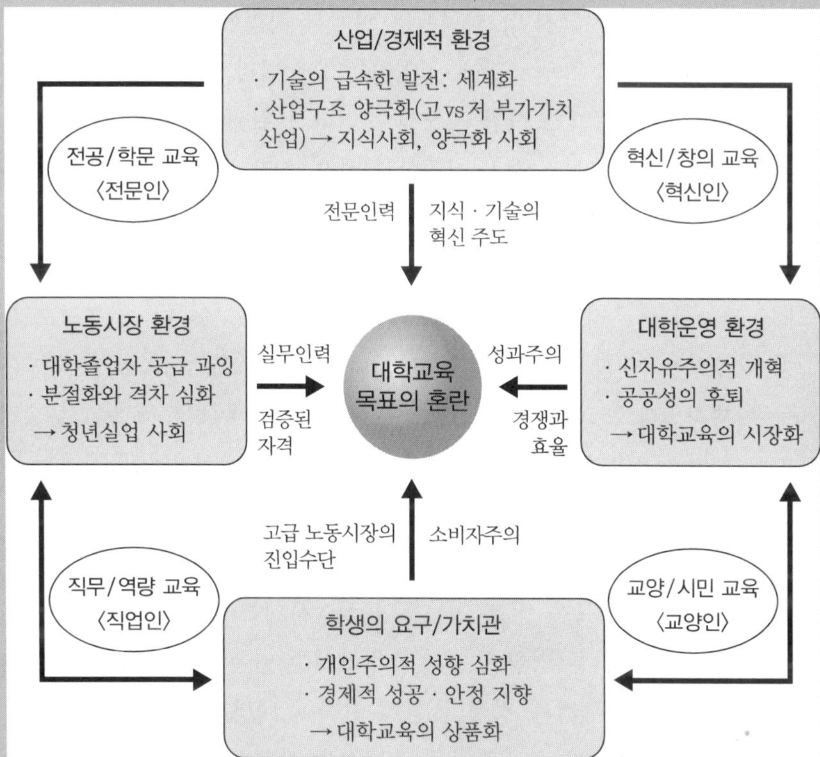

롭게 적용할 수 있는 능력을 갖춘 인력을 지칭하고자 한다. 따라서 혁신인은 대학교육의 목표 계서제 상에서 전문인보다 윗 단계에 위치하는 것으로 취급하고자 한다.

2. 노동시장 환경

대학교육 목표의 변화 압력은 노동시장 특성의 변화로부터도 발생하고 있다. 거의 모든 선진국에서 1970년대 이후 대학진학률은 급속히 성장하였으며, 특히 후기산업사회로 접어들면서 폭발적으로 증가하였다고 해도 과언이 아니다. 우리나라의 대학진학률은 2001년 이후 80% 후반을 유지하면서 세계 1위를 기록하고 있다. 이러한 기록적인 대학진학률은 우리나라 부모들의 교육열에도 기인하는 바가 크지만, 최근에는 위에서 지적한 산업구조의 양극화로 인해 근로자들이 어떤 노동시장에 진입하는가에 따라 경제적 보상의 격차가 커지고 있으며, 고부가가치 산업 시장에 진입하기 위해서는 대학 졸업장이 거의 필수적이기 때문이기도 하다. 이러한 현상은 우리나라에만 국한된 것은 아니며, 전 세계적인 현상이다.

세계경제포럼의 2010-2011 세계경쟁력보고서에 의하면 고등학교 졸업자의 대학 진학률은 우리나라와 미국이 각각 약 98%, 83%이며, 전통적으로 직업교육이 강하여 대학 진학률이 높지 않던 독일과 프랑스도 각각 약 46%, 55%를 기록하였다.[7] 그러나 이러한 대졸자의 급증 현상은 새로운 문제점을 초래하고 있다. 즉 고부가가치 산업들은 대부분 대규모 고용을 창출하는 산업이 아니기 때문에 관련 일자리는 거의 늘어나지 않는 반면, 이러한 일자리를 목표로 대학에 진학하는 학생들이 증가함으로써 대학 졸업자의 공급 과잉 현상을 초래하여 고등교육을 받은 청년들의 실업문제가 두드러지고 있다. 이는 고등교육 분야에 또 다른 영향을 끼쳐 각국에서는 단순한 대학 진학이 아니라 더 좋은 대학에 진학하려는 경쟁의 심화 현상이 나타나고 있다. 우리나라의 경우 세계에서 가장 높은 대학진학률에 더하여 산업구조가 대기업 위주이고,

7) 이는 미국과 독일로 대표되는 유럽의 산업인력 양성 정책과 밀접한 관련이 있다. 독일에서는 대학교육과 분리하여 산업 별로 필요 인력을 상정하고 이에 맞는 직업교육을 통해 산업사회의 중추 인력들을 양성하는 체제를 갖고 있었기 때문에 대학진학률은 1970년대까지 20% 정도에 머물러 있었다. 반면 미국은 대학에서 일반적인 교양 및 기초 전문교육을 받은 인력들을 기업의 수요에 맞게 훈련하여 활용하는 전통을 갖고 있어 20세기 내내 전문 직업교육의 비중은 상대적으로 낮은 반면 대학의 진학률은 높은 특징을 보여 왔다.

고용시장의 분절화와 근로 여건의 격차가 심화되고 있기 때문에[8] 좋은 대학으로의 진학과 대졸 인력들의 고급 노동시장 진입을 둘러싼 경쟁이 더욱 심하며, 이러한 경쟁이 대학교육의 목표 수립과 실행에 많은 어려움을 초래하고 있다고 판단된다.

이러한 노동시장의 특징은 크게 세 가지 측면에서 대학교육의 목표 변화에 압력을 가하고 있다. 첫째, 대학생들을 공공부문 공채시험이나 전문 직종 진입을 위한 자격증 취득으로 내몰아 대학교육을 이러한 준비 과정과 연계시켜 달라는 학생들의 요구를 강화시키며, 기존의 대학교육 내용들은 많은 학생들로부터 외면당하는 경향이 심해지고 있다. 이 과정에서 대학교육은 "응용-분석"보다 "전달-이해"에 치중하게 됨으로써 전문인 교육이라는 목표를 소홀히 하게 되는 결과를 초래하고 있다. 둘째, 공공부문이나 전문 직종을 제외한 고급 노동시장의 시장지배적 수요자인 기업들의 단기적 비용 절감에 초점을 맞춘 요구가 대학교육의 목표에 혼란을 초래하고 있다.[9] 이러한 경향은 순수 및 기초학문 분야 졸업생들의 홀대와 그로 인한 학생들의 편중 학습을 초래하여 전문지식 교육의 다양성을 감소시키며, 전문지식보다는 소위 실무 또는 실용 교육을 강조함으로써 대학교육 목표의 설정에서 전문인 및 교양인의 목표

8) 우리나라의 경우 대기업과 중소기업의 격차가 심한 산업구조는 노동시장에도 그대로 반영되어 있다. 기업 부문 이외의 노동시장들도 분절화 되어 있다. 소득과 안정성이 모두 높은 전문가 노동시장과 평생기대소득이 낮지 않으면서 안정성이 매우 높은 공공부문 노동시장은 대부분의 대학졸업생이 선망하는 시장인 반면 나머지 시민사회 영역이나 자영업 및 창업 노동시장은 소득이나 안정성이 낮아 대학졸업자들의 선호가 매우 약한 시장이다. 게다가 우리나라는 이러한 분절화된 노동시장 간 수평 또는 상향 이동 경로가 거의 막혀 있으며, 보상을 비롯한 근로여건의 격차가 심하기 때문에 많은 대학 졸업생들이 일부 노동시장으로의 진입을 위해 치열하게 경쟁하고 있으며 취업이 되지 않아도 그 고급 노동시장에 오래 머무는 경향이 강해지고 있다. 이러한 특징 때문에 우리나라의 청년실업(특히 대학졸업자) 문제가 다른 나라들보다 훨씬 심하게 나타나고 있다.

9) 우리나라 대기업들의 경력직 선호, 정규직을 비정규직으로 대체하려는 노력, 근로자들의 조기 퇴직 유도 등도 같은 맥락에서 이해될 수 있다. 다른 나라에 비해 우리나라 기업들이 인력 채용에서 비용 절감에만 너무 많은 강조점을 두는 경향을 보이는 것은 국가적으로 매우 안타까운 현실이며 장기적으로 국가 발전을 저해하는 중대한 문제이다. 물론 기업들의 입장에서 보면 우리나라 기업환경의 특성, 즉 노동시장의 경직성, 산업구조의 후진성, 경제 구조의 취약성 등으로 인한 피치 못 할 선택이라는 측면도 있기 때문에 일거에 해결하기는 어려운 문제이지만, 독일이나 일본 등의 고용친화적 기업 운영 철학을 본받으려는 국가적인 노력이 필요하다.

가 상대적으로 홀대받는 상황을 만들어 내고 있다. 셋째, 대기업들은 공급 과잉의 노동시장에서 많은 후보자들을 대상으로 적절한 인재를 선별해야 하는 어려움에 직면하고 있으나 많지 않은 비용으로 이를 적절히 수행하는 방법을 갖고 있지 못하기 때문에, 대학교육 목표와는 동떨어진 기준들을 사용하는 경우가 많으며, 이는 우리나라에서 소위 '스펙'이라는 형태로 학생들의 학습과 대학교육을 왜곡시키는 결과를 초래하고 있다.[10]

변화된 노동시장 환경으로부터 요구받고 있는 대학교육의 목표는 단기적으로 별다른 비용 없이 즉시 활용 가능한 역량 있는 직업인을 배출하는 것이다. 그러나 직업인의 양성은 산업화 시대 이후 대학교육의 하나의 목표로 자리 잡고 있었기 때문에 새로운 요구는 아니며, 다만 이제는 산업화 사회와는 다른 역량을 갖춘 직업인이 요구된다는 것으로 해석할 수 있다. 즉 산업화 사회에서는 분업 체계의 이해와 적응에 필요한 기술, 수리, 정보, 의사소통, 자기관리 및 개발 능력 등이 중요했다면, 이제는 혁신 주도에 필요한 문제해결, 자원 활용, 대인관계 및 조직이해 능력을 갖춘 인력이 필요하다는 요구일 것이다.[11] 따라서 대학교육의 목표로서 직업인은 바뀌지 않았으나, 좀 더 다양한 기초 직무 능력을 갖춘 직업인의 양성으로 목표가 확대되어야 할 것으로 판단된다.

3. 대학운영 환경

근래 대학 운영과 관련한 정부의 정책이나 사회의 기대 역시 대학교육 목표를 둘러싼 혼란에 일조를 하고 있다. 1980년대 초반 영국과 미국에서 시

10) 물론 최근 스펙보다는 직무능력을 측정하기 위한 다양한 방법을 활용하거나, 인턴 제도를 통하여 취업 대상자들의 능력이나 태도를 관찰한 후 채용하는 관행이 확대되고 정착되어 가고 있는 것은 바람직한 추세이며 장기적으로 이러한 왜곡 현상을 줄이는데 긍정적인 영향을 끼칠 것으로 판단된다.

11) 직무 능력 요소에 대한 이론은 많으나 서로 크게 다르지는 않으며, 이 논문에서는 정철영 외(1998)의 9개 분류를 사용한다: ① 의사소통 능력 ② 자기관리 및 개발 능력 ③ 대인관계 능력 ④ 수리 능력 ⑤ 기술 능력 ⑥ 정보 능력 ⑦ 문제해결 능력 ⑧ 조직이해 능력 ⑨ 자원 활용 능력.

작하여 1990년대 중반 전 세계로 확산된 신자유주의적인 사회 운영 방법은 대학 운영에도 큰 영향을 끼치고 있다. 이러한 사조는 사회 모든 부문에서 성과를 강조하며, 경쟁을 통한 효율성 확보를 중시한다. 국가마다 약간의 차이는 있지만, 대부분의 선진국들이 대학들에게 성과를 보이도록 요구하고 있고, 사회에서는 소위 "소비자의 알 권리"를 내세우며 평가를 통해 대학들을 압박하고 있으며, 대학들은 이러한 사회적 압력에 상당 정도 호응할 수밖에 없다. 문제는 이러한 성과의 측정이 가시적인 결과에 초점이 맞추어지며 이는 교육보다는 연구를 중시하는 풍조를 조장하고 있다는 점이다. 대학이 연구 기능을 강화하는 것을 비판할 이유는 전혀 없지만, 자원이 한정되어 있는 상황에서 이는 대학들이 상대적으로 교육에 소홀해질 수밖에 없음을 의미하기 때문에 대학교육 목표의 정립과 추구에는 큰 장애물로 작용하고 있다.[12]

이와 관련된 또 하나의 사회적인 경향은 대학교육에서 공공성이 후퇴하고 시장 논리가 득세하고 있다는 점이다. 우리나라의 경우 대학의 공공성을 위한 정부 지원은 원래부터 미미한 상태이었기 때문에 큰 변화가 있었다고 하기는 어렵다. 그러나 1980년대 이후 최근까지 수많은 대학들이 신설되었으며, 소위 더 좋은 대학에의 진학을 위한 경쟁이 점점 더 심해지고 있는 상황이기 때문에 거의 모든 대학들이 대학교육 시장에서의 경쟁자로서 행동하지 않을 수 없는 상황에 빠져 들고 있다. 이를 위해 대학들은 대학평가를 잘 받기 위한 외형에 치중하고, 소위 우수학생 모집을 위해 각종 편법의 동원도 불사하고 있으며, 그 비용들은 거의 전부를 시장의 소비자인 학생들에게 부담시키고 있는 상황이다. 이러한 상황에서 대학교육의 내실화는 공염불로 되어 뒷전으로 밀리고 있으며, 소비자인 학생들이나 노동시장의 수요자인 기업들의 불만이 가중되고 있기 때문에 대학교육의 목표를 재정립하고, 이를 충실히 수행할 것

12) 특히 교육중심 대학과 연구중심 대학의 분리 전통이 짧고 거의 모든 대학들이 같은 잣대로 경쟁하고 있는 우리나라에서는 이 문제가 다른 나라들에 비해 더욱 심각하다. 최근 교육과학기술부가 대학 지원 사업에서 '잘 가르치는 대학'을 정책목표로 '교육역량 강화 지원 사업'과 '학부교육 선진화 선도대학 지원 사업'을 시행하기 시작한 것은 늦었지만 바람직한 방향 전환이라고 할 수 있다. 그러나 지원금 규모가 크지 않으며, 평가지표 체계에서 '교육성과' 관련 지표가 부족하기 때문에, 대학교육의 질 향상이라는 성과를 얻는 데에는 한계가 있을 것으로 판단된다(김정수 외, 2010:52).

을 강하게 요구받는 상황을 초래하게 되었다. 반면 시장경쟁에서 중요하게 취급되지 않는 대학의 공공성은 후퇴하여, 대학의 사회 기여 활동은 별로 인정받지 못하고 있다. 이에 따라 취약 계층의 사회적 신분 상승 기회를 제공하는 역할이 현저히 줄고 있으며, 교육 측면에서는 사회에 일반적으로 공헌할 수 있는 교양교육, 시민교육 및 국가 및 지역사회와의 연계 교육은 소홀히 취급되고, 이는 대학 구성원들의 자존감을 떨어뜨리는 결과를 초래하고 있다.

신자유주의적인 대학운영 환경에서 기인하는 대학교육 목표에 대한 혼란은 상당 부분 모순적인 성격을 지니고 있어 환경적 압력을 그대로 수용하는 것은 바람직하지 않은 것으로 판단된다. 우선 성과주의 압력은 측정 가능한 논문 수로 대변되는 연구 영역에 대한 강조로 이끌며 이는 상대적으로 교육 영역의 부실을 초래할 위험이 있기 때문에, 이러한 변화 압력에 순응할 경우 대학교육의 부실화를 피할 수 없을 것이다. 따라서 성과주의 자체를 거부하는 것이 어려운 상황이라면 대학이나 학과 및 개별 교수들의 성과를 측정하는 기준으로서 교육성과를 중시하도록 정부나 사회를 설득하여야 할 것이다. 아울러 대학의 다양한 교육 활동들이 어떤 성과를 나타내고 있는지를 측정함으로써 스스로를 검증하는 노력은 필요할 것이다. 이는 주로 교수, 학생, 졸업생, 졸업생의 고용주들을 대상으로 한 주관적인 평가에 의존할 수밖에 없는 한계는 있을 것이나 대학교육이 성과를 무시하지 않고 사회의 요구에 부응하기 위해서는 필요한 조치일 것이다.[13] 다른 압력으로서 경쟁과 효율 역시 일정한 범위 내에서 통제되어야만 외화내빈의 대학교육 및 공공성의 후퇴와 같은 부작용을 막을 수 있으므로 정책당국자들과 국민들을 향한 지속적인 설득 작업이 필요하다. 물론 대학들 스스로 대학교육의 본질을 훼손하지 않는 범위 내에서 경쟁을 통해서 효율성을 증진시키려는 노력이 병행되어야 함은 물론이다.

---

13) 예를 들면, 교수, 학생, 졸업생, 졸업생들을 대상으로 대학교육의 목표 즉 전문인, 혁신인, 직업인, 교양인 목표를 어느 정도 달성하였는지 측정/평가할 수 있는 문항들을 구성하여 직접 설문하는 방법이다.

4. 학생들의 욕구/가치관

위에서 언급한 3가지 요소들이 (산업구조의 양극화, 노동시장의 분절화 및 격차 심화와 대졸자 공급 과잉, 신자유주의적 개혁과 공공성의 후퇴) 피교육자인 학생들의 대학교육에 대한 욕구와 가치관에 많은 영향을 끼치고 있다. 갈수록 심해지는 고급 노동시장의 경쟁에 직면하여 개인주의적 성향이 강화됨으로써 사회인으로서의 바람직한 태도들을 학습하지 못하는 학생들이 많아지고 있다. 또 대학교육을 경제적인 성공과 안정을 추구하는 수단으로 취급하는 '대학교육의 상품화' 가치관에 경도되어 대학교육을 소비의 관점에서 바라보면서 기존 대학교육의 목표를 선별적으로 수용하는 한편 새로운 요구들을 쏟아 내고 있다. 새로운 요구가 모두 나쁜 것은 아니지만, 노동시장에서의 단기적인 성공을 위하여 자격증과 관련되어 있거나, 노동시장의 선별과정에서 유리한 고지를 점령하는 수단이 될 수 있는 학습에만 치중하면서, 시간과 노력이 많이 드는 전문 지식에 대한 학습을 게을리 함으로써 대학교육의 목표를 왜곡시키는 결과를 초래하고 있다.

환경 변화로 인한 학생들의 욕구와 가치관의 변화는 자연스러운 현상으로서 이로부터 발생되는 대학교육 목표의 변화 압력을 무시할 수는 없으나, 그 부작용은 최소화 할 수 있는 범위 내에서 수용하여야 할 것이다. 학생들의 소비자주의적 요구가 고급 노동시장으로의 진입을 위한 것이라면 장기적으로는 위에서 논의한대로 사회적 요구를 반영하는 대학교육 목표의 재정립을 통해 해결될 수 있기 때문에 문제가 되지 않을 것이다. 다만 단기적으로는 노동시장의 선발 기준을 지나치게 중시하거나 잘 못 해석하여 대학교육의 목표에 호응하지 않으며 이를 왜곡시키는 압력으로 작용할 수 있으며 이는 극복 또는 설득의 대상이며 수용 대상은 아니라고 생각한다. 이는 대학이 노동시장을 설득하여 장기적인 관점에서 우수한 성과를 보인 졸업생들이 고급 노동시장에 진입하는 관행을 만듦으로써 극복이 가능할 것이다.[14][15]

---

14) 대학교육이 노동시장의 선별기준과의 부정합성으로 인해 왜곡되는 현실은, 중등교육이 대학입시로 인해 정상화되지 못하고 있는 것과 닮은 꼴인 것으로 보인다. 그렇다면 이러한

Ⅳ. 학부 행정학 교육의 개선 방안: 교육목표의 재정립과 실행 방안

앞 절에서 살펴본 환경적 요인들이 요구하는 대학교육의 목표 변화는 다음과 같이 정리할 수 있다. 첫째, 산업화 시대의 인력 양성 목표로 인해 소홀히 취급되었던 심화 전문지식의 연마 목표를 강화해야 한다. 둘째, 지식사회에서 새로이 요구되는 지식과 기술 그리고 사회문제 해결의 혁신을 주도할 수 있는 혁신인을 배양하는 목표를 추가해야 한다. 셋째, 직업인의 배양 과정에서 기초 직무능력 요소들에 대한 초점을 변화시켜야 한다. 넷째, 점점 더 소홀히 다루어지고 있는 교양인 배양 목표의 재정의와 함께 보강이 필요하다. 학부 행정학 교육목표의 재정립 방향도 유사하게 요약될 수 있으며, 이하에서는 그 구체적인 의미와 실행 방안을 제시하고자 한다.

1. 전문인 배양 목표의 강화 및 혁신인 배양 목표의 추가 및 실행 방안

지난 200년간 대학교육의 첫 번째 목표는 전문 지식의 전수를 통한 전문인의 배양이었다. 그러나 지난 30여 년간 산업사회의 인력 배출이라는 목표가 강조되면서 사회의 인력 수요에 맞추기 위해서는 기초적인 전문 지식 전수로 충분하였기 때문에 해당 분야의 지식들을 이해하여 실제적인 대상에 응용하고 새로운 지식 창출에 기여할 수 있는 심층적인 전문 지식의 배양 목표는 소홀히 취급되었고, 지식사회에 진입하면서 그 취약점이 드러나고 있다.[16] 이는

교육 문제는 우리나라의 전반적인 교육체제를 노동시장과의 연계에서 재검토함으로써 돌파구를 마련할 수도 있을 것이다.

15) 서론에서 이러한 논의가 대학들의 다양성을 부인하는 것은 아니라고 강조하였지만, 이 논의는 특히 그러하다. 즉 학생들이 주장하는 소비자주의의 내용은 대학마다 매우 다르기 때문에 일반적인 해결책의 유용성은 크지 않을 것이며, 각 대학의 환경에 맞는 대응책이 필요할 것이다.

16) 이러한 변화를 추동한 또 하나의 요인은 3절에서도 언급한 바 있는 대학교육의 대중화이

대학교육이 전수하는 지식의 포괄성이나 상세성이 미흡하였다기보다는 2절에서 언급한 수업목표를 기준으로 응용-분석보다는 전달-이해로 수업목표의 중심이 이동된 데에서 기인한 바가 더 크다고 생각되므로, 교과목 내용의 변화보다는 수업목표의 전환을 통해 개선이 이루어져야 할 것이다.[17] 이러한 교육목표-수업목표-수업방법의 관계는 [그림 2]와 같이 연결지어 이해하면 큰 방향을 찾는 데에는 도움이 될 수 있을 것이다. 따라서 수업 방법 역시 강의식과 질문식은 축소하고 사례탐구, 문제해결 등의 수업방법을 적극적으로 수용하는 개선이 필요하다.

반면 소위 "혁신인" 목표의 추가는 지식사회로의 진입이 만들어 낸 새로운 요구라고 판단된다. 지식사회에서는 정보·지식이 양적으로 팽창하고 쉽게 공유될 수 있기 때문에 "무엇을 아는가"는 더 이상 특별한 능력은 아니며, 지식과 정보를 활용해서 "무엇을 할 수 있는가"가 고급 인력들에게 가장 중요하게 요구되는 자질이며, 사회는 대학교육이 이런 능력을 갖춘 "혁신인"들을 배양해 줄 것을 요구하고 있다. 물론 이러한 요구가 전혀 새로운 것은 아니며 언제나 창조적인 인재는 중요하였지만, 지식사회에서는 많은 인력들이 이러한 능력을 갖기를 요구하는 것이 다른 상황이다. 이러한 능력의 배양 역시 교육내용의 포괄성이나 상세성과는 별 관계는 없으며, [그림 2]가 암시하듯이 이제까지의 수업목표와 수업방법을 바꿈으로써 개선이 가능할 것이다. 물론 학부-대학원교육의 연속선상에서 이러한 능력의 배양은 주로 대학원교육에서 담당해 왔다. 그러나 사회의 요구는 이러한 구분을 하지 않으며, 또 지식사회로의 진입은 지식과 정보의 전달 통로를 다양하고 쉽게 접근 가능하게 만들어 지식

다. 대학진학률의 급속한 증가는 대중교육을 불가피하게 하였으며, 다양한 배경과 능력의 학생들을 교육하기 위해서는 기초적인 전문지식의 전달과 이해에 초점을 맞추는 방향으로의 수정이 어느 정도는 불가피하였다.

17) 사회에서 대학졸업생들에 대해서 다양한 전공과목을 좋은 학점으로 이수하였고 이것저것 아는 것은 많은 것 같은데 실제 상황에서는 별 도움이 되지 않는다고 평가하는 것과 일맥상통하는 주장이다. 또 이러한 현상에 불만을 갖고 실제로 현장에서 필요한 "실용 인력"을 요구하는 목소리가 높은데, 필자는 이 역시 흔히 말하듯이 직업교육의 약화 때문에 발생한 요구라기보다는, 전공 수업들이 정보의 전달-이해에 머물러, 응용-분석 능력을 배양하지 못한 데에서 기인하는 것으로 해석한다.

의 대중화를 초래하고 있으므로, 대학교육에서도 전달-이해를 위한 수업의 필요성은 상대적으로 많이 감소한 상태인 점을 감안하면, 학부교육에서 전달-이해를 위한 수업은 대폭 줄이고, 응용-분석 능력의 배양을 강화하면서 종합능력 배양을 위한 단계로의 진입을 시도하는 방향으로 변화하는 것이 바람직하다.

그림 2 수업방법-수업목표-교육목표의 관계

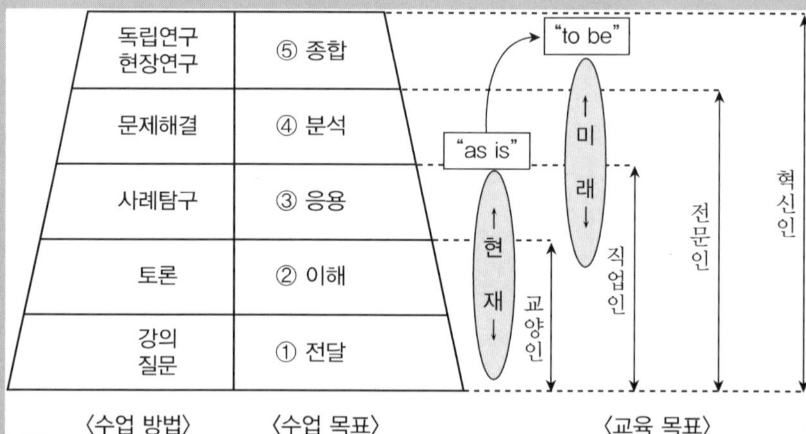

위와 같은 학부 행정학 교육목표의 재정립에는 두 가지 중요한 이슈가 존재한다. 첫째, 실행가능성의 문제이다. 우선 수요 측면에서 학생들의 호응을 이끌어 내기가 쉽지 않다. 고급 노동시장에서 전공 지식의 연마가 별로 인정받지 못하는 상황에서 학생들은 이러한 교육을 외면할 가능성이 크다. 그러나 상당히 빠른 속도로 고급 노동시장의 진입 과정이 다양한 능력을 검증하는 추세로 나아가고 있기 때문에 장기적으로는 상당한 호응을 받을 수도 있다. 또 대학교육의 대중화에 따라 전문 지식에 대한 관심과 의욕 그리고 이를 수행할 수 있는 능력의 차이가 큰 것도 걸림돌이 될 수 있다.[18] 이는 전공 학생들을

18) 학부교육에서 오랫동안 사례탐구 및 문제해결 방법으로 수업을 해 본 결과, 최근의 학생들이 수학능력시험 등의 성적은 좋지만, 문제해결력은 떨어지는 경험을 하였다. 이 과정에

획일적으로 취급할 것이 아니라, 수업목표에 따라 몇 개의 트랙을 설정하여 선택 기회를 제공함으로써 해결이 가능할 것이다. 공급 측면에서도 대학이나 학과의 자원 제약이라는 한계가 존재한다. 교수의 관심과 능력이 제각각이며 그리고 이러한 교육을 위해서는 교수요원들의 많은 시간 투입이 필요하다는 점은 단기적으로 이러한 방향 전환의 걸림돌로 작용할 것이지만, 장기적으로 극복이 불가능한 과제는 아닌 것으로 보인다.[19] 마지막으로는 어느 정도 비중의 수업을 응용-분석 및 종합 능력의 배양에 집중하도록 배정할 것인가의 선택 문제가 실행가능성을 제약할 수 있다. 사회의 수요가 모든 대학졸업생들이 이런 능력을 갖추기를 원하지는 않을 것이며 또 앞에서 지적한 여러 가지 제약과 비용 문제 때문에 그런 방법은 실행가능하지도 않다. 해결 방안으로서 각 대학이 소속 학생들과 교수들의 의욕 및 능력, 해당 대학이 중요하게 고려하는 사회 수요에 부응할 가능성 등을 고려하여 2-3개의 트랙을 만들어 운영하면서 학생들의 수요와 현실 여건의 변화에 따라 그 비중을 조정해 나갈 수 있을 것이다.[20]

둘째, 행정학의 경우 다른 사회과학 분야와 달리 전문성과 혁신성의 내용 또는 분야를 어떻게 설정하는가의 문제가 아직도 풀지 못한 논란거리이다. 이

서 학생들의 능력 문제는 부차적이며, 태도나 의욕 문제가 더 중요하다는 것을 알게 되었다. 최근 학생들의 의욕 저하에는 노동시장 환경 문제가 가장 심각한 원인으로 작용하고 있다고 판단된다.

19) 필자의 경험에 의하면 사례탐구나 독립연구 방법을 적용하기 위해서는 수업 시작 전에 상당히 많은 시간의 준비가 필요하며, 학기 중의 세심한 지도를 위해서는 팀별로 매주 적어도 2시간 정도는 소요되기 때문에, 팀 수가 많아지면 교수 혼자서 감당할 수는 없으며, 소기의 수업목표를 달성하기 어려운 상황에 처하게 된다.

20) 특히 행정학은 아래에서 논의할 그 종합적인 성격 때문에, 학부에서 과연 이러한 교육이 가능한가, 바람직한가의 이슈가 더 심각한 선택의 문제이다. 많은 국가에서 행정학이 학부에 개설되지 않은 점, 미국의 경우 전문대학원 중심으로 행정학 교육이 이루어지고 있는 점 등이 이러한 특성을 대변해 주고 있다고 생각한다. 필자도 학부에서 행정학 전문가를 양성하는 것은 쉽지 않다고 생각한다. 그러나 사회에는 공공부문에 종사하면서 사회문제 해결에 공헌할 대학 졸업생들에 대한 수요가 있기 때문에, 학부 수준에서 행정학적 접근-사회문제를 파악하고 공공성을 보장하는 효율적인 해결책을 탐구하기 위해 다양한 분야의 지식을 종합적으로 적용함 -을 이해하고 적용할 수 있는 교육의 필요성도 간과할 수 없다는 측면에서, 학부에서의 행정학 전문가 양성은 나름대로의 타당성과 장점을 지니고 있다고 생각한다.

는 행정학의 정체성 논란과도 밀접한 관련이 있다. 경제학은 시장기제, 정치학은 정치과정, 사회학은 사회문제라는 연구와 교육의 초점이 있으며 어느 정도 분리된 대상으로서 접근이 가능하다. 그러나 행정학이 초점을 맞추는 정부 또는 행정 현상은 시장기제, 정치과정, 사회문제가 얽혀 있기 때문에 다른 사회과학 분야와 동일한 성격의 초점을 찾기가 어려우며, 행정학은 "잡학"이라는 약간은 자조적인 용어까지 사용되고 있다. 반면 행정학은 사회문제, 시장기제, 정치과정이라는 구슬들을 꿰어 주는 필수불가결한 기능을 어떻게 수행할 것인가에 초점을 두고 관련된 현상들을 다룬다는 점에서 종합성과 실천성이 강조되는 학문이다. 이런 특징을 감안하여 필자는 행정학 교육의 내용적 목표를 "사회설계(social design)"[21]로 설정하는 것이 적절하다고 생각한다. 이는 전통적인 행정학이 강조하는 정부 내부 관리뿐 아니라, 정책연구가 강조하는 공공부문의 사회문제 해결 노력, 나아가 최근 거버넌스 논의가 함축하는 정부의 일방적인 통치가 아닌 사회 구성 주체들의 상호 협력적 사회문제 해결과정을 행정학의 초점에 포함시킴을 의미한다. 이는 행정학의 정의에 사용되는 행정이나 정부라는 용어는 구체적인 대상을 지칭하기 때문에 다른 학문들과 구분되지만, 실제로 행정학이 다루어야 하는 행정 또는 정부 현상은 사회

21) "사회설계(social design)"는 많은 오해를 불러일으킬 우려가 있는 용어이지만 다른 표현들도 나름대로 문제가 있기 때문에 차선책으로 사용한다는 점을 강조한다. 이 논문에서 "사회설계"는 사회문제 해결을 위한 방안을 마련한다는 의미이다. 기존 행정학이 행정 또는 정부라는 초점에 너무 몰입되어 그 사회적 기능의 관점을 강조하지 못함으로써 정체성을 찾지 못하고 유용성을 인정받지 못하고 있는 문제점을 보완하자는 의미에서 선택한 용어이다. 즉 행정학 연구 및 교육의 초점을, 사회문제를 해결하는 기제로서 시민사회의 자발적인 해결 노력과 시장기제의 장단점을 파악해서 적절히 조정하며, 최후의 수단으로서 정부가 어떻게 개입하는 것이 바람직한가로 규정하기 위해서 "사회설계"라는 용어를 선택하였다. 최근 많이 사용되고 있는 거버넌스의 개념과도 유사하기 때문에 "거버넌스 설계(governance design)" 또는 새롭고 창의적인 사회문제 해결을 강조하는 "사회혁신(social innovation)" 또는 공공성의 관점에서 사회문제를 해결하자는 "공공설계(public design) 등의 용어의 사용도 고려해 보았으나 이들 역시 오해의 소지가 많아 좀 더 일반적으로 "사회설계"라는 용어를 사용하였다. 다만 "사회"라는 용어가 "설계"와 같이 사용되어 너무 포괄적이며 추상적이어서 구체적인 의미 전달이 어렵고 전통적인 또는 일반적으로 인식하는 행정학의 의미가 퇴색할 수 있다는 한계와, "설계"라는 용어가 함축하는 하향적이고 규범적인 특성이 포함된 것으로 오인될 수 있는 한계는 존재한다. 또 "사회설계"는 하나의 기능만을 지칭하는 것은 아니며, 사회문제를 해결하기 위한 설계(design)-관리(manage)-집행(implement)-운영(operate)을 포함하는 개념으로 사용하고자 한다.

학, 정치학, 경제학의 내용들과 중첩되며 포괄적이기 때문에 발생하는 인식의 괴리라는 행정학에 대한 정체성 논란의 한 축을 해결해 보려는 시도이다[22]. 물론 행정학의 초점을 "사회설계"로 규정하는 데에는 이론의 여지도 매우 많으며, 또 이러한 용어 사용이 문제를 해결하기보다 혼란을 초래할 수 있기 때문에 성급한 결론은 피해야 할 것이다. 행정학 교육의 내용적 목표를 "사회설계"로 정하기 위해서는 많은 행정학 연구자 및 실무가들 사이에서 행정학의 초점을 "사회설계"로 규정하는데 대한 공감대가 확산되는 것이 전제되어야 함은 물론이다. 아울러 "사회설계"에 대해 사회적 수요가 있는지, 학생들의 호응은 얻을 수 있을지도 매우 중요한 고려사항이다. 인문사회계 학생들 대상 설문조사에서 행정학 전공자들의 전공 만족도가 가장 낮게 나타난(김태일, 2008: 425) 이유 중의 하나는 행정학 교육목표의 내용에 대해 학생들도 혼란을 느끼고 있기 때문일 것이다[23]. 과연 "사회설계"가 이런 문제를 해결해 줄 수 있는 대안이 될 수 있을지 확신할 수는 없지만 지금과 같은 어정쩡한 상태는 행정학 교육의 효과성을 위해서도 바람직하지 않다. 행정학의 초점을 좀 더 명확하게 규정하는 작업에 행정학 연구자들과 실무자들의 중지를 모을 때이다.

2. 직업인 및 교양인 배양 목표의 재정의 및 실행 방안

직업인의 양성 목표는 시대에 따라 부침은 있었으나, 대학의 역사만큼 오래된 대학교육의 목표이다. 직업인에게 필요로 하는 전문지식 내용의 변화는

22) 행정학의 정체성 논란에서 정체성을 "독자성"과 동일시하고 그 판단 기준을 다른 학문 분야와 겹치지 않아야 하는 것으로 해석하는 입장에 대해서는 찬성할 수 없다. 행정학은 형식적으로는 그 대상이 정부 또는 행정이라는 측면에서 다른 사회과학과 구분될 수 있지만, 내용적으로는 정부 또는 행정의 존재 이유는 다른 사회과학적 지식을 종합하여 공공성의 관점에서 사회문제를 해결하는 데 있다는 측면에서 다른 사회과학들과 겹치지 않을 수 없기 때문이다. 따라서 행정학의 정체성은 행정이나 정부에 있는 것이 아니라 그 핵심 사회기능인 "사회설계"로 삼아야 한다는 주장이다.

23) 행정학 교수 대상 설문조사에서도 행정학 전공의 경쟁력에 대해 매우 낮음-낮음이 57.4%이고, 높음-매우 높음이 13.4%로 나타나 교수들도 행정학 교육에 대해 자신감을 잃고 있는 것이 현실이다(문명재, 2009).

앞 절에서 지적한 바 있다. 한편 지식사회는 직업인들의 기초 직무 능력에도 변화를 요구하고 있다. 채창균·옥준필(2006)에 따르면 기업 인사담당자들이 4년제 대학 인문사회계열 신입사원들이 중요성에 비해 갖추지 못한 능력으로는 문제해결능력-대인관계능력-조직이해능력-의사소통능력-자기관리개발능력-기술능력-정보능력-자원활용능력-수리능력 순인 것으로 조사되었다. 산업화사회에서 필요하였던 기술, 수리, 정보 능력 등은 기초적인 전문지식 전수를 위한 강의 및 토론 수업에 의해 배양될 수 있는 직무 능력이다. 반면 지식사회에서 필요로 하는 문제해결, 대인관계, 조직이해 등의 능력은 개별 수업을 통해서 배양될 수 있는 성질은 아니며 다양한 수업에서 [그림 2]의 수업방법 중 상단에 위치하는 사례탐구, 문제해결, 독립연구, 현장연구 등의 방법을 통해서 효과적으로 배양될 수 있다. 따라서 지식사회의 직업인 배양 목표의 수정은 새로운 수업방법의 채택을 통해 실행될 수 있을 것이다.

교양인의 양성 목표는 지식사회를 맞이하여 새로운 정의가 필요하다. 산업화 사회에서는 생활인으로서의 일반적인 교양을 갖추는 것이 목표이었다면, 지식사회에서는 일반적인 교양은 정보의 보편화로 인하여 개인 수준에서 쌓을 수 있게 된 반면 심층적인 전문지식의 전수를 위해 필요한 능력들의 배양에 초점을 맞추는 변화가 필요하게 되었다. 특히 우리나라 대학의 교양교육은 일반적인 교양에 중점을 두어 왔기 때문에, 사회 변화에 따라 교양교육 내용의 변화에 대한 필요성이 거세지고 있다. 일반적인 교양교육은 개인들에게 맡기고 대학은 다른 학문 분야에 대한 이해를 넓히거나,[24] 전문지식 전수를 위한 기본 능력을 배양할 수 있는 교양교육에 치중할 것을 요구받고 있다. 전자는 다른 전공의 기초과목들의 수강을 통해서, 후자는 읽기-생각하기-쓰기-말하기 등에 대한 기본 능력의 배양을 통해서 실행될 수 있다.[25]

---

24) 행정학의 경우 그 종합적인 성격으로 인해서 더욱 더 폭넓은 분야에 대한 이해가 필요하다. 따라서 행정학과 학생들에게는 인접 사회과학 뿐 아니라 인문학 및 자연과학 분야의 기초적인 개념과 현상들을 이해할 수 있도록 장려하는 교과과정이 바람직하다.

25) 이러한 읽기-생각하기-쓰기-말하기 능력은 기본 원리를 배우는 것도 중요하지만, [그림 2]의 상단의 수업방법들을 통해서 지속적으로 훈련하여야 개인의 능력으로서 체화될 수 있기 때문에, 교양교육으로 취급할 것이 아니라, 모든 전공 수업에서 이러한 능력 계발에도 관심을 두는 것이 바람직하다.

3. 기타 이슈들과 실행 방안

행정학 교육목표의 재정립 및 그 실행방안과 직접적인 관련성은 적지만, 행정학 학부교육의 개선 과정에서 중요한 이슈들이 존재한다. 3절에서 설명한 환경 변화와 전항에서 제시한 교육목표 재정립 및 실행방안과의 논리적 일관성을 유지하면서 각 이슈들의 개선 방안을 모색해 본다.

(1) 전공 제도 및 졸업 요건

전공 제도와 관련해서 가장 중요한 이슈는 학부제일 것이다. 90년대 후반 이후 대부분의 대학에서 학부제를 도입하였으나 기대 효과를 충족시키지 못한 채 많은 대학이 학과제로 돌아가고 있다. 사회과학 학부 교육의 목표 관점에서 생각하면 학부제의 취지는 바람직하나 우리나라 대학의 현실적 여건으로 인해 소기의 목적을 달성하지 못한 채 실패한 실험으로 끝나가고 있는 것은 아쉬운 일이다.[26] 행정학의 종합학문적 특성을 감안하면 인접 사회과학 전공들과 함께 학부제로 운영하는 것이 바람직하지만, 다시 학과제로 돌아간다고 하여도 행정학의 종합학문적 성격을 감안하여 다양한 인접 사회과학 분야의 전공과목들을 수강하도록 교과과정을 설계하고 관련 제도적 장치를 마련한다면 꼭 학부제를 해야 하는 것은 아닐 것이다. 위에서 언급한 전문인과 혁신인의 목표를 위해서는 사회과학 학부 교육에서는 적어도 하나 이상의 부전공을 필수로 부과하는 방법이 바람직하다.[27] 아울러 앞에서 언급한 졸업논문

26) 교수들의 배타적인 태도 및 준비와 성의 부족, 교육과정에 학부제 취지 반영 정도가 미흡함, 학생들의 단기적인 이해관계에 배치됨, 학생들의 폭넓은 학습에 대한 부담감 등이 중요한 원인이었다고 생각된다.

27) 학부제를 실시하면서 전공과목의 이수 의무는 줄였으나, 복수전공이나 부전공에 대한 의무를 부과하지 않았기 때문에, 많은 학생들이 전공과목을 수강하는 대신 상대적으로 학습부담이 적고 좋은 학점을 취득할 수 있는 교양과목을 수강함으로써 전공 교육의 부실화를 초래한 것이 학부제 실패의 주요 원인이다. 복수전공이나 부전공이 학생들의 자발적인 선택 유인과 배치되지만 장려되어야 할 사항이라면 의무화하는 대안을 심각하게 고려해 보아야 할 것이다. 예를 들어 독일의 경우에는 부전공 2개가 필수로 부과되어 있으며, 그 정당성 근거는 다음 글에 잘 제시되어 있다: "대학을 졸업한 지성인들이 단편적인 전공지식에 얽매이지 않도록 하고, 학문 전체에 대한 폭넓은 이해를 바탕으로 좀 더 원숙한 각 분야의 전문가를 배출하려는 것은 독일 대학교육의 전통이다"(정영근 외, 1999: 301-305).

을 졸업 필수 요건으로 부활시키는 방안도 고려해 볼 가치가 있다.

(2) 교과과정의 설계

교과과정의 설계에서는 우선 교양교육과 전공교육의 배치 및 연계가 이슈이다. 현재와 같이 1-2학년에게는 다양한 학문 분야에 대한 입문 수준의 교육을 포함한 교양교육과 전공의 기초가 되는 과목들을 전달-이해에 초점을 맞추어 교육을 실시하고, 3-4학년에게는 응용-분석-종합에 초점을 맞춘 심층적인 전공교육을 이수하도록 해야 할 것이다.[28] 전공과정에서는 대부분 대학의 행정학과가 과목들을 지나치게 세분화하여 전달-이해에 초점을 맞추고 있는 현실은 개선을 요한다. 교과목들을 통합하여 그 수를 대폭 줄이는 대신, 저학년에서는 전달-이해를 지향하지만, 고학년에서는 같은 내용의 과목을 응용-분석 및 종합이라는 수업목표에 초점을 맞춰 운영하는 것이 바람직하다. 그러나 학생들의 흥미나 욕구가 다양하고, 갑작스러운 변화가 힘든 현실적인 문제를 고려하여 우선은 교과과정을 현재 방식과 유사한 "포괄형" 트랙과 새로운 방식인 "심층형" 트랙으로 나누어 학생들에게 선택 기회를 제공한 후 진행 상황에 대한 평가를 통해 적절한 "표준" 교과과정을 확정하는 것이 실현가능성이 높은 방안일 것이다.[29] 전문인 나아가 혁신인의 교육목표를 달성하는데 있어서 인턴십과 현장교육의 중요성은 아무리 강조해도 지나치지 않는다. 다만 우리나라에서 공공부문의 조직들이 아직은 이런 제도를 수용하여 제대로 운영할 수 있는 여건이나 의지가 부족하기 때문에 그 활성화를 위해서는 정부의 지원과 제도의 취지에 대한 공감대를 확산하는 대학 측의 노력이 필요할 것이다. 단기적으로는 그 중간 형태로서 학생들의 독립연구 및 현장연구에 실무자들의 참여를 확산하는 노력이 필요하다.

28) 학부제 이후 학생들의 과목 결정권이 대폭 강화되어 전공필수, 선수과목 이수 등의 제한이 약화되면서 학생들은 전공과목을 무작위로 수강하고, 전공과목들의 난이도는 수렴하는 현상이 발생하고 있는데 이는 바람직하지 않다. 좀 더 엄격하게 1-2학년 과정이 끝난 후 교양 및 기초 전공과목에 대한 시험을 통해서 심층 전공과정으로의 진입을 규제하는 방법을 도입하면, 전공교육의 효과성 강화에 많은 도움을 줄 수 있을 것이다.

29) "표준" 교과과정도 하나일 필요는 없으며, 복수의 표준 교과과정을 운영하는 것도 여러 가지 장점이 있다.

(3) 사회 진출

학부교육은 졸업생들의 사회적 진출 문제와의 연계도 중요하다. 행정학의 경우 "행정"이라는 용어 때문에 누구나 직관적으로는 가장 자연스러운 진로는 공공부문 또는 정부에 취업하는 것이라고 생각한다. 그러나 IMF 이후 안정성이 우선시되는 풍조에서 공공부문의 일자리에 대한 선호도가 높아졌고, 대학 졸업생이 급증하면서 공직에 취업하는 것은 "하늘의 별따기"가 되었으며, 이러한 상황이 행정학에 대한 선호 약화로 이어지고 있다는 우려가 많다. 그러나 불과 10년 전만 해도 공직 선호도가 저하되어 행정학 선호가 약화된다는 주장이 있었던 것을 회상해 보면(김준한, 2000), 이런 현상은 행정학 교육의 문제라기보다는 노동시장 환경의 급변에서 기인한 것임을 알 수 있다. 다시 말하면 행정학과 졸업생들의 취업 부진은 행정학 교육의 문제라기보다는 우리나라 대학, 나아가 인문사회계 졸업생들의 공통적인 문제라는 관점에서 이해하는 것이 더 타당해 보인다. 행정학자들이 유념하고 그 해결을 위해 노력해야 할 문제는 사회에서 행정학 또는 행정학 전공자들의 유용성에 대한 회의가 증가함으로써 기업 등 대학 졸업생을 채용하는 수요기관들에서 행정학 전공자들을 배제하는 경향이 나타나고 있다는 점이다. 이는 행정학 교과과정의 공직 시험과의 연계를 강화함으로써가 아니라, 앞에서 논의한 교육목표의 변경 요구에 부응하여 그에 걸맞는 능력을 갖춘 인력을 배양함으로써 해결이 가능할 것이다.

V. 결 론

오늘날 대학교육이 처한 상황은 심각하지만, 역사적으로도 반복적으로 있어 왔던 일이다. 17-18세기 계몽주의 사상이 확대되면서 사회의 요구에 부응하지 못하는 대학의 폐지론이 대두되었으나 훔볼트의 노력을 시작으로 상아탑으로서의 대학상을 정립하였고, 19-20세기 산업화 사회가 진행되면서 대학교육이 사회의 요구와 괴리된다는 비판에 직면하여 홍역을 치르면서 산업화 시대의 중추 인력을 양성하는 직업교육을 확대하면서 적응하였다. 최근의 대학교육을 둘러싼 혼란은 지식사회로 진입하면서 피할 수 없는 과정이라는 생각이 든다. 이 논문에서는 이러한 위기를 대학교육 목표의 재정립, 즉 전문인 목표의 강화, 혁신인 목표의 추가 및 직업인과 교양인 교육의 방향 전환으로 해결하는 것이 바람직하다고 주장하였다. 이는 산업화 사회의 도래로 약화되었던 심층 전문지식 교육을 강화하는 것으로서 대학교육이 19세기 초반 이후 추구하였던 “원칙으로 돌아가는(back to basics)” 성격이 있으며, 다른 한편으로는 새로운 수요에 대응할 수 있는 교육을 강화하려는 노력이 필요한 때임을 의미한다. 이 논문은 행정학 교육의 문제도 우선 이러한 큰 틀의 변화 속에서 조망하면서 바라보고 개선 방안을 찾아야 한다는 관점에서 행정학 교육 문제를 접근하였다. 본 논문에서는 행정학 교육과 관련된 세부 사항들에 대한 논의는 거의 다루지 않았지만, 그간 논의되었던 행정학 교육에 대한 다양한 미시적은 논의들을 이러한 큰 틀에서 재조명하면 좀 더 미래지향적이며 적실성 있는 개선 방안을 찾을 수 있지 않을까 후속 연구를 기대해 본다.

CHAPTER 02

행정학 대학원교육을 어떻게 할 것인가?

이 승 종

Ⅰ. 서　론

행정학이 우리나라에 대학원교육과정으로 도입된 것은 1958년 서울대학교 행정대학원의 설치로 부터이다. 이후 불과 50여 년만에 행정학 관련 대학원 학과와 전공은 350개 이상으로 확장되어(2009년 4월 1일자 기준, 2010년 10월 한국교육개발원 요청자료) 여타 학문분야에 비견되지 않을 정도로 대학원교육의 핵심으로 자리 잡게 되었다. 다만, 이와 같은 양적 성장이 학문의 질적 성장까지 담보하고 있는가에 대해서는 의문이다. 특히 행정고시제도의 개편, 법학전문대학원을 포함한 다양한 전문대학원의 개설 움직임은 행정학 대학원교육에 대한 새로운 도전 내지는 위협요인이 되고 있는 실정이다. 그러므로 향후 행정학 대학원교육의 지속적 발전을 위해서는 지금까지의 행정학 대학원교육에 대한 보다 객관적 분석을 토대로 한 발전방안의 모색이 필요하다. 이와 관련 본 연구는 우리나라 행정학(정책학 포함) 대학원교육의 실태를 학과 및 전공, 교육목표, 교육과정, 학생의 입학과 진출 등으로 나누어 파악한 다음, 이에 기초하여 행정학 대학원교육의 발전을 위한 개선과제를 제시한다.

II. 현황 및 문제점

1. 학과 및 전공

(1) 현　황

대학원 수준에서 행정학(및 정책학) 관련 학과 및 관련 전공은 다른 학문분야에 비해서 수적으로 우위를 점하고 있다. 먼저 설치학과 및 전공 현황이다. 한국교육개발원의 대학원 유형에 따른 행정학 관련 학과 및 전공통계 [표 1]에 의하면 대학원 수준에서 행정학 관련 학과의 개설 수는 전체적으로 볼 때, 2000년 829개에서 시작하여 2003년에는 1,010개, 2009년에는 1,115개로 증가하였다. 대학원 유형별로 보면, 행정학 관련 학과와 전공은 전문대학원에서 괄목한 만한 성장을 보였다. 즉, 전문대학원에 있어서 행정학 관련 학과와 전공은 2000년 54개에서 2009년 193개로 약 3.6배의 확장을 보였다. 물론 행정학 관련 학과 또는 전공은 전문대학원만 아니라 일반대학원과 특수대학원에서도 공히 증가현상을 보였다. 즉, 일반대학원의 경우, 2000년 129개에서 163개로, 특수대학원의 경우는 646개에서 759개로 증가하였다. 다만, 이같은 증가속도는 전문대학원에서의 행정학 관련 학과와 전공의 증가속도에 비할 바 아니다. 이렇듯 행정학 관련 대학원 학과와 전공의 급증현상이 사회적 수요에 대응한 것인가, 또는 행정관련 종사자들의 전문성 증가에 대한 요구가 늘어난 것인가에 대하여는 확정하기 어렵다. 다만, 수적으로 괄목한 만한 증가현상에 대한 객관적 평가는 행정학 대학원교육에 관한 주요 쟁점중의 하나로 다루어질 만한 논점이다.

표 1 행정대학원 유형별 행정학 관련학과 설치추이(2000-2009) (단위: 학과, 전공)

연 도	전체대학원	일반대학원	전문대학원	특수대학원
2000	829	129	54	646
2001	905	135	75	695
2002	945	139	98	708
2003	1,010	143	109	758
2004	1,030	142	117	771
2005	1,051	145	130	776
2006	1,051	149	138	764
2007	1,042	154	148	740
2008	1,055	158	150	747
2009	1,115	163	193	759

주1) 고등교육기관에는 일반대학, 산업대학, 전문대학, 교육대학, 방송통신대학, 기술대학, 각종 학교, 원격대학, 사내대학, 대학원 대학포함.
주2) 원격대학에 사이버대학을 포함.
자료: 한국교육개발원(각 년도). 교육통계연보.
한국교육개발원(2009). 교육통계연보. pp. 748-763을 참고하여 재구성.

학위과정별로는 일반대학원의 경우에는 12개 대학이 석사과정만을, 10개 대학이 박사과정만을 설치하고 있으며, 나머지 77개 대학은 석사와 박사과정을 모두 설치하고 있다. 특수대학원은 225개 대학 모두 석사과정을 설치하고 있다. 전문대학원의 경우, 서울대학교와 성균관대학교 모두 석사와 박사과정을 설치하고 있다.

주목할 것은 다양한 행정학 관련 학과와 전공이 특수대학원에 집중적으로 설치되어 있다는 점이다. 이는 대학원 유형별로 설치 학과와 전공을 보여주고 있는 [표 2]에서 확인된다. 우선 일반대학원에는 행정학과, 보건행정학과, 자치행정학과, 통상행정학과, 도시행정학과, 경찰행정학과, 문화기획·행정·이론학과, 지역 및 복지행정학과 등이 개설되어 있다. 전문대학원은 행정대학원, 국정관리대학원, 기독교전문대학원 등의 명칭으로 설치되어있는데,

이들 대학원에는 행정학, 기독교행정학, 정책학 등의 전공이 설치되어있다. 이와 같이 일반대학원과 전문대학원에 설치된 행정학 관련 학과 또는 전공의 명칭이 제한적인데 비하여, 특수대학원에는 실로 다양한 명칭의 행정학 관련학과와 전공이 설치되어있다. 우선 대학원의 명칭으로 행정대학원을 비롯하여 행정자치대학원, 교육대학원, 정보산업대학원, 복지행정대학원, 정책대학원,

표 2 행정학 관련 대학원 학과 및 전공 개설현황

구 분	대학원명	개설학과 및 전공
일 반 대학원	대학원, 일반대학원	행정학과, 보건행정학과, 사법행정학과, 자치·복지행정학협동과정, 자치행정학과, 통상행정학과, 도시행정학과, 경찰행정학과, 문화기획·행정·이론학과, 지역 및 복지행정학과,
전 문 대학원	행정대학원, 국정관리대학원, 기독교전문대학원,	행정학전공, 기독교행정학전공, 정책학전공
특 수 대학원	행정대학원, 행정자치대학원, 교육대학원, 정보산업대학원, 복지행정대학원, 정책대학원, 교육경영관리대학원, 행정경영대학원, 경영행정관광대학원, 산업대학원, 전자정부대학원, 평생대학원, 경영행정외국어대학원, 산업대학원, 보건복지대학원, 사회복지행정대학원, 의약식품대학원, 인문산업대학원, 원격대학원, 보건환경대학원, 경영행정문화대학원, 산업정보대학원, 조형대학원, 공공정책대학원, 정책산업대학원, 정책과학대학원, 경영행정대학원, 임상간호대학원, 법무행정대학원, 행정심리대학원, 사회개발대학원, 사회과학대학원, 행정법무대학원, 정보복지대학원, 보건대학원, 도시과학대학원, 해사산업대학원, 노동대학원, 경영정책과학대학원	기독교행정전공, 교육행정전공, 행정정보관리전공, 사법행정학과, 부동산행정전공, 특수교육행정전공, 행정학과, 행정학전공, 지방행정학과, 노동행정전공, 공연행정전공, 도시행정학과, 사법행정학과, 보건행정학전공, 사회복지행정학과, 세무행정학과, 경찰행정학과, 도시 및 지방자치행정전공, 소방방재행정학과, 사법치안행정학과, 의료행정학과, 감사행정학과, 공안행정학과, 행정관리학과, 경찰법무행정전공, 법무행정학과, 임상간호행정학과, 문화예술행정전공, 예술행정학과, 자치행정학과, 교육행정경영학과, 도시행정학과, 네트워크비즈니스행정학과, 사회행정약학전공, 법행정학과, 공공디자인행정학과, 소방방재행정전공, 대학행정전공, 초등교육행정전공, 초등교육행정정책, 초등교육행정 및 장학전공

행정경영대학원, 경영행정관광대학원, 산업대학원, 전자정부대학원, 평생대학원 등 39개 이상의 다양한 명칭이 사용되고 있다. 설치학과와 전공은 더욱 다양하다. 행정학과 또는 행정학 전공을 비롯하여 교육행정전공, 사법행정학과, 부동산행정전공, 지방행정학과, 도시행정학과, 사법행정학과, 보건행정학전공, 경찰행정학과 등 41개 이상의 다양한 학과 및 전공이 설치되어있는 것이다. 특수대학원에서는 그야말로 전통적 행정학의 범위를 넘어 교육, 법률, 부동산, 경찰학, 세무, 사회복지, 보건의료 등 다양한 학문과의 연계현상이 나타나고 있다.

(2) 문 제 점

지금까지 살펴 본 행정학 관련 학과와 전공의 설치 실태에서 우리는 다음과 같은 문제점을 발견하게 된다. 우선, 유사학과의 중복설립과 학과와 전공간 경계의 모호성이다. 즉, 동일 대학 또는 대학원 내에 행정이란 단어를 포함한 다양한 학과와 전공을 설치하고 있으나 실제 그 교육과정을 비교하면 크게 차별화되지 않는다. 이렇듯 명목상으로는 차별화되지만 실질적으로 차별화되지 않는 행정학 관련 대학원 학위취득자의 경쟁력은 타 분야 전공자와의 비교우위를 갖기 어렵다. 이는 곧 졸업생의 사회진출에도 좋지 않은 영향을 미치고 있다. 이와는 달리 미국의 경우, 세부 전공간 구분이 비교적 명확하다(표 3).[1)]

교육과정의 중복 현상은 학과와 전공 간에서만이 아니라 석사와 박사과정간에도 동일하게 발견된다. 환언하면 석사과정과 박사과정 간 교육과정이 크게 다르지 않다는 것이다. 이는 기본적으로 박사과정을 개설함에 있어서 석사과정과 차별화되는 교육과정을 상정하는 대신, 현재 석사정원과 박사정원을 엄격히 구분하지 않는 상황에서 수요를 초과하는 석사 정원을 박사 정원으로 돌려 학위가 필요한 사람들에게 용이하게 박사학위를 취득하도록 한데서 비롯되는 측면도 있다. 보다 전문적 수준에서 특화된 교육이 이루어져야 할 박

1) 이들 10개 전공에 박사과정 17,975명, 석사과정에 50,114명이 등록되어 있다(2010년 9월 25일자).

표 3 **미국 대학원 행정학과의 세부전공**

미국 대학원 행정관련학과 전공명	개설대학 수
응급관리(emergency management)	82
가족소비자과학(family consumer sciences)	215
국제관계(International Relations)	1054
노동관계(Labor/Industrial Relations)	99
비영리행정(Non-Profit Administration)	371
여가 및 레크레이션(Parks & Recreation Studies)	137
정치학(Political Sciences)	739
행정학/정책학(Public Administration/Policy)	1070
자원관리(Resources Management)	243
도시행정(Urban Affairs & Planning)	456
계	4466

자료: 2010년 9월 25일(www.gradschool.com).

사교육과정이 석사교육과정과 크게 차별화되지 않는 것은 행정학의 대학원교육의 전문성 확보라는 차원에서 볼 때 작은 문제가 아니다.

이러한 상황에서 행정학 관련 대학원 교육과정 이수자들이 취업시장에서 확실한 지위를 갖지 못하고 있다. 물론 행정학은 공공분야를 일차적 수요대상으로 하는 특성이 있기는 하지만, 실제 행정학 전공자의 사회진출분야가 공공분야 이상으로 사적부문을 포괄하고 있다는 점을 고려한다면 학문적 특성만을 원인으로 지적하는 것은 온당치 않다. 오히려 행정학 교육의 전문성 내지는 독자성 취약 때문인 부분이 큰 것으로 판단된다. 어떤 의미에서는 행정학의 복합학문성 또한 전문성 저해요인인 측면이 없지 않은 것으로 보인다. 그렇다면 행정학이 다른 학문과의 융합 내지는 복합되는 과정에서 얼마나 독자적인 위치를 점하는가는 행정학 전공자의 사회진출과 연관하여 중요한 문제가 아닐 수 없다. 향후 간학문적인 차원에서 연계학문과의 교류 내지는 융합에 대하여 보다 심도 깊은 논의가 필요할 것이다.

2. 교육목표

(1) 현 황

교육목표는 교육과정과 양성인력 및 평가에 대한 방향을 제시하는 것이다. [표 4]는 서울시 소재 19개 행정학 대학원의 교육목표를 조사하여 제시한 것이다. [표 4]에서 보는 바와 같이 행정학 대학원의 교육목표는 다양하게 제시되고 있다. 전반적으로 보아 학부에서는 '인재양성'을 제시하고 있으며 대학원에서는 '전문 인력양성'을 교육목표의 핵심요소로 제시하고 있다. 그러나 이와 같은 차이 외에 전반적으로 행정학 대학원의 교육목표가 교육과정의 특성을 잘 반영하여 제시되고 있다고 하기 어렵다. 교육목표가 교육과정의 방향을 설정하고 교육내용에 대한 평가지표가 된다고 하였을 때, 이렇듯 명료하지 않은 교육목표는 결국 교육내용의 차별화와 효율성 미흡의 원인이 될 것이다. 교육목표가 제대로 정립되어 있지 못한 현상은 전문대학원이나 일반대학원이 크게 다르지 않다. 다만, 일부 특수대학원의 경우는 간학문적 특성을 명확히 밝힘으로써 교육목표를 명확히 하는 경우도 적지 않다. 복지행정, 부동산행정, 법무행정, 경찰행정, 교육행정 등 양성 타깃인력이 명확히 설정된 특수대학원이 그 예이다.

표 4 행정학 대학원의 교육목표(서울소재 일부 대학원의 예)

대학원	교육목표
K1	행정학을 심오하게 연구하고, 그 응용력을 발휘할 수 있는 고도의 전문인력을 양성
K2	정책과정을 분석할 전문인력 양성
K3	전인교육, 정서교육, 과학교육, 민주교육
K4	실용성: 중견 공무원 재교육 / 창의성: 교수 요원 양성 / 전문성: 정보화 시대에 맞춰 응용력을 발휘할 수 있는 행정관리자
K5	21C 전문행정인 양성(복지문화영역: 문화사회구현, 복지를 통한 삶의 질 향상, 자아실현의 추구 / 지식정보관리자 교육지원센터: 컴퓨터, 인터넷의 활용 능력 함양 / 행정, 정책, 지방자치 영역: 선진행정 능력 육성, 효율적 행정 서비스, 실무행정 서비스)

D	행정학 분야의 학술이론과 그 응용방법을 연구하여 일반 행정담당자의 지도자적 인격과 자질을 도야하고 독창적 능력을 배양하여 민족과 사회의 발전에 기여함
S1	행정이론의 지식과 실제를 교육하여 지식정보사회를 주도할 수 있는 전문행정인의 양성과 교육·연구분야에서 활동할 수 있는 연구인력 및 사회복지기관에서 필요로 하는 전문 사회복지인을 배출함
S2	행정학을 심오하게 연구하고, 그 응용력을 발휘할 수 있는 행정기관의 고급공무원을 양성
S4	세계화, 지방화, 정보화 시대를 대비하여 행정학 및 인접 사회과학 학문 분야에 걸친 이론과 실제를 과학적인 방법으로 연구, 교수함으로써 사랑과 봉사의 정신을 가진 사회지도자로서의 전문적인 소양과 인격뿐만 아니라 국가와 사회의 다양한 조직들에서 요구하는 관리자로서의 창의적 기획관리능력, 합리적 문제해결 능력, 따뜻한 인화능력, 능동적 변화 대응능력, 견실한 업무수행능력 그리고 진리탐구를 위한 진지하고도 창의적인 연구자로서의 능력과 자질을 갖춘 유능한 인재를 양성함
S5	협치형 리더, 통합형 엘리트, 실사구시형 학자 양성
S6	1) 행정 및 정책학분야의 연구 및 교육에 종사할 수 있는 전문학술인력 양성 2) 국가기관 및 공기업 분야에 종사할 수 있는 전문 행정인 양성 3) 민간기업에 진출하여 지도력을 발휘할 수 있는 인재 배출 4) 세계화의 정보화 시대에 부응하여 UN, WTO 등 국제기구에 진출하여 행정을 담당할 수 있는 국제행정 전문가 육성
Y	급변하는 국·내외적 환경변화에 대처하면서 국가발전을 선도할 미래의 지도자 양성
J	우리사회의 변동에 효과적으로 대응하면서 새로운 시대에 요구되는 참신한 이념과 방향을 정립하고 각 분야에서 요구되는 개혁과 발전을 위한 제과제를 효율적으로 추진할 수 있는 유능한 행정관리자를 양성
F	'진리·평화·창조' 라는 한국외국어대학교의 창학정신에 근거하여 정보화, 세계화 및 지역화 차원에 걸맞은 유능한 전문인재 및 산학협동의 모델 창출을 교육목표로 삼고 있다.
H1	1) 사회발전에 기여하려는 사명감과 발전 지향적 가치관을 갖춘 민주시민의 육성 2) 행정현상에 대한 체계적 지식과 문제해결능력을 갖춘 행정전문가의 육성
H2	1) 학술 이론의 탐구와 연구를 통한 학문적 수월성을 추구한다. 2) 새로운 이론과 기술을 개척하는 창의적 전문인을 기른다. 3) 폭넓은 지식과 훌륭한 인격을 겸비한 실천적 지도자를 기른다. 4) 문화적 다원성을 이해하는 뛰어난 역량의 개방적 세계인을 기른다. 5) 지역사회와 국가 및 인류사회의 번영에 헌신하는 봉사인을 기른다.

출처: 각 대학원 홈페이지(2010년 10월 5일자). 예시를 위한 자료이므로 학교이름은 익명으로 함.

(2) 문 제 점

행정학 대학원의 교육목표에 있어서의 문제점은 몇 가지로 요약할 수 있다. 첫째, 학부 교육목표와 대학원 교육목표가 크게 차별화되지 않고 있다. 심지어 서울시 소재 대학원의 경우 19개 대학원 가운데 5개 대학은 학부와 대학원 교육목표가 동일하게 제시되어 있기도 하다. 상대적으로 대학원과 학부의 교육목표는 어느 정도 차별화되기는 하지만 그 역시 명료하지 않은 실정이다. 따라서 전반적으로 대학원 고유의 교육목표가 정립되지 못하고 있다고 할 수 있다.

둘째, 어떤 인력을 양성하려 하는지에 대한 의도가 교육목표에 명료하게 드러나지 않고 있다. 특히 학부, 석사, 박사의 양성 인력에 대한 목표제시가 유사하여 상호 구별이 어렵다. 교육목표는 교육과정을 통해 양성할 인력에 관한 것이다. 물론 실제 교육과정에서 길러낼 인재상을 융통성 있게 조정할 수도 있을 것이지만, 그 전후를 따지자면 먼저 양성 인력에 대한 목표를 세우고 이를 달성하기 위한 자원과 역량이 교육과정으로 구성되어야 하는 것이다 (Tanner & Tanner, 1981).

셋째, 학문적 교육목표와 전문 직업 교육목표가 혼재되어 제시되고 있는 경우도 적지 않다. 행정학 대학원은 일반대학원과 함께 특수대학원, 전문대학원이 병렬적으로 설치되어 있는데 사실상 이들 간 특성화된 교육목표가 정립되어 있지 않은 것이다. 이렇듯 대학원 특성을 고려하지 않는 교육목표의 설정은 대학원 교육과정이 차별화되지 않는 근본 원인일 수 있다.

넷째, 교육목표가 대학원의 특성을 제대로 반영하지 못하고 있다. 즉, 일반대학원, 전문대학원, 및 특수대학원의 교육목표가 차별화 되지 않고 있다. 예컨대 전라북도에 소재한 W대학교의 경우 행정학과 관련된 대학원교육을 세 개의 학과에서 실시하고 있다. 이 대학은 일반대학원 행정학과, 특수대학원 보건행정학과와 경찰행정학과를 개설하고 있었으나 학과별 교육목표의 차이는 명료하지 않았다.

3. 교육과정

(1) 현 황

[표 5]는 서울과 경기 지역의 행정학 일반대학원 및 전문대학원에서 개설하고 있는 교과목을 망라한 것이다. [표 5]에서 보는 바와 같이 행정학 일반대학원과 전문대학원의 교육과정은 약 129개의 과목을 포함한다. 이렇듯 행정학 대학원 교육과정에서는 매우 다양한 교과목을 제공하고 있다. 이같은 교과목의 다양성은 특수대학원을 포함할 때 더욱 커진다. 특수대학원이 설치하는 교

표 5 행정학 일반대학원과 전문대학원 개설과목(서울 및 경기지역)

구 분	일반대학원 및 특수대학원 교육과정
교 육 과 정	현대사회와 행정, 한국행정론, 행정이론, 정책학연구, 정책이론, 행정법, 조직론연구, 조직관리론, 재무행정연구, 행정사 연구, 지방행정연구, 인사행정연구, 재무행정론, 복지정책론, 공공생산성세미나, 정부간관계론, 정부규제론, 행정학세미나, 공공경제학연구, 공공경제론, 사회과학방법론, 행정개혁론, 조사방법론, 인사행정론, 인간관계연구, 정책분석 및 평가, 정책마케팅 연구, 정책결정세미나, 정책집행세미나, 정책사례 세미나, 행정사례 세미나, 거버넌스연구, 거버넌스론, 공공관리 세미나, 공공성과 관리론, 여성과 행정, 지방재정론, 기획론특강, 행정서비스마케팅, 행정정보체계연구, 관리과학연구, 지방행정사례세미나, 지역개발특강, 도시행정연구, 조직구조연구, 지방행정연구, 지방선거론 특강, 행정부패론, 인사제도론, 인력개발론, 인적자원관리론, 행정형태론, 세계각국의 이해, 비교정부론, 예산론, 국제관계론, 정책가치론, 정책개발, 행정과 문화, 계량행정론Ⅰ, 지방및도시 행정론, 전자정부론, 지방자치론, 공공마케팅론, 행정과 윤리, 행정책임과 통제, 개별심리분석, 한국정부론, 공무원 관리론, 집단역동, 정부개혁론, 리더십, 공공행정과공공사업, 행정철학, 정치과정론, 정부와 공공참여, 공공성과 기업성, 정의론, 재정분석론, 기획과 재정, 예산과 정치과정, 예산제도론, 정책예측론, 지방정부관리론, 지방및도시정책론, 지방재정분석, 비교발전론, 합리성과 가치, 서비스관리론, 비교제도론, 논문특별연구세미나, 사회현상과 행정통계, 행정학의 이해, 공공서비스론, 시장과정부, 국가와 시민사회, 정책평가이론과실제, 지방의회론, 관료정치론, 행정과 시민참여, 행정정보체계론, 정책형성론, 비교정책론, 지방분권과 개혁, 지방정부론, 공공제도론, 정부규제론, 공공재무관리론, 공기업경영론, 재정정책론, 관료제론, 인사정책, 인사행정연구, 행정규제론, 공공정책론, 정보통신정책, 행정환경론, 비교행정, 행정부와 의회, 갈등관리와 협상, 부패정부론, 행정학 사회이론, 한국 행정사, 경제정책, 인터넷 정책과 법, 방송통신정책, 산업 정책, 정책특수연구, 발전행정론

과목을 포함하면 행정학 대학원이 개설하고 있는 교과목의 수는 600개에 이른다. 이같은 수치는 서울과 경기지역 대학원에 대한 조사결과이지만 전국적으로도 유사한 실정일 것으로 판단된다. 이렇듯 다양한 교과목 구성은 기본적으로 행정학의 간학문성과 일정한 연관이 있어 보인다. 특히 정치학, 경영학, 사회학, 재정학, 경제학 등과 연관이 높은 과목이 많이 개설되어 있다. 특수대학원에서는 한편으로는 다양한 특수분야의 교과목이 추가되고 다른 한편 같은 내용이더라도 실용적 교과목이 추가되면서도 교과목의 다양성이 확장된 것으로 보인다.

이렇듯 행정학 대학원의 교과과정의 다양성은 한편으로는 교육과정의 다양성을 통하여 교육경험의 외연 확장에 유리한 측면이 있지만 다른 한편, 다른 학문과 차별화되는 행정학 중심과목의 설정이 쉽지 않게 되는 문제를 유발하기도 한다. 또한 일반대학원, 전문대학원 및 특수대학원과의 교육과정 차별성을 어렵게 하는 문제도 낳고 있다.

(2) 문 제 점

앞에서 살펴본 바와 같이 행정학 대학원의 교육과정은 다양한 교과목을 개설하고 있는 가운데, 몇 가지 문제점을 드러내고 있는 것으로 보인다. 첫째, 교과목의 다양성과 중심성의 조화곤란, 둘째, 전문교육과 학술교육의 차별화 미흡, 셋째, 학부와 대학원 간에 교육과정의 차별 미흡 등이 그것이다. 이는 행정학의 정체성 확립이나 교육효과의 제고와 관련하여 일정한 의문을 제기하는 요인이 된다.

첫째, 교과과정의 체계성 미흡이다. 이는 다분히 학부, 석사, 박사의 교육목표의 불확실성에 따른 자연스러운 결과이다. 결국 교육목표가 명확하지 않은 상황에서 교육과정은 상당히 자의적으로 편제되고 있는 것처럼 보인다. 교육과정의 체계가 명확하지 않은 상황에서 교과목은 체계없이 확장되어 다양성을 보이는 상황에서 중심성을 잃게 하는 원인이 되고 있다.

둘째, 전문교육과 학술교육의 차별화 미흡이다. 특수대학원 나아가서 전문대학원은 그야말로 일반대학원에 비하여 전문적 실용지식을 전수하는데 초점을 두어야 한다. 그러나 특수대학원이나 전문대학원의 교과과정이 일반대학원의 교육과정과 달리 전문적 내지는 실용적 교육에 초점을 맞추고 있는가는 의문이다. 전문성 내지는 실용성 확보를 위해서는 현장과의 연계가 중요하며, 이를 위해서는 당연히 교육과정에서 현장실습 및 인턴제 등의 교과목이 제공되어야 한다. 그러나 조사결과 이러한 유형의 교과목 개설은 발견하기 어렵다. 이러한 현상은 행정학 대학원 졸업생의 취업과의 연계성 혹은 현직자의 재교육에 대한 만족도를 저하시키는 요인이 되고 있는 것으로 판단된다.

셋째, 행정학 대학원교육과 학부교육과의 차별성 미흡도 문제이다. 자료에 의한 객관적 조사는 시도하지 않았지만 행정학 대학원(특히 석사)과 학부의 교육과정은 과목만 유사할 뿐 아니라 교육내용과 수준에서도 상당한 정도의 유사성을 보이고 있을 것으로 생각된다. 다만, 이는 교육과정 전개에 대한 체계가 미흡한데만 기인하지 않고, 행정학 대학원 진학자의 배경이 행정학 이외의 다양한 학문분야를 포괄하고 있는 데에도 상당 부분 기인하는 것으로 보인다.

4. 학생: 입학과 진출

(1) 입 학

행정학 관련 교육을 위한 대학원 입학은 일반대학원만 아니라, 전문대학원, 그리고 특수대학원을 포함한 다양한 경로를 통해서 가능하다는 강점이 있다. 일반대학원, 특수대학원 그리고 전문대학원에서 행정학과, 정책학과, 보건 및 의료학과, 간호 임상관련학과, 복지관련 학과, 교육관련학과, 디자인관련학과, 문화관련학과, 경찰학과 등 다양한 학문 분야의 학사졸업자 및 다양한 배경의 실무자들이 행정학 대학원교육에 진입할 수 있고 또 진입하고 있다. 이에 따라 다른 학문 분야에 비하여 대학원 입학수요의 잠재성이 상대적으로 크다. 물론 최근 경영전문대학원, 법학전문대학원의 설치에 따라 행정학 대학원의 잠재적 수요가 상당히 위협받고 있기는 하지만, 여전히 상당 부분 행정학 대학원교육의 잠재적 수요가 고갈된 상태는 아니라 하겠다. 특히 박사과정에 있어서는 행정학 대학원교육은 일반대학원의 행정학과와 정책학과 그리고 특수대학원 석사졸업생을 잠재적 입학자원으로 확보하는 측면도 있다.

그러나 다양한 입학경로는 학문연구자, 수험생, 재교육자 등 입학자원의 다양성으로 연결되어 결국 교육목표와 교육과정 정립에 혼선을 초래하는 요인이 되는 측면이 있다. 이러한 문제와 연결된 문제로서 한정된 교육역량(시설과 교수)으로 다양한 교육수요에 부응하는 것도 한계요인이 되고 있다.

(2) 졸업 및 진출

[표 6]은 최근 5년 동안 행정학(정책학 포함) 관련 대학원 학위소지자의 배출 현황을 보여준다. [표 6]에서 보는 바와 같이 행정학 대학원 학위취득자는 2005년 3,330명에서 2008년 3,564명으로 증가하였다가 2009년에 3,222명으로 약간 줄어들었다. 대학원 학위취득자의 변동은 석사와 박사 간에 약간 다른 양상을 보여준다. 행정학이나 정책학 모두 석사 학위자 수는 약간 감소 또는 정체추세를 보이는 반면, 박사학위취득자의 수는 증가추세를 보이고 있다. 생각건대 이와 같은 현상은 그간 석사학위자의 상당 수 배출에 따라 석사학위 입학자원이 상대적으로 위축된 반면, 박사학위의 경우에는 한편으로는 대학원 총정원제의 실행으로 석사입학정정원의 일부를 박사정원으로 전이하는 것이 가능해졌고 다른 한편으로 대학원교육에 대한 요구가 석사를 넘어서 박사까지로 확대된데 기인한 것으로 판단된다.

그러나 행정학 대학원 학위자의 양적 증가가 질적 발전과 병행되었는지는 의문이다. 과거에 비하여 위축된 행정학 대학원 입학자원과 행정학 대학원의 기관생존을 위한 개별 학교의 사정이 맞물려 한편으로는 행정학 입학자원의 질적 담보가 어려워졌고, 다른 한편으로는 행정학 대학원 교육과정 및 학위의 관리가 부실화되는 경향이 보이고 있기 때문이다. 이는 곧 행정학 학위의 수월성을 위협하는 요인이며, 이에 따라 행정학 학위취득자의 사회진출이 위협받는 실정이다. 또한 행정학 학위취득자의 일차적 진출문호인 공직은 점차 개방화 추세에 있으며 이에 따라 행정학 학위취득자에 대한 사회진출 또한 제약받고 있는 상황이다. 이러한 상황에서 행정학 대학원 학위취득자의 증가는 한정된 사회적 수요를 놓고 행정학 학위자간의 경쟁을 가열시켜 사회진출의 어려움을 가중시키고 있는 형국이다. 행정학 대학원 학위취득자의 증가를 마냥 반길 수만은 없는 현실이다.

표 6 행정·정책관련 학과 석·박사 학위자 배출현황

구 분	행정 관련 학과 졸업생수			정책 관련 학과 졸업생수		
	석 사	박 사	계	석 사	박 사	계
2005	2,382	201	2,583	739	8	747
2006	2,683	177	2,806	721	6	727
2007	2,542	183	2,725	833	16	849
2008	2,521	213	2,734	802	28	830
2009	2,252	230	2,482	709	31	740

자료: 2010년 10월 한국교육개발원 통계센터에 의뢰하여 작성된 것임.
* 조사기준일: 2009년 4월 1일 ** 추출 키워드: 행정, 정책.

Ⅲ. 개선방향에 대한 논의

지금까지 행정학 대학원교육의 실태에 대해서 간단히 살펴보았거니와 이를 토대로 행정학 대학원교육의 발전을 위한 몇 가지 방향에 대해서 논의한다.

1. 행정학의 학문적 위상 정립

행정학 대학원교육의 발전을 위한 첫째 요건은 행정학의 학문적 정체성의 확립이다. 오늘날 행정학 대학원교육이 다루고 있는 학문분야는 전통적 POSDCORB를 넘어 정치, 경영, 복지, 소방, 예술 등 거의 사회 전 분야에 대하여 걸쳐있다. 정부부처가 사회 전 분야에 걸쳐 설치되어 있는 만큼 정부의 기능을 다루는 행정학이 다루는 분야는 최소한 정부부처의 기능분야 이상이 되는 것은 당연한 일일 수 있다. 실제로 행정학관련 대학원은 못하는 학문분야가 없을 정도이다. 근래에는 지역연구가 활성화되면서 지역행정도 행정학의 교육분야로 편입되고 있는 실정이다. 이와 같은 행정학 학문분야의 다양성은 행정학의 외연을 넓힘으로써 행정학의 위상강화에 도움이 되기는 하지만, 행정학의 학문적 위상정립에는 상당한 저해요인이 되고 있다. 따라서 행정학 고유의 학문적 색채를 뚜렷이 하는 작업에 대한 적절한 관심이 요구되고 있는 실정이다.

이러한 요청에 대한 대응방향은 다분히 모순적이다. 한편으로는 행정학 중심 분야를 제한적으로 정립해나가면서도 다른 한편으로 행정학 대상 분야의 외연을 확대해나가는 노력이 필요한 것이다. 행정학의 핵심 분야는 아무래도 공공관리가 되겠고, 외연은 정치학, 경영학, 사회학, 복지학을 포함한 다양한 학문과의 연계가 되겠다. 물론 양자는 모순적 요구이지만 동시에 지향해야 할 과제임에 틀림없다. 행정학의 독자성만 강조해도 문제이고, 간학문성만 강조해도 문제이다. 균형적 접근이 필요하다.

문제는 독자성과 간학문성(학제적 연관성) 중 어느 것이 강조되어야 하느냐이다. 생각건대, 현재는 간학문성에 대한 고려가 상대적으로 취약한 상황이므로 간학문성에 대한 고려에 상대적 관심이 요구된다. 간학문성에 대한 고려가 가능하기는 한가? 생각건대 행정학 대학원에 다양한 학문분야가 교육과정에 포함되어있는 사실은 행정학의 간학문적 특성이 뛰어난 것임을 실증적으로 입증해주는 것이라 하겠다. 그러므로 이러한 강점을 지혜롭게 활용하는 노력을 통하여 행정학의 위상을 강화하는 한편, 행정학 대학원 졸업자들의 진로와 취업기회확대에도 도움을 주어야 한다. 강조할 것은 행정학의 간학문적 요소를 활용하는 것과 행정학대학원에서 다양한 분야를 교육하는 것과는 차이가 있다는 점이다. 단순히 다양한 연관분야를 교육하는 것을 넘어서 행정학의 중심적 분야와 연관 분야를 유기적으로 연관시키려는 노력이야말로 행정학의 간학문적 우위성을 일깨우는 노력이 될 것이다.

한편, 행정학 정체성의 확장 가능성은 행정학 대학원의 학과와 전공의 개설이 다양한 명칭으로 이루어지고 있음에서도 알 수 있다. [표 7]은 우리나라 행정 혹은 정책을 키워드로 학과 및 전공 개설 대학원 과정을 찾아본 것이다. 각기 다른 학문영역을 접두어로 사용하면서도 행정을 접미어로 붙이는데서 행정학의 간학문적 가능성을 확인할 수 있는 것이다. 그러나 현재는 행정관련 학과간의 소통과 협력이 부재한 실정이다. 예컨대, 한 대학 내에 행정학과, 보건행정과, 복지행정과, 정책학과, 교육행정과 등이 있는 경우에도 학과간 교류의 부재, 행정이라는 공통 키워드에 대한 고민이 이루어지지 않고 있다. 향후 행정학의 중심성을 반영하여 관련 분야와의 상호교류와 소통 노력이나 교육과정의 유기적 편제를 논의가 활성화시킬 것이 요구된다.

행정학 정체성의 확장과 관련하여 행정학 학술지의 게재논문분야의 외연을 확대하는 것도 기회요인이 될 것이다. 행정학 관련 학자의 규모가 충분하다해서 행정학 학술지의 외연을 넓히는 노력을 게을리하는 것은 행정학의 확산기회를 제약하는 것에 다름 아니다. 그럼에도 불구하고 학술논문의 심사 및 게재과정에서 행정학 분야를 편협하게 제약하려는 경향이 강하게 작동하는 현실은 재고가 필요하다.

표 7 행정학 대학원 관련 학과 및 전공 명칭

행정학 관련 전공
행정학과, 보건행정학과, 사법행정학과, 자치·복지행정학협동과정, 자치행정학과, 통상행정학과, 도시행정학과, 문화기획·행정·이론학과, 지역및복지행정학과, 도시행정학과, 기독교행정학전공, 행정정보관리전공, 법무행정전공, 안보행정학과, 부동산행정전공, 특수교육행정전공, 지방행정학과, 노동행정전공, 해사행정학과, 공연행정학과, 사법행정학과, 보건행정학전공, 교육행정및리더십전공, 세무행정학과, 경찰행정학과, 사회복지행정학과, 도시및지방자치행정전공, 소방방재행정학과, 사법치안행정학과, 의료행정학과, 행정관리학과, 감사행정학과, 공안행정학과, 도시및지방행정학과, 의료복지행정전공, 경찰법무행정전공, 공안행정학과, 복지행정학과, 부동산행정학과, 안보행정학과, 행정법무학과, 임상간호행정학과, 문화예술행정전공, 예술행정학과, 법무행정학과, 자치행정학과, 공안행정학과, 교육행정경영학과, 네트워크비즈니스행정학과, 문화예술행정학과, 사회행정약학전공, 보건행정·보건정보 전공, 행정정책학과, 법행정학과, 사법경찰행정학과, 의료행정학과, 공공디자인행정학과, 법무행정전공, 소방방재행정학과, 대학행정전공, 초등교육행정전공

자료: 2010년 10월 한국교육개발원 요청자료.

2. 교육목표의 명확화

행정학 대학원교육의 목표가 제대로 정립되어있지 않음은 이미 앞에서 논의한 바와 같다. 그러므로 향후 교육목표의 정립을 통하여 대학원교육의 방향제시가 분명히 이루어져야 한다. 그렇게 함에 있어서 행정학 교육과정의 독자성을 확보하는데 그치지 않고, 다른 학문과의 연계 하에서 유연하게 교과목이 개설될 수 있도록 고려가 필요하다. 또한 교육목표를 설정함에 있어서 학부교육과 대학원교육의 차별화, 석사과정과 박사과정의 차별화, 학술학위과정과 전문학위과정의 차별화가 고려되어야 한다.

3. 교육과정의 특성화

앞에서 살펴보았듯이 행정학 대학원 교육과정이 교육대상과 수요에 적합하게 편제되어있지 않다. 이에 대한 대응책으로는 첫째, 다양한 교육대상(학문연구자, 수험생, 경력자)에 맞게 맞춤형 교육과정을 편성해야 한다. 이를 위하여 기본적으로 전공과정의 다양화가 필요하다. 특히 학술학위과정과 전문 학위 과정별로 차별화된 교육과정의 구축이 필요하다. 학교규모와 교육여건상 어려울 경우에는 교육트랙의 구분 또는 개별과정(independent study)의 활성화가 보완적으로 고려될 수 있을 것이다. 석박사 과정의 구분이 모호한 것을 고려하면 석·박사 통합과정의 설치는 중요한 변화요소이다.

둘째, 교육과정을 구축함에 있어서 학위과정과 전공별로 특성화가 필요하다. 현재와 같이 모든 대학원이 유사한 교육과정으로 경쟁하는 것은 한정된 수요에 과잉 공급으로 상대적으로 열위에 있는 학교의 생존을 위협하므로 바람직하지 않다. 특성화는 두 가지 방향에서 접근가능하다. 하나는 학술학위 위주 또는 전문학위 위주 중에서 특성화 방향을 정하는 것이다. 이러한 특성화에 기초하여 일반대학원, 전문대학원 및 특수대학원의 교육과정 특성화가 이루어질 수 있다.[2] 이에는 학술학위와 전문학위에 대한 학위요건 차별화도

2) 일반대학원의 경우 교수요원양성과 연구인력을 육성하기 위한 학문의 기초이론과 고도의

포함된다. 다른 하나는 교육 분야의 특성화이다. 예컨대, 노동대학원, 중소기업대학원, 안보정책대학원, 특허법무대학원, 정보통신대학원, 환경정책대학원, NGO대학원 등으로 각 대학교의 행정대학원이 특색있는 대학원으로 바뀌어지느냐이다(신희권, 2000). 교육과정의 특성화는 가능하다면 개별 대학원에서 이루어져야 한다. 그러나 현실적으로 모든 학교가 그와 같은 요구에 대응하기는 어렵다. 이를 위해서 학교내 다른 학문분야와의 협동과정만 아니라 학교간 협동과정의 설치를 모색할 필요가 있다. 한편, 특성화가 필요하다고 해서 각 대학원이 경쟁적으로 설치하고 있는 특수단기과정의 남설 경향은 지양되어야 한다.

4. 학생의 진출

행정학의 학문적 정체성 확립, 행정학 교육목표 및 교육과정의 특성화는 행정학 전공자의 사회진출에 긍정적 요인으로 작동할 것이다. 그러나 이것만으로 행정학 전공자의 사회진출이 활발해질 것으로 기대하기는 어렵다. 이외에도 행정학에 대한 사회적 홍보, 공공기관과 기업의 충원제도 개선 노력 등이 이루어져야 한다. 이와 함께 행정학 학위에 대한 위상제고가 요구된다. 현재 행정학 학위는 학교가 많은 만큼 남발되는 경향이 크다. 행정학 학위에 대한 질 관리가 요구된다. 이를 위하여 학위제출 이전에 일정한 품질의 학술논문게재 의무화 내지는 인증화는 최소요건으로 강화될 필요가 있다.

학술연구 인력을 양성하는 대학원으로 특성화하고, 교육·연구의 질 제고에 역점을 두고, 전문대학원의 경우 양성 전문인력에 대한 정체성 확립 및 질 관리 강화하여야 할 것이다. 특수대학원의 경우, 재교육 및 계속교육 수요에 부응하도록 특성화하고, 유사학과간의 통합성을 증진을 위한 코디네이션이 요구된다.

송하중

논평

'행정학' 혹은 '행정학 교육'의 위기에 대한 논의는 끊임없이 있었다. 김준한 교수는 본문에서 지난 30여 년간 행정학 연구/교육의 위기의식이 지속되었으며 그에 따라 실태 파악, 문제 분석, 발전 방안과 처방이 제시되어 왔다고 한다. 그렇다면 그러한 위기의식이 적절한 것인가. 아니면 다른 학문 분야에서도 마찬가지로 나타나는 자기 정체성 확립을 위한 노력과 같은 맥락으로 간주하여야 할 것인가.

지금 우리가 다루는 행정학이 불과 한 세기 전에 독자성을 갖추기 시작한 것이라는 면에서 보면 그 정체성 확립에는 더 많은 시간이 필요할 지도 모른다. 그런데 문제를 행정학의 장소(locus)와 초점(focus)으로 맞춰 따져 본다면 답은 의외로 복잡하지 않다. 정부를 비롯한 공공부문이 행정학의 탐구 장소이고, 공공부문 내부에서 벌어지거나 공공부문이 외부와 상호작용하면서 벌어지는 일들이 탐구의 초점인 것이다.

그런데 행정학의 대상인 공공부문 자체의 작동은 물론 외부와 상호작용하는 메커니즘은 보는 관점에 따라서 범위를 달리 할 수 있다는 데에서 고민이 싹트게 된다. 소극적 입장에서 범위를 설정하면 행정학의 설 자리가 옹색해지고 적극적으로 영역을 넓히면 사회 활동 모든 것이 포괄되면서 그 범위가 흐려지는 맹점이 있기 때문이다.

지난 20여 년 동안 전 세계를 휩쓸었던 신자유주의의 바람은 정부의 간여 범위를 줄이라고 주문한다. 이는 결국 정부의 역할을 대신하는 준/유사 공공부문의 성립과 시민 사회의 역할 확대로 이어진다. 공산권이 붕괴되고 기존 체제가 심각하게 도전받던 이 시기에 일부 경제학자들의 주장에서 연원한 '정부 실패', '행정의 비능률성과 비효과성' 지적에 마땅한 대응 논리를 찾기 어려웠던 것이 사실이다. 그 결과 '작은 정부'는 지식정보 사회에서 불가피한 흐름인 것으로 여겨지기도 하였다. 그러나 2008년에 갑자기 세계 경제를 얼어붙게 만들었던 금융 위기는 이러한 흐름이 과연 타당한 것 이었는가 다시 생각해 보게 한다. 정부규제 완화 주장이 시장 메커니즘의 본원적 약점까지도 손댈 수 없게 만들면서 정부의 역할 방기로 이어졌다는 비난을 피하기도 어렵게 되었다. '효율적 시장' 가설은 망상에 불과하다는 비판이 다시 힘을 받고 있는 것이다.

서구 중상주의가 성립하던 시기에는 '강력한 정부'가 강조되었다가, 자유주의적 논리에 근거한 자본주의가 급속히 세력을 얻으면서 야경국가를 지향하는 변화가 19세기 후반을 지배하였다. 그리고 이어서 시장의 약점과 부작용이 부각되면서 이를 바로 잡기 위한 정부의 역할 강화로 이어졌던 것이 20세기 중후반까지의 흐름이었다. 그리고 1980년대에 들어서 그 동안 끊임없이 확대/강화되어 온 정부의 역할 때문에 사회적 효율성이 하락된다는 비판을 받게 된 것을 우리는 안다.

결국 중상주의 이래 정부와 관련된 사회적 기대 변화를 살펴 볼 때, 정부 역할 강조와 축소 논리가 반복되어 왔다는 것을 알 수 있다. 이것은 '정부의 역할과 범위'는 고정되어 있지 않고 시대적 여건에 따라 맥동하고 있음을 말해 준다. 따라서 '정부'를 장소와 초점으로 삼는 행정학의 범위도 신축적일 수밖에 없다. 이런 점에서 보면 행정학의 정체성에 대한 고민은 시대와 상황에 따라서 그 형태를 달리 하면서 계속될 수밖에 없다는 것을 인정하여야 한다.

그런데 행정학의 정체성 논란은 행정학을 가르치는 교육의 문제로 연결되게 된다. 즉 행정학의 장소와 초점이 넓어지거나 줄어든다는 것은 교육의 범위도 거기에 따라 달라진다는 것을 의미하기 때문이다. 김준한 교수의 글은 이러한 점들을 포괄하여 현재의 대한민국 대학에서의 행정학 교육과 미래의 교육을 여러 차원에서 입체적으로 다루고 있다. 아래에서 그의 논점에 대한 몇 가지 의견을 제시한다.

첫째, 무엇보다도 김교수의 글이 설득력을 갖는 것은 이것이 통계 숫자나 조사 자료 등을 바탕으로 한 것이라기보다 그의 20년에 걸친 교육 경험과 직관에 의한 서술이라는 점이다. 물론 데이터를 바탕으로 하면 논리의 근거를 제시하기 쉽고 그만큼 반박이 어려워진다. 그러나 통계숫자가 가지고 있는 미시성에 의해 숲을 보지 못하는 우를 범할 수 있다. 김교수는 행정학 자체에 대한 고민을 계속해왔고 이와 관련된 다수의 논문도 발표한 바 있다. 그러한 축적과 경험을 바탕으로 거시적인 관점에서 이 문제를 다루고 있기 때문에 그의 주장은 설득력이 있다.

둘째, 김교수의 글은 기본적으로 오늘날 대학 교육이 안고 있는 갈등 요소를 지적하고 있다. 지금과 같은 대변혁의 시기에 대학이 과거 농업 사회나 산업 사회적 접근과 교육 방식에서 벗어나지 못하고 있다는 것은 심각한 문제이다.

김교수는 지금의 인류사적 대변혁은 당장 21세기 사회운영체제의 변화를 초래하고 그것은 고등교육의 새로운 틀을 요구하고 있다고 전제한다. 그리고 이는 새로운 대학상으로 연결되어야 하며 그것이 사회적 수요에 부응할 때 한국 대학의 미래가 있다고 보고 있다. 이 흐름을 한국대학에서 행정학 교육으로 한정하여 적용하면 환경 변화에 어떻게 대응하여 자리 메김을 할 것인가의 고민이 되는 것이다. 김교수는 대학 교육의 목표 변화를 압박하는 환경 요소로 산업/경제, 노동시장, 대학 운영, 학생의 욕구/가치관 등을 들고 있다. 그리고 이 요소들이 표면적으로 나타나는 양태를 액면 그대로 받아들이는 것의 위험성도 경계해야 할 것이라고 지적하고 있다.

대학의 변화 적응 역량은 여러 차원에 걸친 장애로 인해 비판 받고 있는 것이 현실이다. 이것은 우리뿐 만이 아니고 여러 다른 나라도 마찬가지로 겪는 일이다. 전통과 관행이 굳어진 (이들이 한편으로는 미덕으로 여겨지지만) 대학 시스템이 급변하는 주위 환경에 순발력 있게 따라가는 것은 매우 어렵다. 우리보다 훨씬 나은 대학교육 시스템을 갖추고 있다고 평가되는 미국의 경우에도 이러한 비판은 마찬가지이다. 최근 토플러는 이점을 지적하는 비유로 '변화의 선두주자인 기업이 100마일로 달릴 때 (미국의) 대학은 25 마일로 쳐져서 따라 오고 있다'고 하였다.

우리 경우는 미국 대학에 대한 비판에 더하여 대학 교육의 바탕이 엷다는 문제가 심각하게 제기된다. 지난 반세기의 격동기를 겪으면서 제대로 된 교육 철학이나 일관된 정책이 없는 상태에서 양적인 규모 팽창이 진행되었던 것이 우리 교육의 과거이다. 그리고 지금도 그러한 관성, 타성에 의해 강의에 의한 지식 전달을 위주로 하는 농업시대의 교육 방법에서 벗어나지 못하는 것이 대학 교육의 현실이다. 이 비판에는 행정학도 예외가 아닌 것이다.

셋째, 김교수는 행정학이 어떤 인재 양성을 목표로 삼아야 하는가를 고민한다. 그는 물론 대학교육이 지향하는 교육 목표를 큰 틀로 하고 그 안에서 행정학을 통해 배양하고자 하는 역량을 논의해야 한다고 한다.

김교수는 우선, 생각해야 할 수업 방법, 수업 목표, 교육 목표를 제시하고 이들 간의 관계를 도식화해서 보여 주었다([그림 2] 참조). 그의 이와 같은 접근 방법은 타당하고 설득력이 있다. 수업 목표를 '전달과 이해'로 삼을 때 교양인을 만들 수 있다면 행정학은 지식 사회에서 전문 지식 전수를 위한 기본 능력을 배양하여 교양인을 만들어야 한다고 한다. 그리고 이를 바탕으로 하는 '혁신인'이 행정학 교육에서 궁극적으로 지향해야 될 바라고 하고 있다. 혁신인은 지식과 정보를 활용해서 응용, 분석, 종합하는 능력을 갖춘 인재인 것이다.

이와 같은 입장에서 '무엇을 할 수 있는가?'가 중요한 자질이라는 본다면 행정학 교육은 보다 입체감이 있게 구성되어야 한다. 김교수가 주장하는 사례탐구, 문제해결 등이 이를 위한 수업 방법으로 채택되어야 한다는 점에 공감하는 바이다. 그러나 우리의 현실이 이러한 변화 방향을 쉽게 잡아가지 못하리라는 우려도 금할 수 없다. 교육용 사례와 문제해결상황 설정 등은 사전 준비가 필요할 뿐만 아니라 지속적인 업그레이드 있어야 하는 작업이다. 그런데 지금 이를 위한 자원 확보와 실천 노력은 한정된 부분에서 미미하게 나타나고 있을 따름이다.

넷째, 김교수는 행정학 교육의 내용적 목표를 사회 설계(social design)로 설정하자고 제안한다. 실제로 본문에서 사회설계의 내용을 설명한 것을 보면 정부내부 관리, 공공부문의 사회문제해결 노력, 사회구성 주체들의 협력적 문제 해결 과정을 포함하는 것이다. 즉 이는 사회문제를 해결하기 위한 설계-관리-집행-운영을 포함하는 개념이라고 한다. 이와 같은 설명은 행정학의 범위를 규정하는 데에 유용할 뿐만 아니라 행정학 교육에도 적절한 표적 설정이라고 여겨진다.

그러나 비록 그의 설명은 나무랄 데 없으나 이를 '사회 설계'라고 명명하는 것이 거부감 없이 받아들여지기는 어려우리라고 보인다. 그것은 '사회'와 '설계'가 가지는 일반적 의미가 너무 확실하기 때문에 이 두 단어를 붙여 놓으면 이를 김교수가 말하는 개념으로 선뜻 받아들이게 될까 의구심이 생기는 것이다. 이는 물론 명명의 문제라고 할 수 있다. 그렇다면 김교수가 뜻하는 바를 포괄하되 사람들이 쉽게 인정할 만한 다른 이름을 찾아야 되지 않을까 싶다.

여기에서 논의한 몇 가지 사항들 외에도 행정학 교육을 둘러싼 미시적 논점들이 있을 수 있다. 그러나 그것들도 대학 교육이 큰 방향 전환을 하고 있는 (혹은 해야 하는) 상황 하에서는 보다 큰 틀의 변화 속에서 조망하여야 할 것이다. 이와 같은 관점에서 본다면 김교수의 글은 행정학에 한정된 고민에 그치지 않고, 대학의 변화, 나아가서 인류사적 대변환이 진행되는 시점에서 모든 사회 단위가 진지하게 앞날에 대한 성찰을 해야 한다는 주장의 일단이라고 여겨야 할 것이다.

논평

유재원

토론자는 행정학 교육의 위기를 다음 두 원인에서 찾으려 한다. 첫째 이유는 행정학 교수들의 착시현상이다. 행정학과 교수들에 대한 사회적 수요는 인문 사회과학 분야의 교수들 가운데 거의 최상의 그룹에 속하지만, 행정학과 졸업생에 대한 사회적 수요는 거의 바닥에 있다. 이러한 이유로 인해 행정학과 교수들은 행정학과 졸업생이 사회에서 겪는 어려움을 잘 알지 못하고 있다. 행정학과 교수들에 대한 사회적 수요가 높은 것은 우리만의 독특한 현상이다. 강한 국가(strong state)의 전통과 중앙정부나 지방자치단체에서 상시적으로 진행되는 행정개혁으로 인해 행정학과 교수들에 대한 사회적 수요는 매우 높다. 정부위원회는 물론 정부내각의 구성에 있어서도 행정학과 출신 교수들의 비중이 높다. 이에 반해, 행정학과 졸업생의 사회경쟁력은 매우 약하다. 행정학과하면 고시학과와 동일시하려는 경향이 높지만, 기실은 다른 인접 학문분야의 학생들에 비해 행정학과 학생들의 고시경쟁력은 우위에 있지 못하다. 고시과목의 다원화로 인해 행정학과 학생은 정치학과, 법학과, 경제학과 학생들에 비해 과거와 같은 독보적인 고시경쟁력을 향유하지 못하고 있다. 학과별 고시합격율의 변화를 보면 이러한 현상이 명확해진다. 행정학과 학생들의 취업과정을 살펴보면 행정학과 학생들의 사회경쟁력이 열악함을 더욱 명확하게 알 수 있다. 학생들이 선호하는 직장인 공기업 중 일부는 아예 행정학과 과목을 시험과목으로 요구하지 않고 있다. 행정학을 시험과목에서 배제하고 있는 공기업의 시도는 한때 행정학을 고시과목에서 제외해야 한다는 공무원들의 요구와 동일한 연장선에 있다. 사회에서 찬반신세를 면치 못하는 행정학과 재학생들의 전공만족도가 사회과학분야에서 꼴찌라는 사실은 어쩌면 당연한 일이다. 향후 고시제도가 폐지되면 행정학과 졸업생의 경쟁력은 더욱 추락할 것이 명약간화하다.

행정학 교육의 위기를 유발하는 추가적인 이유는 잡학으로서의 행정학의 성격에 있다. 주지하듯이 행정학은 인접 학문분야들의 집합체다. 자조적으로 이를 잡학으로 표현하기도 하지만 보다 현학적인 표현을 쓰면 행정학의 성격이 학제적(interdisciplinary)이라는 것이다. 잡학은 두 가지 의미를 담고 있다. 첫째는 행정학의 자기만의 고유성과 독자성이 없고 타 학문분야의 지식을 빌려다 쓰고 있다는 의미이다. 복잡한 사회문제를 해결하는 데 필요한 지식을 제공하는 것을 사명으로 여기는 행정학은 기본적으로 잡학일 수밖에 없다. 따라서 행정학이 고유성이 없고 잡학이라고 해서 부정적으로 바라볼 필요는 없다. 자신만의 고유한 영역이 없더라도 사회문제를 해결하는 데 도움이 되는 학문분야의 물리적 및 화학적 결합의 장을 제공함으로써 사회에 기여할 수만 있다면 행정학의 유용성이 충분히 있다고 본다. 문제는 잡학적 성격으로 인해 행정학 전공자들이 행정학이 기반을 두고 있는 학문분야 어느 하나도 제대로 알지 못하고 있다는 것이다. Waldo 역시 이를 이미 지적하여, "Public Administration, by becoming everything in general, has become nothing in particular."라고 적나라하게 표현한 바 있다. 행정학이 모든 것에 능통하려다보니 어느 것 하나도 제대로 하지 못한다는 것이다. 이처럼 어느 것 하나 제대로 하는 것이 없다 보니 행정학과 졸업생들에 대한 사회적 수요가 낮을 수밖에 없는 것이다.

행정학을 구성하는 학문분야는 다양하지만 그중 정치학, 경제학, 경영학이 핵심적이다. 이는 미국 NASPAA가 행정학의 핵심 구성요소로 지적한 것과 일치한다. NASPAA는 행정학의 핵심 교육내용으로 (1) 공공정책과 조직 환경에 대한 이해, (2) 질적 및 양적 분석기법의 적용 (3) 공공조직의 관리를 제시한 바 있다. 정치학은 정책결정과 행정기구의 작동에 영향을 미치는 정치적 환경에 대한 이해를 제공하며, 경제학은 정책대안을 분석하고 평가에 필요한 지식을 제공하며, 경영학은 정책을 관리하는 데 필요한 지식을 행정학에 제공한다. 문제는 행정학이 이러한 다양한 분야를 학생들에게 교육시키고 있지만, 어느 것 하나 깊이 있게 다루지 못하고 있다는 것이다. 이러한 결과, 행정학과 학생들은 관리지식에 있어서는 경영학과 학생들에게 밀리고, 정책분석과 평가에 필요한 지식에 있어서는 경제학과 학생들에게 밀리고, 정치적 지식에 있어서는 정치학과 학생들에게 밀리고 있다. 이도 저도 아닌 어중이떠중이를 생산하고 있는 것이다. 그도 그럴 것이, 행정학과에서 정치학 개론을 개설한 학과는 많지 않으며, 정책대안을 분석하고 평가하는 데 필요한 지식을 원론적인 차원에서는 가르치지만 이를 구체화시키는 데 필요한 지식, 예컨대. 비용편익분석을 제공하는 행정학과는 거의 없다. 마찬가지로, 행정학과는 관리에 필요한 지식을 경영학과만큼 폭넓고 깊이 있게 제공하지 못하고 있다.

정리하면, 행정학 교육의 위기는 행정학의 잡학적 성격으로 인해 어느 한 분야에 정통한 지식을 제공하지 못하고 있는 데에서 발생한다. 그리고 행정학자들의 착시현상으로 인해 행정학과 학생들의 교육수요를 제대로 인지하지 못하고 있다. 전자의 문제는 행정학의 핵심 구성 학문분야인 정치학, 경제학, 경영학, 법학의 지식을 행정학의 교과목으로 적극 수용하거나 이들 인접학문분야와 행정학의 교과목을 연계시키려는 노력으로 해소될 수 있다. 후자의 문제인 착시현상은 행정학과 교수들이 학생들의 교육수요를 파악해 이를 충족시키려는 노력을 통해 해소되어야 한다. 이를 위해 행정학과 교수들은 자신이 잘 할 수 있는 분야만을 고집하는 것이 아니라 학생들이 진정 필요로 하는 과목을 가르칠 수 있도록 과감한 변신을 도모할 준비가 되어있어야 한다. 지나치게 시장논리인 것처럼 보이지만 "학생이 없으면 선생도 없음"을 인지하는 것이 행정학의 교육위기를 극복하는 길이라고 생각된다.

독자성과 고유성을 확보하기 위해 나만의 영역을 개척하고 만들 것이 아니라 행정학의 구성학문을 보다 심도 있고 전문적으로 가르치고, 이를 통해 배운 다양한 지식을 융합할 능력을 학생들에게 배양하는 것이 행정학 교육의 위기를 극복하는 동시 행정학의 생명력과 정체성을 얻는 길이라고 생각된다. 행정학은 고유의 지식을 개척하려고 노력하는 과정에서 오히려 장점을 상실

할 수 있다. 고유의 지식을 찾으려는 노력을 포기하고 행정학의 구성 학문분야들의 지식을 깊이 있게 가르치려고 노력하는 과정에서 행정학과 행정학 교육의 장점이 살아날 수 있다. 역설적이지만 "행정학이 죽어야 행정학이 산다."

이번 학기 필자는 공공투자론을 행정학과 교과목으로 정식 개설하여 이를 강의하고 있다. 공공투자론은 대부분의 경제학과나 경영학과에서 제공되고 있는 과목이다. 행정학과 학생들의 취업면접에 절대적으로 필요한 시사경제지식을 교육하기 위하여 이 과목을 개설하였다. 구체적인 교과목의 내용을 소개하기 위해 강의계획서를 부착한다. 학기의 반을 지난 현 시점에서 평가할 때 학생들의 호응도가 매우 높다.

행정학의 장점은 고유성의 구현이 아니라 기존의 것을 융합-통합-조정하는 능력에서 온다. 융합은 기존의 것을 잘 아는 데에서 비롯된다. 정치학, 경제학, 경영학 법학 등의 지식에 정통하지 않고는 이들 간의 성공적인 융합을 이루어내기 어렵다. 따라서 행정학은 전문지식이 전무한 학부생들을 교육시키기보다는 일정의 전공지식을 기보유한 학생들을 대상으로 대학원 차원에서 교육되어야 할 학문이다. 그리고 지식의 융합은 실천과 경험을 통해 얻어지는 것이지 전문적 교육을 통해 획득되지 않는다. 따라서 대학원 차원에서 행정학과를 개설하더라도 석사과정의 수준에 머물러야지 박사과정으로 확대될 필요는 없다. 행정학 교육을 박사과정으로 확대하여 행정학 박사를 배출하려할 경우 다른 분야와 구별되는 행정학의 고유성을 찾으려는 악수로 연결되어 "행정학의 장점이 융합에 있다"는 사실을 오히려 망각하게 된다.

부 록

공공투자론(Public Investment)

2010년 2학기
담당교수: 유 재 원

1. 강의개요

공공개혁의 글로벌 모델이 되고 있는 신공공관리론(NPM)은 정부가 쓰는(spending) 데에서 벗어나 버는 (earning) 데로 관심을 전환할 것을 요구하고 있다. 사실 이제까지 정부는 세금을 쓰는 데에만 관심을 가졌지 공금이나 기금을 효율적으로 관리하여 잉여를 남기는 데에는 무관심하였다. 하지만, 기업, 사립대학과 같은 사적부문의 경우 이미 오래전부터 재정지출(tax spending)에만 관심이 있는 것이 아니라 재정투자(capital investment)에도 관심을 갖고 유능한 fund manager를 고용하여 자금을 관리하는 데 많은 노력을 경주하고 있다. 재정위기에 직면한 공공부문은 향후 민간부문과 마찬가지로 재정투자에 배전의 관심을 갖도록 요구될 것이다. 이 과목의 목적은 거시경제 및 정치적 변수에 대응하여 금융시장이 어떻게 작동하는 지를 이해하고, 공공기금(public funds)을 효율적으로 관리하는 데 필요한 지식을 제공하는 데 있다. 단순히 지식의 전달을 넘어 수업시간에 배운 지식과 이론을 모의투자에 적용함으로써 응용할 기회를 갖는다.

2. 강의목표

이 과목의 목적은 글로벌 금융시장이 어떻게 작용하는 지를 이해하고, 공공기금(public funds)을 효율적으로 관리하는 데 필요한 지식을 제공하는 데 있다.

단순히 지식의 전달을 넘어 수업시간에 배운 지식과 이론을 모의투자에 적용함으로써 응용할 기회를 갖는다. 이 과목에서 제공되는 세계경제와 금융시장에 관한 전문적이고 시사적인 지식은 학생들의 취업 면접과 취업 후 경력관리에도 유용하게 활용될 수 있으리라 믿는다.

3. 강의방식

수업의 전반부는 강의를 통해 학생들에게 투자의 개념, 투자종목 및 투자타이밍의 선택, 포트폴리오의 구성 및 운용전략을 이해시키고 후반부에서는 이러한 지식을 바탕으로 모의투자에 참여하여 전반부에 배운 지식을 응용할 기회를 갖는다. 편성된 포트폴리오의 성과를 매 수업 시 평가함으로써 성공적인 투자자 및 펀드매니저로서 필요한 능력을 배양한다.

4. 수강생 권장도서

1) 이영기, 남상구 공역. 「투자론」. McGraw-Hill Korea
2) 이규금 저. 「투자론」. 대경
3) 김영규 저. 「증권투자론」. 율곡출판사

5. 평가방식

시험 및 모의투자 성과

6. 주별 강의계획

01. 강의소개
02. 투자란 무엇인가?
03. 증권시장과 금융시장
04. 증권시장에서의 투자실무
05. 투자정보의 원천과 활용
06. 불확실성하의 투자의사결정
07. Portfolio 이론과 투자안의 선택

08. 중간고사
09. 정부의 효율성과 효율적 시장가설
10. 기본적 분석에 의한 가치평가
11. 기술적 분석과 매매 타이밍
12. 선물시장에서의 투자
13. 옵션시장에서의 투자
14. Portfolio 관리
15. Portfolio의 성과평가
16. 기말고사

송희준

논평

공공난제 해결을 위한 대학원 행정학교육의 방향

1. 행정학 위기론의 실체

세미나 발제 논문에서 "대학원교육에서 행정학의 양적 확장이 과연 학문의 질적 성장까지 담보하는가에 대한 의문 속에서 대학원 행정학교육 발전을 위해 객관적인 성찰이 필요하다"는 이승종교수의 주장에 공감하면서 국내 대학원의 행정학교육 목표, 과정 및 내용에 대한 현황을 진단하고 바람직한 방향에 대한 관견(管見)을 제시하고자 한다.

최근 많은 행정학자들이 행정학위기론을 언급하고 있다. 그러나 행정환경이 급변함에 따라, 정부의 정책 및 행정활동도 갈수록 복잡하고 다양해지고 있는 현실에서 행정학교육이 더 이상 필요 없게 된 위기적 상황은 아니다.

그러나 급변하는 행정현실에 행정학이 적절히 대응하지 못하는 것은 문제이다. 그런데 이것도 행정학 고유의 문제는 아니다. 이미 서구에서 사회과학위기에 대한 논쟁은 오래 전부터 계속 제기되어 왔으며,[1] 최근에도 2008년

1) 1990년대 이후 사회과학계의 위기의식 하에서 OECD의 '사회과학 재창조프로그램(Reinventing the Social Sciences)'(2001)과 UNESCO의 '국제사회과학·정책연계성포럼

의 글로벌 금융위기에 대한 경제학과 경영학 등 관련 학문분과들의 예측 및 처방능력은 근본적인 한계를 노정한 바 있다. 사회과학계는 전반적으로 밀튼의 실낙원(Paradise Lost) 같은 패러다임 상실(paradigm lost)을 경험하고 있다. 따라서 공공문제 해결을 위하여 행정학은 물론, 경제학, 정치학 등 사회과학 지식체계의 전반적인 성찰이 요구되고 있다.

여기서 행정학교육의 출발과정을 회고하면, 미국 최초의 행정학교육은 1881년 미국 펜실베이니아대학 워튼스쿨에서 국세와 지방세, 공공부채, 회계학 등 재무행정과 공법 등의 과목으로 시작되었다(Blunt, 1989:612; Chandler, 1989:642-643). 남북전쟁 이후 연방국가화하는 과정에서 재정적자와 공무원 인사의 난맥상이 급증하고, 지방시장(local market)이 전국시장(national market)으로 확대되는 산업화 과정에서 발생하는 불안정성과 불확실성을 해소하려는 통제혁명(control revolution)의 일환으로 행정학의 관료제적 운영원리와 사무자동화가 급격하게 확산된 것이다(Beniger, 1986). 이 시기의 사회운영 원리는 기본적으로 분업과 전문화였고, 행정학은 정치학에서 독립된 지식체계로서 정부관료제의 내부문제에 대한 연구와 교육에 집중하였다.

정확하게 1세기 뒤인 1980년대에도 행정학은 유사한 환경변화를 겪고 있다. 이 시기에는 공공문제가 국내영역(national markets)에서 글로벌화(global market)하고, 인터넷 기반의 정보통신혁명이 발생하는 제2의 통제혁명이 발생하였다(Beniger, 1986:391). 다른 점은 사회운영원리가 통합과 협업에 토대를 둔다는 점이다. 다양하고, 복잡하며, 동태적인 환경 하에서(Kooiman, 2000: 312), 공공문제에 대한 사회적 합의도 없고 과학적 해법도 부족한 난제(wicked problems)의 해결에 단일 분과적 해법이 아닌, 범 사회과학의 협동적 지식체계가 요구되고 있다([표 1] 참조). 분업과 전문화는 문제의 본질에 대한 사회적 합의도 되고 과학적 해결지식도 존재하는 기술적 문제(technical problems) 영역에 적용될 수 있다.

(Internal Forum on the Social Science-Policy Nexus)(2006)'은 새로운 사회문제 해결을 위한 새로운 사회과학적 해법을 모색하고 있다.

표 1 공공문제의 본질과 해법

		(과학적) 지식의 확실성	
		높음	낮음
문제형성에 대한 사회적 합의	큼	기술적 문제: 자동화, 과학화	거친 기술적 문제: 점증, 진화적 학습, 시행착오
	적음	거친 정치적 문제: 협상, 타협, 협업	난제: 협상, 타협, 협업, 진화적 학습

자료: Kickert and Klijn(2006:29), 송희준(2008:71).

따라서 행정학은 타 사회과학 분과들과 수직적, 수평적으로 통합 및 협업을 통하여 사회적 난제를 해결해 나가야 한다. 이런 관점에서 행정학 대학원 교육과정의 문제점과 개선방안을 모색하면 다음과 같다.

2. 교육목표

윌슨(W. Wilson)은 자신의 효시적 논문 서두에서 “알 필요가 없는 곳에서는 어떠한 실용 과학도 연구되지 않으며, 미국의 행정학 교육은 바로 행정에 대해 더 많은 것을 알 필요성 때문에 도입되었다”고 말하였다(Wilson, 1987: 197). 반대로 사회에 행정현상의 이해 및 설명과 정책방향의 처방에 대한 지식이 필요하지 않다면, 행정학연구와 교육은 더 이상 필요 없게 된다.

그러나 양차 대전과 대공황, 그리고 복지국가화 등 ‘큰 정부’ 추세에 대한 반발로 1980년대에 나타난 신자유주의 추세에도 불구하고, 어떤 국가에서도 정부역할이 거의 무의미해질 정도로 축소되거나 공공문제에 대한 지식이 충분히 축적되어 더 이상 행정학교육이 필요 없게 된 상황에는 이르지 않고 있다. 오히려 2008년 글로벌 금융위기에서 시장실패를 극복하는 최후의 보루로서 공공부문에 대한 지식과 정보는 더욱 요구되고 있다. 행정현상이 복잡해진 만큼 행정학지식에 대한 더욱 정교한 형태의 연구 및 교육이 필요해지고 있다.

문제는 이러한 행정학 지식에 대한 사회적 필요성에 한국의 대학원 행정학교육이 충분히 대응하고 있는가에 있다. 현재 대학원 행정학교육은 학문연구와 후속 학문세대 양성을 목적으로 하는 일반대학원과 사회의 전문 직업에서 활동할 전문직업인을 양성하는 전문대학원, 그리고 일반직장인과 시민을 대상으로 진화된 고급지식을 재교육시키는 특수대학원의 교육목표가 현실적으로 혼재되어 있다. 특히 그동안 질적 고도화 없이 양적 성장만 추구해온 것으로 비판받는 대학원교육의 난맥상은 교육부의 일관성 없는 대학원정책, 각 대학의 재정확충 동기, 학생들의 자격증취득 욕구(credentialism)가 상호작용한 결과이다. 여기에 미국중심의 해외출신 인재들을 선호하는 사회적 분위기로 국내 대학원 행정학교육은 내실 있는 성장을 기하지 못하였다.

이런 상황에서 많은 대학원의 행정학 교육목표는 주로 고급공무원, 전문행정인, 행정관리자, 국제행정전문가, 교수요원 등의 인재양성으로 설정되어 있다. 이것은 학생들이 졸업 후 진로에 많은 관심을 가지고 있다는 현실적 요인이 반영될 결과로 해석되지만, 졸업 후의 역할모형을 강조하는 교육목표는 너무 수단적, 도구적 관점에 머물러 있다는 지적을 받을 수 있다. 즉 졸업 이후에 무엇이 될 것인가, 어떤 직종에 진출하는가라는 사회적 역할모형에 머물지 말고, 어떠한 행정 이념과 지식을 어떻게 사회에 전파할 것인가를 중심으로 재구성하여야 한다. 예를 들어, 더불어 사는 좋은 사회 구현에 필수적인 공익, 공공재, 형평성, 공정성, 희생과 헌신, 사회적 기여, 협상과 타협 등 공공적 가치와 이념을 전파하는 내용을 교육한다든지, 또는 한국의 성공사례를 개발도상국가에 전파하는 미션을 훈련한다든지 하는 등을 포함한다.

이를 위하여 대학원의 행정학 교육목표를 일반대학원, 전문대학원, 특수대학원 등 대학원별로, 그리고 석사과정과 박사과정 등 학위과정별로 구분하여 학생들의 사회적 역할모형을 특화시키고, 이들이 무슨 이념과 가치를 어떤 방법으로 구현할 수 있도록 교육시킬 것인지의 내용을 중심으로 설정할 필요가 있다.

3. 교육과정과 내용

(1) 교육과정

어떤 내용을 어떤 방법과 단계에 따라 교육시킬 것인가를 체계화해 놓은 교육과정은 사회적 필요성이라는 수요적 측면과 교육자들의 공급적 측면의 상호작용 속에서 결정된다. 대학원 행정학교육 시스템은 일반·전문·특수대학원 체계와 석사·박사·통합과정이라는 학위과정이 혼재되어 있다. 따라서 원칙적으로 일반, 전문, 특수대학원은 그 설립 목적에 맞게 교육과정과 내용을 운영하여야 한다. 그러나 많은 현실적 이유로 인하여 대학원 간에, 또한 학위과정 간에 설치목적과 다른 형태로 운영되고 있다. 여기서 제기될 수 있는 몇 가지 문제는 다음과 같다.

첫째, 행정현장의 실무경험자(practitioner)에게 수여하는 전문학위(DPA: Doctor of Public Administration)와 행정학의 학술 연구자(researcher)에게 수여하는 학술학위(PhD)를 구분할 필요성이 간간히 제기되어 왔다. 그런 구분이 현실적으로 무슨 실익이 있는지 궁금하다. 이것은 미국에서 행정학 이외에도 경영학, 교육학 등 분야에 존재하지만, 미국에서 전문학위를 취득한 많은 학자들이 국내 대학에 종사하는 현실에서는 곤란하다. 그런 어려운 방법보다는 논문실적의 엄정한 심사를 통하여 질적 통제를 가하는 방법이 훨씬 합리적으로 판단된다.

둘째, 학교에 따라 석사과정과 박사과정의 교육과정이 분리 또는 통합 운영되고 있다. 석·박사 교육과정의 분리 또는 통합은 각각 장·단점을 가지고 있다. 박사과정 진학생의 수가 많지도 않고, 질적 수준도 석사를 마치고 사회에 진출하는 학생들에 비하여 특별히 높지도 않으며, 교수 수도 많지도 않은 국내 대학원 현실에서 굳이 분리 운영할 필요는 없다. 특히 사회과학 방법론이나 기초이론 등 공통과목은 석·박사과정을 통합 운영하고, 박사과정은 전공분야로 곧장 진입하는 형태로 조정함으로써 수준 차이도 별로 나지 않는 동일 또는 유사한 교과목을 학위과정별로 반복 수강하지 않도록 할 필요가 있다.

(2) 교육내용과 방법

독일 교육철학자 훔볼트(Humboldt)의 말대로, 학부교육과 달리, 대학원교육은 교수와 학생이 연구를 중간매개로 상호작용하는 과정에서 이루어진다. 이런 관점에서 국내 대학원 행정학교육의 몇 가지 한계를 제시하면 다음과 같다.

첫째, 대학원교육은 기존 지식의 주입식 교육보다는 공공문제 인식의 새로운 틀을 짜는(framing) 토론식 강의로 전환되어야 한다. 인류의 지식체계가 갓 구축되기 시작하는 시기에 아리스토텔레스의 아카데미이아(Academeia)나 공자의 행단(杏亶)은 사제 간에 활발한 토론을 통하여 문제를 인식하고 지식을 공유하였음을 보여준다. 이미 교과서적 지식으로 해결될 수 있는 기술적 문제는 더 이상 교육대상이 아니며, 학생 스스로 교과서를 읽고 구글을 검색하면 해법을 쉽게 찾을 수 있다. 대학원의 교육내용은 사회적 합의도 어렵고 해결지식도 불확실한 난제에 초점을 두어야 한다. 난제는 시간적으로 진화하고, 공간적으로 탈경계적, 영역교차적(cross-cutting)이며, 그것을 해결하는 지식도 복합분과적인 특성을 띠고 있다. 따라서 대학원교육도 참여자들의 토론과 협상, 조정, 협업 등 수평적 소통을 중시하는 참여적, 상호작용적 방향으로 개편될 필요가 있다. 일부 대학원은 토론식 강의라고 하지만, 학생들이 국내외 논문이나 저서를 읽고 요약하여 일방향적으로 발표하는 수준으로 끝나는 경우도 많다. 따라서 진정한 토론식 교육과 역할연기(role playing), 모의실험 등 새로운 교육기법의 활용이 요구된다.

둘째, 현장과의 연계성 부족은 국내교육이 전공을 불문하고 당면해 있는 문제이다. 대학원 행정학교육이 국민이 일상적으로 접하는 민원 서비스나 공공 문제의 현실과 얼마나 접목되어 있는가에 대하여 그리 자신하지 못하는 실정이다. 학술 이론이나 모형이 현실로부터 추상된다는 점에서, 현실과 무관하게 교육되는 이론은 현실적인 토대 없는 형이상학적, 사변적 공론에 머무를 수 있다. 이 점에서 현장전문가의 적극적인 활용과 학생들을 현장에 파견하는 인턴십 등 교육과정을 적극 발굴 활용할 필요가 있다.

셋째, 난제의 해결을 위해서는 국내사례, 해외사례, 법률체계 등에 대한 종합적인 교육이 절실하다. 그러나 사례 교육에서는 주의할 사항이 많다. 특히 아무리 벤치마킹과 비교행정이 중요해지는 글로벌 상황이라고 하더라도, 한국의 현실과 동떨어진 외국사례, 즉 역사적 맥락이나 정치사회적, 경제산업적 구조나 국민의 사고방식이나 행태와 전혀 다른 국가의 사례를 소개하면 곤란하다. 많은 학자들이 공부한 미국은 대통령제인 점은 비슷하지만, 연방국가라는 점에서 우리의 정치행정 시스템과는 너무 다르다. 또한 동일한 대통령제이지만, 예산편성과 고위직 인사권에서 의회의 강력한 통제를 받는 미국에 비하여 한국은 거의 제왕적 대통령제(imperial presidency)이다. 따라서 미국 등 외국의 행정에 대한 맥락적 고려 없이 편의적으로 소개하면 남귤북지(南橘北枳) 같은 실패가 발생할 수 있다. 이 점에서 외국 사례의 벤치마킹이나 비교분석은 유사점을 찾기보다 차이점을 밝히는 것이 오히려 중요하며, 사례소개에서 전제조건이나 제약요인에 대한 설명이 반드시 선행되어야 한다. 동시에 사례 교육에서 미국의 행정 제도와 정책사례의 일방적 소개보다, 우리의 성공사례를 교수와 학생이 함께 표준지(coded knowledge)로 개발하여 개발도상국가 등에 전수하는 노력도 가치 있는 교육내용이 될 수 있다.

넷째, 대학원 행정학교육의 가치 지향적 방향과 관련하여 학생들에게 임기응변식 보신책이나 처세술을 연상시키는 듯한 교육내용은 곤란하다. 공공문제의 분석과 평가 연구에서는 객관적 사실발견에 노력하는 객관적 기술자(objective technician)의 입장을 견지하면서도, 현실에서의 적용에서는 윌다브스키(A. Wildavsky)가 언급한 '권력에 진실을 말하는(speaking truth to power)' 입장을 견지하는 정신적 자세를 교육시킬 필요가 있다(Wildavsky, 1987). 이를 위하여 국내 대학원들이 소홀히 하고 있는 대학원 학생들에게 전문직업적 연구자나 실무자로서 지켜야 할 규범을 함양하는 윤리교육이 강화되어야 한다. 사회학자 머튼(R. Merton)이 제시한 CUDO 규범[2)]이나 위·변조와 표절금지 등 연구윤리와 같은 학문공동체(academic commons)가 공유할 규범은 대학원 교육의 매우 중요한 출발점이다.

---

2) 머튼의 CUDO는 사회과학 연구에서 공유성(commonality/communitarianism), 보편성(universalism), 중립성(disinterestedness), 조직적 회의(organized sceptcism) 등 네 가지 기본규범을 말한다.

윤성식

논평

1. 경영학으로부터의 교훈

행정학의 학문적 정체성과 교육에 관해서는 비슷한 분야라고 생각되는 경영학의 발전을 참고하는 것이 도움이 되리라 생각한다. 경영학은 20세기 들어서 가장 성공한 사회과학의 하나로 행정학과 비슷한 점이 많은 분야이다. 우리나라는 이상하게 경제학과 경영학을 비슷하게 보는데 실제로 학문의 내용과 영어 과목명칭 등을 보면 경영학은 행정학과 비슷하다. 경제학은 일부 분야만을 제외하고는 경영학과 거리가 멀다. 이에 반하여 행정학은 일부 분야만 제외하고는 세부 과목 명칭까지도 경영학과 비슷하다. 여기서는 행정학 교육에 관하여 경영학에서 본 교훈 위주로 설명하고 다른 내용에 대해서는 언급하지 않기로 한다.

행정학계는 주기적으로 행정학의 정체성이나 학문적 성격에 대해 논의한다. 한국은 물론이거니와 미국에서도 이러한 논의는 자주 행해진다. 이에 반하여 경영학은 학문적 정체성이나 성격에 대해 학계에서의 토론은 거의 일어나지 않는다. 경영학에 비해 행정학이 정체성과 학문적 성격에 대해 자주 논의하는 것은 경영학에 비해 행정학이 아직도 독자적인 학문 분야로서의 정립이 미흡하기 때문일지도 모른다. 그런 의미에서 경영학으로부터의 교훈은 행정학에 시사하는 바가 클 수 있다.

2. 행정학의 전문성과 독자성

공공문제의 해결을 위해서는 관련 타 학문분야를 수입하여 종합적으로 연구하는 것을 피할 수 없다. 이 점에 있어서는 경영학도 매우 유사한 현실에 처해 있다. 행정학이 공공문제의 해결을 위해 종합학문적 성격을 가지기 때문에 학문의 융합을 이야기하는 오늘날 가장 각광 받는 사회과학이 될 수 있는 유리한 입장에 있는 것도 사실이다. 그러나 이러한 종합학문적 성격은 부정적인 시각으로 보면 행정학은 잡학이라는 자조 섞인 비판도 가능하다.

행정학을 잡학이라고 한탄하지만 그렇게 보면 경영학도 잡학이며 미국에서 경영학과 교수들끼리 이야기할 때 경영학을 잡학이라고 농담하는 것을 들은 적이 있다. 그렇다면 경영이라는 잡학은 성공했는데 왜 행정학은 성공했다고 보기에는 힘든 상황에 처해 있을까? 경영학은 전문성과 독자성을 확보한데 반하여 행정학은 전문성과 독자성이 부족하다고 생각한다.

경영학은 기업의 경영에 필요한 타학문분야를 도입하여 경영학화했다. 예를 들어 투자론을 이전에는 경제학에서 연구했는데 오늘날은 경영학과에서만 과목을 개설하고 경영학과교수들에 의해 주로 연구되고 있다. 이제 투자론과 자본시장에 대한 연구는 경제학과에서 경영학과로 이전했다고 볼 수 있다. 마치 미국에서 정책과학이 정치학에서 시작되었지만 정치학과보다는 행정대학원에서 정책학을 강의하면서 정책학에 대한 연구와 강의가 정치학과에서 행정학과로 옮겨 간 것과 비슷한 현상이다. 경영학의 마케팅 분야는 소비자심리에 관하여 심리학을 수입하여 경영학화 했다. 생산과 운영관리분야는 공학분야, 수학분야, 통계학 분야의 지식을 수입하여 완전히 경영학화했다고 볼 수 있다. 행정학처럼 경영학도 여러 학문에서 빌려온 종합학문의 성격을 지니고 있지만 빌려온 모든 분야를 경영학화하고 빌려온 곳보다 더 발전시켰기 때문에 독자화했으며 정체성 문제는 발생하지 않고 있다.

행정학은 공공부문의 문제를 해결하기 위하여 주변 학문을 가져와야 한다면 가져와서 철두철미하게 행정학화하고 더 발전시켜 전문성과 독자성을 확보해야 한다. 경영학이 행정학에 비해서 이 점에 있어서 더 성공한 이유는 풍부한 자원이 가장 중요한 이유라고 생각한다. 경영학과는 학생숫자가 많고 기업의 지원도 많으며 교수 숫자가 많기 때문에 학문의 초기단계에서 많은 인접 학문의 전문가를 데려와서 철저하게 경영학화할 수 있었다고 생각한다. 예를 들어 한국의 웬만한 종합대학에서 경영학과의 회계학과 재무관리 분야는 전공교수가 10명은 된다. 행정학은 대개 1, 2명에 불과하다. 그러다보니 관련 타학문분야의 종합에 급급하고 행정학화하거나 발전시킬 수 있는 시간과 여유가 부족하다. 행정학화하기 위해서는 특정 분야를 천착하여 장기적으로 연구해야 하고 이런 노력이 쌓여야 가능한 것이기 때문이다. 1, 2명의 전공교수가 할 수 있는 일은 그저 원론 수준의 연구와 종합밖에 하지 못하고, 그러다보니 상식을 벗어나지 못하는 경우가 태반이다. 일부 미국대학의 행정학박사과정에서 필요한 과목을 경영학과에 가서 수강하라고 권하는 것은 행정학화하지 못한 분야에서 경영학화해 놓은 지식을 다시 2차적으로 사용하려고 하는 편법인 셈이다.

3. 행정학교육에서 행정고시의 문제

행정학의 가장 큰 문제점의 하나로 고시를 지적하기도 한다. 고시가 행정학교육의 파행성을 조장한다는 것이다. 2차 시험으로 논술형을 선택하고 있는 행정고시는 행정학의 전문성을 검증한다기보다는 원론적 지식을 검증할 수밖에 없기 때문에 행정고시를 무시할 수 없는 행정학으로서는 전문성보다는 원론적 지식, 암기로 해결 가능한 지식교육에 치중할 수밖에 없다. 그러나 역설적으로 행정학의 전문성이 확보되지 않았기 때문에 행정고시에서 단편적 지식, 원론적 지식밖에 출제할 수 없기도 하다. 행정고시라면 행정학이 주요과목이고 다른 과목들은 부수적인 과목이어야 할 텐데 실제로 행정고시에서 행정학은 여러 과목 중의 하나에 불과하다. 더구나 행정학은 암기과목이고 경제학은 암기과목이 아니라 이해과목으로 인식되고 있기 때문에 경제학에 비해서 전문성이 떨어진다고 생각하게 된다.

고시과목에서 행정학과목이 극히 일부분 밖에 차지하지 못하는 이유는 행정학의 전문성 부족과 독자성의 부족이라고 생각한다. 경영학과 달리 아직 전문성이 확보되지 않고 일반적이고 상식적인 수준에 학문내용이 머물고 있어 고시과목에서 중요한 과목으로 인식되지 않고 있다. 경영학은 많은 학자들이 하나의 분야에 천착하여 많은 타학문들을 경영학화했음에 반하여 행정학은 소수의 학자들이 많은 인접학문들을 종합하는 수준에서 아직도 벗어나지 못하고 있다. 외부인들이 행정학을 인식할 때 상식적이고 지나치게 일반적이라고 느끼는 것은 바로 이 때문이다. 행정학의 전문성이 반드시 계량화를 의미하지는 않는다. 경영학도 많은 세부분야가 전문성을 확보하는 과정에서 계량화를 반드시 수반한 것은 아니기 때문이다.

고시과목이 잘못된 것이 먼저인가 행정학교육이 잘못된 것이 먼저인가는 달걀과 닭의 논쟁에 유사하다. 미국은 행정학석사교육이 공공부문 취업과 괴리되지 않는 현실에 처해 있는데 한국은 고시과목과 시험내용 때문에 공공부문 취업이 실제 교육과 괴리되는 현실에 처해 있다. 이 문제에 대해서는 행정학계의 보다 깊은 연구와 대응이 필요하다고 생각한다.

4. 행정학의 유용성

행정학은 매우 유용한 학문분야임에도 불구하고 실제로 공직사회나 타 사회과학분야에서는 그것을 느끼지 못하고 있다. 많은 정책은 행정학적 시각에서 해결되어야 함에도 불구하고 해당 전문분야인 경제학, 교육학, 건축학 등에 의존하기 때문에 행정학도 발전하지 못하고 사회도 행정학의 유용성에 대해 인식하지 못하게 된다. 예를 들어 2008년 발 세계경제위기의 가장 큰 원인은 파생금융상품에 대한 지식의 부족이 아니고, 중앙은행에서 결정하는 이자율의 높고 낮음의 문제가 아니다. 정부가 적절한 규제를 했느냐 못했느냐의 문제이고 어느 정도의 규제가 적합한가의 문제이며 중앙은행의 장에게 막대한 권한과 자율을 부여했을 때 생기는 역작용의 문제이기도 하며 이런 문제들은 모두 행정학의 문제인 것이다. 그러나 이자율에 관한 문제라고 생각하여 경제학 문제라고 생각하거나 파생금융상품에 관한 문제라고 생각하여 경영학문제라고 생각한다면 진단부터 잘못한 것이다. 경제학자와 경영학자들은 정부의 역할과 중앙은행의 조직론적 관점에 대해서는 전문가가 아닌 것이다. 행정학에 대한 부정적 인식은 계량적 학문이 유용성이 더 크다고 생각하는 일반인의 잘못된 견해에도 기인하지만 행정학의 유용성을 올바르게 인식시키지 못한 행정학자의 책임도 크다고 볼 수 있다. 실제로 행정학의 유용성을 인식시키기 위해 사례 중심으로 사람들에게 행정학을 교육시키면 행정학의 유용성을 쉽게 인식시킬 수 있을 것이다.

5. 한국적 행정학을 위한 제언

한국적 행정학에 대한 제언은 체계적인 연구와 성찰이 필요하지만 몇 가지 생각나는 것만을 단편적으로 언급한다면 법학교육과 인문학적 교육의 필요성, 그리고 행정학과의 대형화이다. 한국의 행정부는 변호사가 대거 행정부에서 일하는 미국과 다르기 때문에 행정학교육에 법학교육이 강화되어야 한다. 정부부처에서 공무원으로 일한 경험이 있는 변호사의 말에 의하면 공무원들이 법에 어긋나는 행정처분을 하는 경우가 너무나 많은데 국민들은 추호의 의심도 없이 무조건 수용한다고 한다. 법치행정이 정말 중요하다면 행정학교육에 법학교육이 강화되어야 한다. 혹은 변호사출신들이 모든 부처에서 개방직으로 몇 년 근무하는 것을 넘어서 정년까지 근무하는 제도가 정착되어야 한다.

한국적 행정학의 전통을 새로 세우기 위해서는 인문학적 연구가 절실하게 필요하다. 미국적 사회과학 방법론은 기법의 세련된 수준과 정교함에도 불구하고 우리에게 유용한 연구결과를 도출하지 못하고 있다. 행정학은 인문학 중에서 특히 한국역사와 철학에서 새로운 행정학, 한국적 행정학의 단서를 찾아야 한다. 예를 들어 조선왕조실록은 우리가 참고할 한국적 행정학의 자료를 무궁무진하게 담고 있는 보고라 생각한다. 조선시대 왕권의 견제를 위한 여러 가지 장치들은 오늘날 생각해도 많은 의미가 있다.

한국적 행정학의 전통을 위해서는 의미가 없는 통계학적 연습이 주류인 현재 행정학의 연구조류에서 벗어나서 현장에서 일어나는 현상을 정확하게 그려내어 패턴과 이론을 찾아내는 작업이 필요하다고 생각한다. 또한 방법론에 함몰되어 큰 주제와 가장 절실한 연구주제를 외면하는 현상에서 벗어나야 한다. 가장 중요한 주제와 가장 절박한 주제를 연구하되 통계적으로 연구가 불가능하면 그 주제를 외면하지 말고 비통계적인 방법을 사용해서라도 해결하려는 자세가 필요하다. 특정 방법론이라는 무기를 가지고 요리할 수 있는 주제를 찾는 본말이 전도된 연구는 이제 중단되어야 한다.

예를 들어 학술지에 게재되는 재무행정분야의 논문을 보면 실제로 공무원들이 가장 고민하는 주제들은 거의 찾아볼 수 없다. 그러한 주제들에 대한 연구를 수행하지 않고 요리하기 쉬운 자료에 근거하여 그 자료만으로 수행할 수 있는 연구에만 몰두한다면 공공문제의 해결에는 사소한 도움밖에 제공하지 못하며 사회의 외면을 받게 된다. 무엇보다도 고시과목에서 행정학은 그저 한자리 차지하는 분야일 뿐이다. 오히려 공무원들이 고민하는 주제들은 일부 교과서에 원론적으로만 서술되어 있을 뿐 실제로 학술지에서는 거의 찾아볼 수 없다.

대학원의 석사, 박사 논문지도에 있어서도 중요하고 절박한 주제들은 외면된다. 특정 방법론이라는 무기에 의존하여 일정한 형식을 갖춘 논문들이 통과되기 쉽기 때문에 양산되는 것이 아닌가 하는 의구심이 든다. 학술지에 기고할 때도 큰 주제들은 의미 있는 연구를 손쉽게 도출하기 어렵기 때문에 게재가능성이 낮으며 특정 방법론에 입각한 연구들의 게재가능성이 더 높아서 절박한 주제들은 점점 더 제외되고 있는지도 모른다.

한국은 행정학교육에서 학부교육이 차지하는 비중이 크지만 대학원교육이 중심이 되어야 하지 않는가하는 의문이 있을 수 있다. 최근 미국의 일류대학들이 학부 행정학교육을 시작하고 있어서 학부, 석사, 박사로 이어지는 일관된 학문프로그램이 앞으로의 추세라고 생각한다. 대부분의 한국대학에서 전공학점이 차지하는 비중이 매우 작기 때문에 학부에서 행정학교육을 시작하는 것은 문제가 없다고 보여지며 구태여 과거의 미국처럼 대학원 중심교육이 될 필요는 없다고 본다.

한국의 행정학과는 미국에 비해 규모가 더 작기 때문에 경영학에 비해서 행정학의 전문성과 독자성을 확보하기 위한 자원이 턱 없이 부족하다. 따라서 모든 대학이 비슷한 소규모의 행정학과를 운영하는 것보다는 일부 대학에서 행정학을 집중 지원하여 대규모의 학과로 육성하는 것이 필요하다. 전문성의 확보는 특정 분야에 깊이 천착하여 쌓인 지식들이 의미 있게 체계화되지 않으면 불가능하기 때문이다.

사 / 회 / 자 / 평

_김현구

제 1 회의에서는 행정학의 교육 문제를 학부와 대학원 단위로 나누어 논의하였다. 김준한 교수는 대학 교육의 환경 변화를 검토한 후, 학부의 교육목표를 교양인·직업인·전문인·혁신인 양성이라는 4개의 유형으로 제시하고 있다. 생각건대 행정학 학부교육은 이 중에서도 직업인 양성에 초점을 맞추어야 할 것 같다. 즉, 다양한 기반 교양을 토대로 확고한 전문성과 창조적 혁신역량을 갖춘 직업인을 길러내야 한다. 분야별 업무의 전문성이 높아지고 있는 고용시장에서 일반관리자로서 행정학과 출신의 설 자리가 점차 좁아지고 있기 때문이다. 과거 개발연대에 관주도적 발전의 후광을 업고 누려왔던 행정학과의 인기는 IMF 파동을 분수령으로 급격히 하락하기 시작하였다. 전공의 시장수요에 민감해진 학생들에게 '행정학 전공은 공직으로 가는 길'이라는 막연한 유인책이 더 이상 통하지 않는다. 최근 일부 대학에서는 학과의 존립마저 위협받고 있으며, 또 많은 대학에서 학생들의 질적 수준이 떨어지고 있는 형편이다. 이러한 결과를 초래한 것은 행정학의 현실적 유용성에 문제가 있기 때문이다.

직업인 양성이라는 중점목표를 실행함에 있어, 우선 한국의 고용시장에서 공공부문이 차지하는 비중이 5% 미만이라는 사실을 직시해야 한다(2009.12 고용노동부 통계에 의하면 공공부문 대 민간부문의 취업자 비가 4.1% 대 95.9%임). 공공부문으로 진출한 행정학과 졸업생의 비율은 성균관대(60-06학번, 2010 현재) 32.9%, 고려대(55-90학번) 25.0%, 연세대(2008 현재 동문회 주소록) 23.3%에 불과하다(자료: 각 대학 행정학과 「창립 50년사」). 행정학의 현실적 유용성을 높이기 위해서는, 공공부문 진출에 행정학과 출신의 비교우위를 확고히 하는 한편, 민간부문에서도 행정학과 출신이 나름대로 특장을 발휘할 수 있도록, 교육의 세부목표를 다원화하고 그에 따라 교육과정도 개편해야 할 것이다.

학부 행정학 교육은 사회 진출의 다양한 가능성을 열어두되, 공직과 공기업 그리고 비영리단체에 특화되어야 한다. 현재 행정학 전공자가 법학·경제학·경영학 전공자에 비해 공기업 입사시험에는 불리하고, 그렇다고 공무원 채용시험에서도 그다지 유리할 것이 없다. 정부에서 고시과목 개편을 논의할 때 행정학과 출신 담당관이 오히려 행정학 과목의 확대를 반대하는 광경이 벌어지기도 한다. 이는 그 동안 외화내빈(外華內貧)의 길을 걸어온 한국행정학의 업보이다. 공직과 공기업 진출에 행정학 과목이 적극 반영될 수 있도록 하려면, 행정학과의 교과목 내용과 교육 프로그램 개선이 선행되어야 한다. 행정학의 교과목마다 이제는 독자적 준거 틀과 자신의 목소리로 일반원리를 소개하되 한국적 맥락에 충실한 교재를 개발해야 한다. 교육 프로그램은 공공행정과 공기업의 현장성을 살리면서, 행정학 전공자가 민간기업에서도 독자적 역할공간을 창출할 수 있도록 설계되어야 할 것이다.

한국에서 대부분의 대학은 초창기에 일본의 영향을 받아 행정학을 공법학의 한 영역으로 보고 법과대학(법정대학)에 행정학과를 설치하였다. 그 뒤 행정학과가 사회과학대학(정경대학) 소속으로 바뀌면서 법학 교육은 사실상 도외시 되었다. 그런데 과학적 분석보다는 주로 법적 절차에 의해 운영되는 것이 행정의 현실이다. 결국 행정학과가 사회과학대학으로 편제되면서 교육내용의 과학성은 제고되었을지 모르나, 사회적 적실성은 떨어졌다고 볼 수밖에 없다. 행정의 과학적 관리가 민주적 법치행정을 보장하는 것은 아니다. 행정학과에서도 행정관리 차원의 법학 교육(법학개론, 법철학, 행정과 헌법적 가치, 공법, 법과 행정, 입법정책, 법제실무 등)을 실시할 필요가 있다. 최근 법학전문대학원이라는 법조인력 양성체제의 출범이 행정학과 학생들의 진로 설정에 새로운 변수로 등장하고 있는 상황이다. 학교별 사정에 따라 이 문제에도 적절한 대응책을 모색해야 할 것이다.

혁신인 양성과 관련하여 최근 어떤 학술토론회에서 한 학자 출신 전직 장관이 토로한 말을 떠올리게 된다. 고시 출신 직업관료들이 기존의 정형화된 문제는 깔끔하게 처리하지만, 새로운 상황을 타개해나가는데 필요한 창의적 사고와 전략적 판단은 아주 취약하다는 것이다. 이는 바로 혁신 역량이 부족하다는 것을 말해 준다. 김준한 교수가 혁신인 양성을 지식기반사회에 필요한 학부 교육의 주요 목표로 추가한 것은 적절한 방향 설정이다. 정책과 관리의 혁신은 발상의 전환과 창조적 파괴를 통해 새로운 변화를 이끌어낼 수 있어야 한다. 김 교수의 모형에서 혁신인 양성을 위한 수업목표로 '종합'보다는 '변화', 수업방법으로 '독립연구·현장연구'보다는 '혁신사례 탐구'가 어떨까 한다. 현장실습(학부 교육이므로 '연구'보다는 '실습')은 오히려 직업인 양성을 위한 응용력 배양에 적합할 것 같다.

이승종 교수는 학과·전공, 교육목표, 교육과정, 학생의 4개 분야로 나누어 대학원교육의 현황과 문제점을 심층적으로 분석한 다음, 그 개선방향을 제시하고 있다. 여기에 대학원교육의 문제점으로 외국 편향적 교수 채용구조와 이론화 및 한국화 교육 부진을 보태고 싶다. 사실 이들은 상호 연관되어 있으며 학부 교육에도 해당되지만 대학원에 더 절실한 문제이다.

한국 행정학 교수요원의 대외의존성 문제는 실로 심각한 수준이다. 대학마다 외국(특히 미국)박사를 교수 요원으로 선호하기 때문에 우수한 학생의 상당수가 학부나 석사과정을 마치고 바로 유학을 떠나게 되고, 그러다보니 어쩔 수 없이 외국박사를 우선적으로 채용하게 되는 악순환이 되풀이되고 있다. 최근에는 '국제화'라는 명분으로 영어강의를 강조하면서 그 악순환 구조가 더 심화되는 경향이다. 이러한 상황에서 한국의 행정현실이 안고 있는 역사적·문화적 배경과 정치적·사회적 맥락을 고려한 이론화와 정책대안 제시를 기대하기는 쉽지 않다. 왜냐하면 학문의 '보편성'—실은 서구중심적 지역편협성(parochialism)—을 명분으로 하는 과학주의와 행정의 '선진화'를 내세우는 구미행정 추수주의(追隨主義)가 학계의 풍토를 지배하고 있기 때문이다. 세계화 시대에 일본과 같이 외국박사가 일본에서 자리잡기 어려운 폐쇄성이나 한국과 같이 외국박사라는 것만으로 우대하는 편향성 모두 균형감각을 잃기는 마찬가지이다. 한국 대학의 역량으로 보아 이제는 악순환의 고리를 끊고 점차 학문의 자립적 재생산체제를 갖출 때가 되었다고 본다.

한국 행정학은 1950년대 중반 미국의 기술원조의 일환으로 도입되었기 때문에 당초부터 대미의존성은 예고된 것이나 다름없었다. 그런데 한국행정에 대한 연구가 양적으로 확대되고 질적으로 정교화 될수록 과학주의적 실증분석에 치중하였지 한국 행정현상의 보편적 특수성을 설명해보려는 이론적 노력은 힘을 받지 못했다.

이제 대학원교육은 무엇보다 한국 행정학의 한국화와 한국 행정현실의 이론화를 중시해야 한다. 한국화를 위해서는 한국의 행정문화·행정사상·행정사·행정제도·행정사례와 분야별 정책 등의 교과목을 적극 도입해야 할 것이다. 더불어 이론화 역량을 키우기 위해 사회이론 및 행정이론과 논리분석 및 다양한 연구방법론 교육을 강화하여야 한다. 우리가 필요로 하는 학문 후속세대를 양성하려면 우리 대학원의 교육과정이 구미의 교육과정과는 차별화되어야 한다. 그래야 국내박사의 확실한 비교우위 분야를 창출할 수 있다. 최근 한국행정학회에서 궁여지책으로 '국내박사 채용 할당제' 도입을 추진하고 있지만, 교육 프로그램의 내실화를 비롯한 학문적 노력이 수반되지 않은 채 법적인 강제만으로는 한계가 있다.

학문의 양대 축을 이루는 것은 이론과 실천이다. 이론은 실천의 지침과 논거를 제공하고, 실천은 이론의 검증과정인 동시에 이론 발전의 원동력이 된다. 때문에 이들의 상호보완 없이 학문의 발전을 기대하기는 어렵다. 요컨대 행정학은 실천성이 강한 종합사회과학이라고 하지만 기본적으로 한국의 학부교육은 실천성 제고가, 대학원(일반·전문) 교육은 이론성의 강화가 절실한 당면 과제이다.

SECTION 2
연 구

CHAPTER 3
한국 행정학에서 무엇을 어떻게 연구할 것인가?
정용덕

CHAPTER 4
한국에서 행정학의 적실성에 대한 비판과 대안
박통희

논 평
박천오 / 염재호 / 최병선 / 하연섭

사회자평
백완기

CHAPTER 03

한국 행정학에서 무엇을 어떻게 연구할 것인가?*

정 용 덕

Ⅰ. 서 론

학위과정을 마치고 강단에 선 지난 30년 동안 필자는 주로 개인적 관심에 따라 주제를 선정하고 방법을 찾아 연구를 수행해 왔다. 그러던 중에 한국행정학계의 대표적인 학문공동체(한국행정학회, 2001년)와 국책연구기관(한국행정연구원, 2006년-2009)년)에서 잠시 봉사할 기회가 있었다. 이 기간에 필자는 사적 차원의 관심 주제들을 잠시 접어두고 공인으로서 한국에 필요한 행정학 연구 주제가 무엇인가에 대해 동료들과 더불어 고민하고 결정을 내려야 했다. 이 경험을 바탕으로 "한국 행정학에서 무엇을 어떻게 연구할 것인가"에 대해 감히 발제해 볼 용기를 내게 되었다.

* 이 글은 2010년 한국행정학회 동계학술대회에서 재발표한 후 수정한 것이다. 유익한 의견을 제시해 주신 김현구, 문태현, 염재호, 박천오, 유홍림, 조성한, 윤견수, 김근세, 김종성, 문명재 교수께 깊이 감사한다.

행정학 연구에서 무엇을 어떻게 연구할 것인가에 대한 객관적 논술이란 애초부터 가능하지 않다. 행정학 연구 주제는 일차적으로 연구자들의 개인적 선호에 의해 선정되고 수행되는 것이기 때문이다. 그럼에도 불구하고 이 문제에 관한 학문공동체 차원에서의 집합적 논의가 있을 수 있고 또 필요하다고 생각한다. 적어도 다음의 세 가지 이유에서다.

첫째, 행정학 연구 주제와 방법이 기본적으로 학자들의 개인적 선호에 따라 선택되는 것이라고 하더라도 주관적인 공감이 있을 수 있기 때문이다. 환언하거니와, 행정학 연구 주제와 방법은 기본적으로 학자들의 개인적 선호에 따라 선택되는 것이다. 필자를 포함한 역대 학회장들이 회원들이 스스로 선정한 연구 결과를 발표할 수 있는 기회를 제공하는 일을 학회 운영의 최우선적 과제로 삼은 것도 이 때문이다. 한국행정연구원에서 연도별로 연구 주제 선정할 때 주어진 예산 범위 내에서는 연구원 박사들이 최대한 자유롭게 연구 주제를 선정하고 방법을 적용할 수 있도록 상향적 접근이 이루어지고 있는 것도 이 때문이다.

연구 주제가 연구자의 주관적 선호에 따라 선정되는 것이라면, 어떤 주제를 어떻게 연구할 것인가에 대한 논술도 다분히 논술자 개인의 주관적 주장에 불과하다.[1] 그렇기는 해도, 논술자의 주관적 견해에 대한 다른 학자들의 주관적 공감이 있을 수는 있다. 마치 작가의 순전히 주관적 시상의 표현인 시(詩) 작품에 대해 공감하는 독자들이 있는 것과 같은 이치다. 상호 주관적인 공감에 의해 의기투합하여 관련 주제들을 선정하고 연구를 수행할 수 있다면, 이 또한 학문 발전에 도움이 될 수 있을 것이다.

둘째, 행정학자들이 수행해 온 연구주제와 방법에 대한 시대별 추세를 객관적으로 살펴보는 일이 가능하고 또 필요하다. 학자들 각자가 개인적 선호에

1) 학생들의 학위논문계획서 발표 시에 더러 "왜 이런 주제에 대해 쓰는 가" 혹은 "왜 이런 이론적 시각이나 방법론을 적용하는 가"라고 매우 부정적으로 논평하는 심사위원들과 자리를 같이 하는 경우에는 매우 곤혹스럽다. '학생'이 논문 주제를 선택하고 그 주제에 적합한 이론적 시각을 모색하고 적용하려는 것을 '선생'은 일단 긍정적인 자세에서 수용하고 격려해주어야 한다. 그 다음에 그 연구를 진행하는 경우에 예상되는 방법론적 오류나 자료 수집 및 분석에 어떤 어려움이 있을 수 있음을 지적하고 그것을 극복하는 방법을 지도해 주는 것이 선생의 역할이라고 생각하기 때문이다.

따라 주제를 선정하고 방법을 모색하여 연구를 수행하는 것이지만, 시대별로 어떤 경향이 나타나고 있는지에 대한 학회 차원의 분석 작업이 종종 이루어진 것은 이 때문이다. 한국행정학회(2006)가 창립 50주년에 즈음하여 펴낸 [한국행정학 50년, 1956-2006]이 대표적인 예가 될 것이다.

이 작업을 통해 어떤 영역의 주제에 연구의 중복이나 공백이 있는지, 중복이 있지만 서로 다른 시각이나 방법을 적용하여 보완의 의미가 있는 중복 연구인지에 대해 학문 공동체 차원에서 논의하고 보완 방안을 모색하는 일은 바람직하다. 한국행정연구원에서 박사들의 자유로운 연구 주제 선정이 권장되면서도, 연구원 내부는 물론이고 국내외 연구자들에 의한 선행 연구가 있는지 여부를 반드시 연구자 스스로 입증하도록 의무화하는 것은 이 때문이다. 이른바 분야별 '연구주제지도(Research subjects maps)'를 작성하고, 유사한 선행 연구가 있는 경우는 왜 지금 다시 그 주제에 대해 연구가 필요한 지에 대해 제안자가 입증하도록 하는 일종의 표준운영절차(sop)가 만들어져 있다.

셋째, 행정학 연구가 연구자들의 개인적 선호에 의해 이루어진다고 하지만, 실은 그 '선호'라는 것이 연구자를 둘러싼 주관적 혹은 객관적 구조에 의해 영향 받은 것일 수 있기 때문이다. 그렇다고 한다면, 그 '구조'가 어떤 특성을 지니고 있으며, 어떻게 행정학 연구에 영향을 미치며, 그것을 어떻게 평가하고 대응할 것인가에 대한 학문 공동체 수준의 집합적 논의가 가능하고 또한 필요하다.

행정학 연구자들의 선호에 영향을 미치는 구조로서 적어도 지식, 기능, 국가, 그리고 지배의 구조를 들 수 있다(Wollmann, et al., 1987; Wagner, et al., 1991; 정용덕, 1996b; 정용덕, 2001: 28-56). 우선, 개별 행정학자들은 연구 주제를 선정함에 있어서 그가 속해 있는 학문 공동체의 지식 체계와 지적 제도에 의해 영향 받는다. 따라서 행정학의 발전을 설명하고 예측하려면 행정학의 장기적인 지식 및 지적 제도의 진보 과정을 이해할 필요가 있다. 행정학 연구는 사회체계의 진화 단계에 기능적으로 부합하는 지식을 창출하는 경향이 있다. 따라서 한국 행정학 연구의 발전을 설명하고 예측하려면 한국의 사회발전 단계에 따른 기능적 필요성과 그에 대한 학문적 대응 과정을 분석할 필요가 있다. 행정학 발전은 '국가(the state)'에 의해서도 영향 받을 수 있다. 이 때문에 행정학의 연구주제를 예상하려면 '국가' 제도가 사회문제나 지적 제도들에 직접 개입하거나 혹은 간접적으로 영향을 미칠 수 있는 여지를 이해할 필요가 있다. 그리고 행정학이 사회 구성원 가운데 일부 집단, 특히 지배적인 이익에 기여하는 방향으로 연구되기도 한다. 따라서 행정학의 연구 경향을 밝히고 바람직한 방향으로 이끌어나가기 위해서는 그것을 촉진하는 실존적 필요성이나 지배적인 이해관계를 이해할 필요가 있다.

이 글에서 필자는 이 네 가지 구조를 염두에 두면서 한국의 행정학자들이 주로 어떤 주제에 대해 그리고 어떤 요인에 의해 직간접적으로 영향을 받으며 연구를 수행해 왔는지 시대별로 개관해 보려고 한다. 그리고 이를 바탕으로 앞으로 어떤 주제에 대한 연구가 이루어질 가능성 혹은 필요성이 있을지 전망해 보려고 한다. 학문의 발전 자체가 그러하듯이, 연구 주제의 선정과 방법도 다분히 과거와 현재의 연장선상에서 이루어진다는 전제 위에서이다. 끝으로, 한국 행정학이 그야말로 '패러다임(paradigm)' 수준의 '혁명적' 전환이 이루어질 가능성에 대해서도 짚어보려고 한다.

II. 한국 행정학 연구의 과거와 현재

정부수립 이후 지난 60여 년 동안에 이루어진 한국 행정학의 연구 경향을 다양한 시각에 의해 분류해 볼 수 있다. 여기서는 연대기적으로 개관하면서 각 시기별 특성을 찾아본다.2)

1. 현대 '행정학'의 시동: 1950년대까지

잘 알려진 것처럼, 한국에서 현대 행정학 연구는 1940년대와 1950년대에

2) 단순히 연대기적으로 분석하는 것이 어떤 선입견 없이 기본 자료에 접근하는 데 도움이 될 수 있을 것으로 본다. 앞에서 제시한 네 가지 변수를 좀 더 체계적으로 적용하여 1990년대 후반까지의 한국행정학 발전을 분석한 내용에 대해서는 정용덕(1996b)을 참조 바람.

시작되었다. '행정학'이라는 근대적인 학문이 서구에서 발전하고 있음을 후학들에게 알리고 공부하도록 격려한 소위 한국 행정학의 창설자(founder)로 지칭될 수 있는 분들에 의해서이다(박동서 교수 유고집간행위원회. 2008; 백완기, 2010).[3] 이 가운데에는 스스로 적지 않은 연구 업적을 남긴 분들도 있는데, 한국 최초의 행정학 원론을 집필한 정인흥(1955) 교수를 들 수 있다. 정인흥 교수의 저술은 현대 행정학의 주제나 방법론에 의한 것이기보다는 당시 일본 등의 정치학 분야의 전통에서 논의되든 행정학 주제들에 대해 당시의 정치이론의 서술 방식에 의해 집필한 것으로 보인다.

1940년대와 1950년대로 말하면 한국이 해방과 정부수립, 전쟁과 전후 복구가 이루어지던 '국가'형성(state-building)의 시기였다. 신생 자유민주주의 공화국을 수립하면서 엄청난 '국가' 행정의 제도화가 이루어져야 할 시기로써 오늘날의 시각에서 보면 많은 행정학 지식을 필요로 했을 것이다. 그러나 흥미롭게도 이 '국가' 형성기에 한국 행정학의 창설자에 해당하는 당시 행정학자들의 실제 행정에의 기여는 찾아보기 어렵다. 당시 한국에서 행정학의 발전수준이 아직 낮아 처방을 할 수준에 이르지 못했기 때문이었을 수도 있으나, 보다 근본적인 이유는 지적 제도 및 '국가' 제도의 특성에서 찾을 수 있을 것이다. 당시 한국에서 행정의 문제는 공법(학자)에 의해 다루어지는 것으로 간주되었으며, 이는 제2차 세계대전 이전 및 이후 일본의 영향을 받은 때문인 것으로 보인다. 해방 정국과 '국가' 형성기 한국에 지배적으로 드리워져 있던 후기 식민지적 특성의 한 영향이었던 것이다.

그런 가운데에서도 '6.25 한국전쟁'이후 한국의 전후 복구가 이루어지는 과정에서 보다 현대적인 행정학 지식이 필요하다는 인식이 대두되었다. 한국행정학회의 전신인 한국행정연구회 창립(1956)에 이어 1959년에 행정대학원을 비롯하여 몇몇 대학에 행정학 프로그램들이 설립되기 시작했다(윤재풍, 1986). 교수요원 확보를 위해 한국과 미국 정부의 지원에 힘입어 이른바 '제 1

3) 일제로부터 해방된 이후에도 '6.25 한국전쟁'을 겪기까지의 초기에는 일본을 거쳐 수입된 유럽의 국가학의 전통과 학풍에 따라 행정학도 공법학의 테두리 안에서 연구되었으며, 따라서 법과대학의 학문적 제도 속에서 연구와 교육이 이루어 졌다. 이와 같은 와중에서도 현대 사회과학으로서의 행정학이 해방 후인 1940년대 말부터 강의되기 시작하였다.

세대 행정학자'들의 양성이 이루어지기 시작한 것도 이 무렵이다.

2. 비교행정 및 행정관리론으로서의 행정학 연구: 1960년대

제1세대 행정학자들은 1950년대 후반에서 1960년대 초반까지 창설자들에 의해 소개받아 국내외에서 현대 행정학을 공부하고 교수가 되어 활동하기 시작했다.[4] 이 분들은 연구 주제와 방법에 있어서 그 이전의 창설자들과는 차이가 있었다. 주로 '행정관리' 문제들을 대상으로 당시 미국의 행정학 발전 경향을 따라 잡아가면서 소개하고 정리해서 원론 및 각론 교과서를 집필하고, 정부 자문에도 부응하려고 힘썼다. 당시에 여기저기에 생겨나기 시작한 대학 및 공무원 교육프로그램에 '겹치기 출연'까지 해가면서 행정학을 강의해야 했다(유훈, 2009).

제1세대 행정학자들의 학문적 업적을 오늘날의 시각에서 보면 대체로 창의성이 부족하고 한국의 현실 적합성에 대한 문제의식도 미흡했던 이른바 외국이론의 '단순 모방기'에 해당하는 시기였다. 그런 가운데에서도 외국이론들의 한국 현실에의 부적합성에 대한 인식이 이루어지는 시기이기도 했다(이종범, 2006). 박동서 교수의 한국 관료제 발전에 대한 역사적 분석(1961)이나 한국에서 행정개혁에 대한 최초의 논문을 쓴 이문영(1964) 등이 여기에 해당한다. 한국행정학회가 창립된 지 10년이 지난 1967년에 이르러서야 발간되기 시작한 [한국행정학보] 창간호 특집이 '국가발전과 행정'이었던 것도 한국 행정학의 자리매김을 위한 시도로 해석할 수 있다. 김운태(1970; 1970) 교수의 한국행정사에 대한 일련의 연구가 시작된 것도 이 시기이다.[5]

---

4) 제1세대의 대표적 학자 가운데 한 분인 박동서 교수는 1962년에 박사학위를 받았다 (박동서 교수 유고집간행위원회. 2008).

5) 김운태 교수의 [조선왕조행정사]는 개항 이전(근세편, 박영사, 1970)과 이후(근대편)로 각각 출간되었다. 김종성 교수는 근대편이 1967년에 일조각에서 발간된 것으로 1993년판의 서지 사항에 나타나 있으나, 1970년 발간된 근세편의 서문에서 근대편을 '하권'으로 발간할 것이라 명시하였고, 1993년도판 근대편의 서문에도 근세편의 속편임을 명시한 것으로 보아 근대편이 1967년이라고 보기 어렵고, 1970년 초판을 1967년으로 잘못 인쇄한 것으로 보고 있다.

제 1 세대의 학자들은 당시에 이미 미국에서는 쇠퇴한 고전적 행정관리에 대한 이론들을 전통적인 제도론의 시각에서 소개했다.[6] ‘POSDCORB’에 대한 소개와 비판 그리고 보완하는 논문들이 전형적인 예가 될 것이다(이한빈, 1967). 그런 가운데에서도 미국에서 구조기능론과 정치체계이론을 바탕으로 비교행정 및 발전행정 연구가 이루어지던 시기였기 때문에 그 영향을 받으면서 한국 행정을 분석하는 작업도 이루어졌다. 그 결실이 1960년대 말(이한빈, 1968)에서 1970년대 초(박동서, 1972)에 단행본으로 나오기 시작한다.[7] 또한, 실증주의 연구방법론의 소개와 적용이 이루어진 것도 이 시기이다. 1963년부터 발간되기 시작된 [행정논총]에 514명의 고급공무원이 응답한 설문조사 결과를 통해 한국의 관료제가 해결해야할 과제들을 발굴하고 그 해결방안을 제시한 김운태(1966)를 들 수 있다. 1967년부터 한국행정학회가 한국행정학보를 창간하여 지적 제도의 영역을 넓히기 시작했다.

전술한 것처럼, 이 시기에는 지적 제도 면에서 대학 행정학 프로그램들이 하나둘 신설되면서 교수요원에 대한 수요가 급증하던 시기였다. 그러나 일본을 통해 도입된 유럽식 대학제도에 익숙한 한국의 대학 내에서 다른 인접학문들로부터 행정학의 독자적 분과학문으로서의 정체성을 인정받아야만 했던 시기이기도 하다. 일종의 이 ‘생존경쟁’은 제 1 세대(그 후 제 2 세대) 행정학자들의 두드러진 학문적 ‘분발’을 촉구하는 긍정적인 계기로 작용 했다.

유럽 혹은 일본식 학제에 익숙한 한국의 대학에서 행정학 프로그램이 성장할 수 있었던 요인에는 당시 한국이 전후 복구를 마무리하고 본격적으로 근대화를 추진해야했던 기능적 필요성이 포함된다. 특히, 1960년 대 초부터 ‘국가’주도의 경제발전을 추진하면서 유능한 공공인적자원의 확보, 그리고 현대적인 행정관리 및 발전기획 관련 지식의 수요가 급증했다. 중앙공무원교육원의 설립(1961년), 행정학의 행정고시 필수과목 지정(1962년) 등 ‘국가’ 제도도 행정학 발전에 결정적인 영향을 미쳤다. 군국주의 식민통치의 제도적 유산에

6) 고전적 행정관리론 분야의 논문이 이 시기에 많이 출간되었다(표 1).

7) 1980년대에 이르러 단행본으로 출간된 노정현 교수의 한국근대화론(1980)이나 안해균 교수의 한국행정체계론(1986)도 여기에 해당한다(백완기, 2010).

더해 한국전쟁에 의해 확대된 군대가 한국의 지배적인 통치 세력으로 자리 잡아가던 이 시기에 배태된 '군사문화'는 그 후 1980년대 말까지도 지속되면서 한국 행정에 영향을 미쳤다.

3. '발전행정' 및 사회과학으로서의 위상 제고: 1970년대

1960년대 후반에서 1970년대 후반까지 학위과정을 마치고 대학에서 왕성하게 연구 활동을 한 이른바 '제2세대 행정학자'들이 있다. 이 분들은 이전에 비해 수적으로도 늘었지만, 좀더 '정상적으로' 학위과정을 밟아가면서 현대 행정학을 체계적으로 학습할 수 있었던 분들이다. 이 분들에 의해 행정학 연구가 그 이전에 비해 훨씬 더 심층적이고 정교해지기 시작한 것은 자연스러운 현상이다.

우선 이 분들에 의해 사회과학으로서의 행정학 발전이 크게 이루어졌다. 제1세대 학자인 김해동(1970)에서 시작하여 강신택(1981), 김광웅(1975) 교수 등에 의해 사회과학으로서의 행정학 연구를 위한 인식론과 방법론이 정리되어 교육과 연구에 모두 적용되었다. 미국 등 서구에서와는 달리, 한국에서는 사회과학연구의 논리와 방법론을 행정학자들이 앞서서 이끈 것이다. 한국은 물론 미국에서는 한 세대 이상 앞에서 발전하고 이미 그에 대한 비판도 이루어진 행태주의 접근방법이 한국에서 성행한 것도 이 시기이다. 예로써, 학위논문 등 많은 연구들이 설문조사 방법을 활용하는 경향이 나타났다.

또한, 제1세대 학자인 조석준 교수는 이 시기에 사이몬(Simon, 1945)의 행정의사결정 이론을 한국에 적용하여 수행한 연구 결과를 그 후 단행본으로 펴냈다(조석준, 1980). 황인정 교수의 행정과 경제개발(1970), 백완기 교수의 한국의 행정문화(1982), 한영환 교수의 발전행정(2000), 이종범 교수의 한국의 정부 관료제(1986) 연구 등은 단행본으로 엮어서 발행된 연대에는 차이가 있으나 대개 이 기간에 축적된 것이다.

이 시기에 이루어진 행정학 연구 경향은 사회과학으로서의 행정학의 위상 정립에 크게 기여했다. 이 무렵을 전후해서 행정학과가 법과대학 소속에서 사회과학대학으로 이전하거나 신설되는 경향이 나타나기 시작했는데,[8] 이 또한 사회과학으로서의 행정학 연구를 촉진하는 지적 제도면에서의 변화였다. 사회과학으로서의 행정학 연구의 진전은 결과적으로 한국의 대학에서 하나의 분과학문으로서 학문성을 인정받는 데 결정적으로 기여했다. 창설자들과 제 1 세대 학자들에 의한 '창업'에 이어, 제 2 세대 행정학자들의 노력에 의해 '수성'이 이루어진 것이다.

1960년대 초에 시작된 '국가'주도의 경제성장 정책은 이 시기에 이르러 산업구조의 고도화 정책으로 이어졌다. 정부조직의 지속적인 확대와 유능한 공공인적자원의 확보를 위해 실적제와 직업공무원제를 본격적으로 제도화한 것도 이 시기였다(Jung, 2010). 1970년 대 초에 시작된 '새마을 운동'을 이론적으로 분석하기 위한 연구(강신택 외, 1973)를 비롯하여 산업화 과정에서 행정학자들의 많은 연구도 이 시기에 이루어졌다.

그러나 권위주의 정치가 절정에 이르던 당시의 시대적 상황을 반영이라도 하듯이, 한국의 행정 현실에 대한 연구는 그다지 활성화되지 않았다. 예로써, 행정개혁에 관한 연구는 1960년대에 비해 오히려 이 시기에는 크게 줄었다(정용덕, 2006). 전체 행정학 관련 논문 수도 이 시기에 학자 수가 증가한 것에 비하면 별로 늘지 않은 셈이다(표 1).

4. 정책학 및 행정학 연구의 다변화: 1970년대 말~1990년대 초

1970년대 후반부터 1990년대 전반에 이르는 시기에 학위과정을 마치고 학문 활동을 한 제 3 세대 행정학들은 자연인으로서의 연령이나 사제 관계 보다는 좀더 학문의 내용 면에서 구분하는 것이 가능하고 바람직하다. 사회과학으로서의 행정학 연구에 계속 천착한 학자들과 정책학으로서의 행정학 연구에 좀더 집중했던 학자들로 크게 구분할 수 있다. 김번웅(행정이론), 김만기

8) 예를 들면, 성균관대의 경우 1978년에 법정대학에서 사회과학대학으로, 고려대의 경우 1982년에 법과대학에서 정경대학으로 행정학과의 이전이 각각 이루어졌다. 현재는 경북대와 전남대 등 소수의 대학교에서만 행정학과가 법과대학 소속으로 남아 있다.

(인사행정), 윤재풍(행정이론), 안병만(정부론), 이종범(행정조직), 한인숙(지방행정), 안용식(행정사), 최평길(대통령연구), 김종술(행정철학), 구자용(행정통제) 등은 전자에 속하는 제 2 세대 후진 그룹 학자들이다. 반면에 연령이나 학위과정 이수 면에서는 마찬가지로 제 2 세대 후진 그룹에 속하지만, 내용 면에서는 정책학에 심혈을 기울인 학자에는 허범(정책이론), 노화준(정책분석평가), 정정길(정책이론), 김형렬(정책이론), 김명수(정책평가), 안문석(정보통신정책), 김동현(과학기술정책), 김신복(정책기획, 교육정책), 구광모(정책분석), 윤정길(정책기획) 교수 등이 포함된다.

당시 서구에서 성행하든 정책학으로부터 적지 않은 영향을 받은 제 3 세대 학자로는 이장(정책분석평가), 박우서(도시), 김영평(이론, 원자력안전), 김현구(분석평가, 과학기술), 변동건(환경), 서삼영(정보), 정용덕(이론, 배분적 정의), 김병진(환경), 오연천(재정), 송근원(복지), 이윤식(분석평가, 정보화), 황윤원(예산), 김병준(집행, 지방), 최병선(규제, 통상), 이달곤(도시, 협상), 송하중(인력), 남궁근(비교), 송희준(정보화), 전상경(재정), 이성복(도시), 목진휴(예산), 염재호(이론, 과학기술), 강근복(이론), 김준한(이론), 김종범(과학기술), 박재환(재정), 문태훈(환경), 김인철(이론), 정무권(복지), 박정수(교육), 홍성걸(정보통신산업), 강성철, 이시경, 정준금, 김병완, 박용성(환경), 조성한(복지), 김순양, 권혁주(복지), 김정수(문화), 이해영(이론), 권기헌(분석평가, 정보화), 이영철(노동) 등을 들 수 있다.

1970년대부터 미국에서 정책학이 성행하게 된 배경에는 미국 정부가 제 2 차 세계대전 이후(당시 소련 등과의 체제 경쟁 때문에라도) 많은 관심을 보였던 발전도상국의 문제에서 미국 경제의 침체 등에 따라 국내 정책 문제로 초점을 맞춘 것이 포함된다. 소위 '예외국가' 미국으로서는 적지 않은 복지예산을 지출한다고는 하면서도 빈곤 문제 등이 해결되지 않는다는 비판이 제기됨에 따라 정부정책의 효과성에 대한 평가 연구가 성행하게 된 것이다. 한국에서도 1980년대에 들어서면서 그 이전에 '국가'주도에 의해 추진했던 경제성장 정책의 후유증이 하나둘씩 나타나기 시작했다. 노사 갈등, 환경 파괴, 소득 격차 등이 그것이다. 이 문제들은 경제성장 정책에 비해 전달체계 등

집행의 문제가 더 중요한 정책분야이고, 자연히 과거에 경제학에 대한 수요가 많았던 것에 비해 행정학에 대한 수요가 증대되었다. 한국의 제3세대 행정학자들은 정책분석평가에 대한 일반적 지식에 더하여 분야별 실질 정책에 대한 전문적 지식을 축적해 나갔다. 1970년대 후반이후부터 실질 정책분야에 대한 학술 논문들이 크게 증가하는 경향이 나타난 것은 자연스러운 결과다(표 2).

정책학 연구의 증가와 더불어 사회과학으로서의 행정학 연구를 수행하는 학자들도 계속 배출되어 전통을 이어나갔다. 행정이론(문태현, 이대희, 박종민, 김호섭, 김태영, 김영민, 박흥식, 강성남, 권영주), 조직(이양수, 이종수, 김병섭, 박우순, 유홍림, 황성돈, 이창원, 민진, 박통희, 김호정, 송운석, 박광국, 조성한, 임도빈, 김근세, 조경호, 박중훈, 이창길 등), 인사(하태권, 백종섭, 김판석, 서원석, 권경득, 강성철, 정성호, 유민봉, 이영균, 이선우, 이근주, 오성호, 조선일, 강제상 등), 재무(신무섭, 강인재, 배인명, 이원희, 인태환, 윤광재, 공동성, 권오성 등), 지방(정정목, 강명구, 김익식, 이승종, 최영출, 손희준, 홍준현 등), 의회(박재창 등)이 여기에 해당한다. 이들은 정책학으로서의 행정학을 연구하는 학자들에 비해 한국의 특수성 혹은 이론의 한국 현실 적합성 문제에 좀 더 강한 문제의식을 유지해 온 것으로 보인다.

제 2 세대 학자들에 의해 구축된 사회과학으로서의 행정학 계승과 공고화에 더하여, 정책학에 의한 행정학 연구 범위의 획기적인 확대에 힘입어 한국대학에서 행정학과의 정체성 확립이 결정적으로 이루어졌다. 제 2 차 '수성'도 성공적으로 이루어진 셈이다.

1970년대에 이어 1980년대 후반까지도 한국에서 극심한 정치적 권위주의가 지속되었다. 자연히 '탈정치'의 행정학(안병영, 1980)으로서의 연구 경향은 더욱 심해졌고, 이에 대한 인접 학문분야 학자들로부터 '재미없는 학문'이니 '어용학문'이니 하는 비아냥거림과 행정학자들 스스로에 의해서도 '정부 용역학' 등 자성의 목소리가 제기되었다. 그러나 흥미로운 것은 이 시기에 공직에의 참여는 행정학 보다는 주로 경제학, 법학, 정치학 등 인접 분과학문에서 이루어졌던 점이다. 권위주의 정부에서 이 분야 학자들의 참여를 통해 취약한 정당성을 높이려 했던 것으로 해석할 수 있다.

5. 탈(脫)관료주의 지향의 행정학 연구: 1990년대~2000년대

행정학 연구에서 이 시기에 두드러진 특징은 양적으로 엄청난 성장이 이루어진 점이다. 학자 수, 대학 행정학 프로그램과 학생 수, 발표 논문 수, 학회 수, 학술대회 수 등에서 가히 기하급수적인 증가가 이루어졌다(표 1). '국가'(교육부)의 대학에 대한 평가나 연구비 지원 등의 업무를 대행하는 대학교육협의회나 학술진흥재단 등에 의해 이루어지는 학자들의 연구 성과물에 대한 질과 양에 대한 다양한 평가 기준이 결정적으로 영향을 미치기 시작한 것도 이 시기였다. 복지국가 쇠퇴 등 '국가 영역 되돌리기' 추세에 따라 정책연구에서 행정관리 연구로 전환된 서구 나라들의 경우처럼, 한국에서도 정부개혁 분야에 집중되는 경향이 나타났다(표 1).

행정학 이론 면에서 다양한 접근 방법들이 소개되고 학습되고 적용되었다. 공공선택(전상경, 박통희, 유금록, 황수연, 이명석, 김행범, 이민창 등), 국가론(정용덕, 김석준, 송희준, 정무권, 김근세, 이영철, 정창화, 양재진, 한승준 등), 신제도주의(정용덕, 염재호, 하연섭, 배병룡, 김관보, 이명석, 권영주, 김근세, 김종성, 하태수 등), 신공공관리(윤성식, 김병섭, 김태룡, 박천오, 김근세, 이석환 등), 거버넌스(김석준, 정용덕, 박희봉, 김관보, 이명석, 권혁주, 김준기, 은재호, 오수길, 배귀희, 박형준 등), 해석학·비판이론(박광국, 소영진, 윤견수, 이광석, 류현숙, 신충식 등), 탈근대주의(강신택, 정성호, 김동원 등), 역사(윤재풍, 문태현, 이대희, 이병갑, 박병련, 김종성, 채원호, 김종미 등), 신문화(박종민, 안성민 등), 비교(강성남, 임도빈, 최영출, 권영주, 정창화, 윤은기, 김윤권 등), 철학 및 윤리(김성기, 김항규, 박정택, 김호섭, 박흥식, 임의영 등), 정부회계(윤성식, 강인재, 윤영진, 신종렬 등), 복잡성(최창현, 강성남 등)을 예로 들 수 있다. 이와 같은 행정학의 이론적 시각들은 단순히 이론의 소개에 머무는 수준을 넘어 한국의 행정현실에 적용해본 연구 결과라야 비로소 학술지에 출간되는 수준이 되었다.

이 시기에는 실질 정책이나 행정에 대한 연구 주제에 있어서도 다양화가 이루어졌다. 특히 친시장주의의 강조에 따른 규제정책(김용우, 최병선, 전영평, 이성우, 김관보, 김태윤, 이종한 등), 지방자치의 부활에 따른 지방행정 및 지역개발론(전진석, 김병준, 이달곤, 강명구, 김익식, 이승종, 정정목, 안성호, 박종민, 김순은, 김석태, 이기우, 서순탁, 김헌민, 최병대, 소진광, 이종수, 권영주, 유재원, 임승빈, 손희준, 최흥석, 안성민, 박기묵, 김태영, 라휘문 등),[9] 정보기술 발전에 따른 전자정부(송희준, 정충식, 오철호, 최영훈, 정윤수, 김동욱, 천대윤, 김영미, 권기헌, 서순복, 명승환, 문명재, 김현성 등)이 대표적인 예가 될 것이다. 전지구화(문태현 등), 대통령(최평길, 정정길, 이원근, 김호섭, 이송호, 함성득 등), 여성정책(한인숙, 김복규, 김미경, 김영미, 박미옥, 원숙연 등), 문화예술행정(정홍익, 이종열, 김정수, 서순복 등), 북한행정(이계만 등), 행정부패(박흥식, 강성남, 윤태범 등)에 대한 연구도 연구 주제 다양화의 좋은 예다.

이 시기에 주로 소개되고 적용된 행정학 이론들은 과거 서구에서 근대화와 더불어 지배적인 행정(학)의 패러다임으로 자리매김했던 관료주의를 극복하려는 성향의 특징을 지닌다. 이 점에서 이들을 연령이나 사제 관계를 넘어 '제4세대 행정학자'로 유형화해도 좋을 것이다. 물론 관료제 행정의 의의를 새롭게 조명하는 학자들도 있다(황성돈, 임도빈, 김동원, 박수영 등).

탈관료제 행정이론은 특히 앵글로 색슨계 OECD 회원국들을 중심으로 1980년 무렵부터 적극적으로 발전이 이루어진 것이다. 앞에서 지적한 복지국가 쇠퇴에 따라 정책분석평가 연구보다는 축소지향의 관리주의 중심의 연구로 이동한 것도 이 무렵부터다. 한국의 경우도 때마침 1987년의 민주주의 이행과 그 후 약 20년에 걸쳐 전개된 공고화 과정에서 탈관료제 행정이론에

9) 김종성 교수에 의하면, 지방자치 부활에 따라 행정 및 지역개발론 연구에서 두 가지 경향이 나타나고 있다고 한다. "지방자치 내지 지방행정 일반론(내지 제도론)이고, 각 지역의 독특한 행정에 관한 지역행정론의 경향"이 그것이다. 후자는 각 지역 대학들의 행정대학원에서 나온 행정학 석사논문의 작성 및 지도 과정에서 그리고 지방자치단체에 정책자문 과정에서 교수들이 지역행정에 대한 관심을 기울이게 되면서 발전이 이루어진 경향이다. 아울러 1990년대부터 행정학 관련 지역학회가 전국 학회로 독립하면서 학술지가 급증하였고, 이 지역학회의 학술지에 주로 지역행정에 관한 논문들이 게재되었기 때문이라고 한다.

대한 많은 수요가 있었다. 과거 권위주의 정부 시절에 제도화된 '국가'중심의 하향식 계층제 행정에 대한 대안으로써 친(親)시장(김인, 윤성식, 김태룡, 김판석, 김근세 등) 혹은 친시민사회(김태영, 권해수, 박희봉, 이숙종, 김준기, 김선혁, 은재호, 오수길 등)의 개혁이론에 관심을 보이게 된 것이다. 더 나아가 민주주의 이행 이후 5년 임기의 단임 정권이 교체될 때마다 정당성 확보 차원에서라도 선진국의 새로운 개혁 모형을 모방하여 정부 개혁을 추진하는 경향도 한몫 했다. 여기에 더하여, 매번 새로 출범하는 정부의 집권 엘리트들이 기존의 행정조직 구조를 '흔들고' 인적 자원의 교체를 통해 행정을 장악하려는 정치적 의도 또한 작용했다.[10] 결과적으로 행정개혁이 과거에는 행정부 내에서 주로 관료정치 수준에서 이루어지던 것에서 의회정치와 정당정치 그리고 이익집단정치 수준을 포함하는 사안으로 확대되는 경향이 나타났다.

자연히 이 과정에서 많은 행정학자들이 실제 행정에 자문 혹은 공직 취임 등으로 참여하는 경향이 늘어났다. 1980년대까지 주로 경제학, 법학, 정치학자들의 공직 진출이 많았다면, 1990년대 이후부터는 행정학자들의 참여가 더 많아졌다. 민주주의의 진전에 따라 집권정부들은 상징적 정당성 확보의 필요성이 줄어드는 반면에 실질적인 행정관리와 정책관련 지식이 더 필요해졌기 때문이다. 친시장주의의 강조에 따라 경영학 분야의 학자들이 정부 자문에 참여하는 비중이 늘어나기는 했다. 그러나 공익에 대한 인식에 더하여 이미 신공공관리나 신(新)거버넌스 이론에 의해 자체 진화가 이루어진 행정학자들이 균형감각 등 종합적인 정책지식 면에서 좀더 경쟁력을 갖추었던 것으로 판단된다.

이처럼 학문과 사회수요에의 대응 등에서 모두 행정학자들의 역할이 두드러지면서 대학에서나 사회적으로나 행정학과의 위상도 절정기에 오른 것으로 보인다. 오히려 이 때문에 지난 20년 사이에 행정학자들의 적극적인 정부 활동에의 참여가 국가발전에 과연 어떤 기여를 했는가에 관한 사후 평가가 이

10) 이 시기에 행정관리 연구가 다시 활성화되었으나, '고전적 행정관리론'이 중심이던 1960년대와는 달리 이 시기에는 주로 '신공공관리론'을 적용하는 경향이 나타났다(표 1).

루어질 필요가 있다. 학회장 선거 때마다 이른바 '행정학과 위기론'이 제기되지만, 다른 인문사회과학 분야 학과들에 비하면 오히려 사정이 낳은 편이다. 이는 인구구조 변화와 직업 등 대학 교육에 대한 전반적인 수요 변화 등에 기인한 면이 크다. 오히려 행정학과 졸업생들이 과연 사회로부터 어떤 능력을 인정받아 진출할 수 있을 것인가의 문제를 고민할 필요가 있다. 과거에 대학 내에서의 학문적 정체성 확보를 위해 노력했다면, 이제부터는 사회에서 필요로 하는 인재 양성 여부를 중심으로 분투해야 하는 '서바이벌 게임'이 시작된 것이다.

Ⅲ. 미래 한국 행정학 연구의 전망과 과제

앞에서 한국 행정학 연구 경향을 연대별로 개괄하면서 초기와는 달리 최근으로 올수록 행정학 연구 경향을 학자들의 연령이나 학위과정 시기와 연계해서 특성화하기가 점점 더 힘들어지고 있음을 알 수 있었다. 연령이나 학위과정 시기와 상관없이 몇 세대에 걸쳐 전개된 새로운 연구 경향에 동참하면서 흐름을 선도하거나 거들고 있는 학자들이 늘고 있기 때문이다. 이것은 학자들의 '조로(早老)' 현상이 줄어들고 있으며, 결과적으로 행정학 연구의 폭과 깊이를 더하는데 기여하는 것으로 해석할 수 있다.

한국 행정학의 향후 연구 경향과 과제를 학문 발전에 대한 두 가지 다른 시각에서 전망해 볼 수 있다. 학문의 발전이 점진적인 진화 과정에 의해 이루어지는 것으로 전제하는 경우와 가히 '패러다임' 수준의 혁명에 의해 이루어지는 것으로 전제하는 경우가 그것이다. 두 가지 가능성을 전제로 한 각각의 전망과 과제를 검토하는 것으로 결론에 대하기로 한다.

1. 행정학의 점진적 발전 가능성과 과제

행정학 발전이 점진적인 진화 과정에 의해 이루어지는 것이라면, 지금

껏 그래왔듯이 앞으로도 한국 행정학자들은 선학들에 의해 축적된 연구 성과의 바탕 위에서 벽돌 쌓듯이 한 단계 한 단계씩 연구를 진행하면서 학문을 발전시켜갈 것이다. 자연히 오늘날 관심사로 대두되어 있는 주제들에 대해 현재 사용가능한 방법론을 적용하는 것에서 연구가 이어질 것이다. 한편으로는 한국의 전체 사회(혹은 지배적인 특수 이익)의 필요성과 그 변화를 반영하고, 다른 한편으로는 '국가'에 배태된 제도적 특성에 의해 영향도 받을 것이다.

우선, 학자들이 일차적으로 이론적인 관심에서 출발하여 연구를 수행하는 경우에 행정학 선진국의 이론 발전 추세에 영향 받아가면서 연구하는 경향은 앞으로도 지속될 것이다. 한국 행정학자들은 대개 외국에서의 이론 발전에 매번 한 발짝씩 늦게 뒤 아가는 경향이 있었다(강근복·오철호·최도림, 2010). 그러나 앞으로는 거의 동시대적으로 그리도 공동연구 형태로 연구 주제들을 선정하고 방법론을 개발하는 경향이 점차 증가할 것이다. 한국 행정학자들의 연구 능력이 외국 학자들과 이미 대등한 수준으로 발전하고 있으며, 국제교류도 크게 확대되고 있기 때문이다.[11]

전지구화(globalization)가 국내 거버넌스에 미치는 영향, 국제적인 테러나 질병, 지구온난화 등 지구 환경 변화, '사스(SARS)'처럼 국가경계를 넘어서는 질병 등 전지구적 대처가 필요한 문제들에 대해서는 외국 학자들과 동시대적으로 관심 주제를 선정하고 방법론을 개발하여 공동으로 연구를 수행할 여지가 많다. 이 문제들에 대한 각 나라별 대응 방법을 비롯하여, 소위 '지구표준(global standards)'이나 '신공공관리' 행정개혁 추진의 각 국별 제도화의 차이와 그 원인에 대한 비교 연구도 국내외 행정학자들이 관심을 기울일 만한 주제들이다.

11) 한국의 인문사회과학 분야에서 이루어진 우수한 연구 결과를 국제 학문공동체에 효과적으로 소개하기 위해서는, 독일 등 비영어권 선진국에서 흔히 볼 수 있는 것처럼, 외국어 번역을 전문화할 필요가 있다. 한국어로 된 연구 성과물의 해외 소개가 드물었던 시절에 한국사회과학(연구)협의회가 매년 학문분야별로 한 편씩 추천 받아 영역을 지원하여 출간했던 것(Korean Social Science Journal)처럼, 한국연구재단 등에서 의미 있는 연구 성과물에 대한 번역 지원이 필요하다.

이는 곧 특정의 외국 이론이 한국의 행정현상에 대해 얼마나 설명력이 있는지, 설명력이 약하다면 그 원인이 어디에 있는지에 관해 관심을 갖게 되는 이유이기도 하다. 설명력이 부족한 경우 그 원인을 규명하기 위해 행정문화(박종민 외, 2001)나 '국가성(stateness)' 등 한국 행정에 배태된 제도적 특성을 규명하기 위한 연구들이 앞으로도 계속 의미가 있다. 예로써, '약한 국가성' 혹은 '시민연합으로서의 국가' 전통이 제도적으로 배태된 나라의 행정과 '강한 국가성' 혹은 '목적연합으로서의 국가' 전통이 배태된 나라의 행정 간에는 그 목적에서 구조와 방식에 이르기까지 의미 있는 차이가 있다(정용덕, 1996a; 2003; Jung, 2005). 한국의 행정문화나 '국가성'은 어떤 특징이 있으며, 그와 같은 특성은 어떤 과정에 의해 제도화가 이루어졌는지에 대한 한국 행정의 '유전자 찾기' 노력이 필요한 이유다.

예로써, 한국행정학자들이 1960-70년대에 많은 관심을 기울였던 미국의 발전행정(Development Administration)이 실제 한국 행정에 어떻게 제도화되었는지에 대한 연구가 필요하다. 일테면, 미국 학자들이 제시한 발전행정 이론이 강한 국가 혹은 목적연합으로서의 국가성을 지닌 한국에서는 '아시아적 행정국가' 혹은 '발전국가(the developmental state)' 형태의 운영과 제도화가 이루어졌다는 가설을 설정할 수 있다.[12] 만일 이 가설이 입증된다면, 최근에 공적개발원조(Official Development Aid) 사업 등과 관련하여 개도국에서 관심을 갖는 '새마을 운동'을 비롯한 한국식 '국가'주도의 근대화 추진 방식이 개별 개도국에 배태된 '국가성'에 따라 성패가 엇갈릴 수 있다.

이와 같은 연구 주제들은 미시적 수준에서의 깊이 있는 연구에 더하여,

12) 그런 가운데에도 한국에서 '국가' 그리고 지배적인 이익의 구조가 지난 20년을 전후해서부터 크게 변화하고는 있다. 역사적으로는 입법-행정-사법 간, 중앙-지방 간, 국가-시민사회 간의 권력분립이 이루어지면서 '국가'와 행정의 특성인 강한 국가성의 변화가 이루어지고 있는 것이다(Jung, 2005). 중앙 국가가 주도하는 대형 발전 프로젝트들의 집행이 점차 어려워지고 있는 것이 이를 입증한다. 그러나 비교론적 시각에서 보면, 여전히 한국의 '국가'와 행정은 '목적국가'로서의 특성을 상대적으로 강하게 지니고 있다. 또한 정책결정자들은 말할 것도 없거니와, 국민들까지도 과거 강한 '국가' 시절의 일사분란하고 효과적인 하향식의 '국가' 행정을 한편으로는 비판하면서도 다른 한편으로는 여전히 그것을 기대하는 이중적인 마음가짐이 존재하는 것으로 보인다.

거시적 맥락에 대한 연구도 필요함을 의미한다. 한국 행정의 역사적 맥락에 대한 분석과 지구촌에서의 비교론적 맥락에 대한 분석이 그것이다. 한국행정연구원에서 건국 60주년을 맞이하여 펴낸 한국행정 60년 연구(한국행정연구원, 2008)나 미래한국 연구(2008; 2009)가 전자의 예라면, 지구촌의 각 나라별 행정에 대한 지역연구총서(2008; 2009)들은 후자에 해당 한다(표 2).

한국의 행정학자들이 국내외에서 개발된 이론(들)의 설명력에 더하여 그것이 한국의 국가발전(national development)과 행정발전에 얼마나 의미 있는 이론인가, 즉 '적실성(relevancy)' 문제에 관해 고민하는 것은 아주 자연스러운 일이다. 한국의 현실 행정에 대한 규범적인 문제의식에 관련된 성찰이 그것이다. 이런 맥락에서 적어도 지난 한 세대에 걸쳐 한국 사회에 현안으로 대두되어 온 후기산업화 시대의 문제들은 앞으로도 계속해서 중요한 연구 주제로 남을 것이다. 공사영역에서의 노사갈등 문제, 환경보호 문제, 양극화 문제, 사회안전 및 위험[13], 고용 없는 경제성장, '작은 정부'와 공공서비스 수요 증대 간의 상충, 공공갈등, 인구구조[14] 문제 등이 여기에 속한다.[15] 남북관계의 급변가능성에 대응하기 위한 위기관리 차원을 비롯하여 21세기 한국의 민족적 과제로 남아 있는 통일에 대비한 북한행정 문제 연구가 필요하다. 이와 같은 정책분야별 현안들을 해결하기 위한 행정학자들의 역할에 대해 적어도 다음과 같은 두 가지 논의가 필요하다.

---

13) 문태현 교수는 "위험사회에 대한 행정학적 연구가 매우 필요하다. … 글로벌 금융위기, 지구온난화, 구제역이나 신종 플루 등과 같은 각종 질병 등에 대한 기존의 정치행정체제는 무력하기만하다. 그러나 이들 문제에 대하여 치밀한 연구는 매우 부족한 실정이다. 구제역 문제만 하더라도 평소 전념병방지에 대한 매뉴얼을 철저히 지켰더라면 이렇게 문제가 확대되지 않았을 것이다. 위험사회를 진단하고 미리 대처하는 연구가 진지하게 이루어져야 할 것"이라고 보았다.

14) 미국의 대학 행정학과에서 많이 이루어지고 있는 보건의료행정에 대한 연구와 교육에 대한 관심을 기울일 필요가 있다. 미국의 경우에 보건의료 부문에 국내총생산의 약 20%가 투자되는데 반해 한국은 아직 8%정도다. 앞으로 국민소득 증대와 노령인구 규모의 증대 등을 감안하면, 한국에서도 지금의 3배 가까이 보건의료분야에 투자가 이루어질 것으로 예상된다. 일본의 경우 평균수명과 건강수명의 차이가 6년(=82세-76세)인데 반해 한국은 12년(=79세-67세)이다(안종범, 2010).

15) 지난 몇 년 사이에 한국행정연구원에서는 사회위험안전관리, 갈등관리와 협력적 거버넌스 문제에 관한 연구를 크게 확대했다(표 2).

우선, 다른 분과 학문들과의 차별화를 어떻게 할 것인가의 문제다. 대부분의 분야별 정책영역에 긴밀한 연계가 있는 다른 분과 학문들이 존재하지만, 행정학은 적어도 다음과 같은 세 가지 측면에서 다른 분과학문을 뛰어넘는 연구를 수행할 수 있다.

첫째, 균형 감각이다. 많은 분야의 공공정책들은 각각 그와 관련된 특수이익(집단)이 존재한다. 그 이익(집단)들은 대개 그와 관련된 정부기구를 통해 대변된다. 그리고 그와 관련된 분과 학문들이 존재한다. 특정의 공공정책에 관련된 특수 이익과 부처와 분과학문 간에는 일종의 긴밀한 유대 혹은 '삼각관계(triangle)'가 형성되어 있다. 이처럼 공공정책 영역별로 형성되어 있는 삼각관계가 해당 영역의 내부 시각에서 보면 결코 공익에 위배되는 것은 아니다. 예로써, 교육을 제공하는 집단과 교육행정 당국과 교육학자들 간에 일치하는 정책 선호가 적어도 교육정책의 시각에서 보면 공익에 위배되는 것이라고 할 수 없을 것이다. 그러나 이들(즉, 교육정책 삼각형)에 의해 제안되는 (교육)정책은 전체 국가정책에 속하는 다른 분야의 공공정책들과 역관계(trade-offs)가 있을 수 있다. 따라서 행정학자들의 공공정책 연구는 전체 국가정책의 시각에서 균형 감각을 유지하는 정책 제안을 할 수 있고 또 그렇게 하도록 노력해야한다. 이와 같은 균형 감각을 증진하기 위해 행정학 연구 범위에 공공성(publicness), 행정이념, 공정성 등의 주제가 포함될 필요가 있다.[16)]

둘째, 다(多)학제 및 다시각을 적용하는 정책연구이다. 본래부터 행정학에서 강조해 온 다학제적 접근방법에 더하여 다양한 이론적 시각을 적용하는 보다 통합적인 접근 방법을 수용할 필요가 있다.[17)] 예로써, 규범적인 후생경제학과 달리 실증주의 경제학(공공선택론)은 정책과정에 대해서도 분석하는 장점이 있지만, 단순화된 이론체계(즉 신고전주의 경제학)에 의해 접근하는

16) 한국행정연구원에서 펴낸 공공성(윤수재 · 이민호 · 채종헌, 2008) 및 행정이념(이민호 · 윤수재 · 채종헌, 2009)에 대한 연구는 이 분야에 대한 관심을 불러일으키기 위한 하나의 시작이다(표 2).

17) 문태현 교수에 의하면, 요즈음 모든 학문 분야에서 '통섭'을 논하는 마당에 명색이 다학제적 연구를 강조한다는 행정학 분야에서 오히려 편협한 연구와 교육이 이루어지고 있다고 한다.

한계가 있다. '코끼리'(즉, 복잡한 행정 현상)에 대한 이해력은 여러 장님(즉, 행정학자)들이 각자 이해한 내용을 서로 교환함으로써 증진될 수 있을 것이다 (Waldo, 1978).

셋째, 입체적인 정책연구다. 정책의 내용뿐만 아니라 과정도 포함하는 연구가 그것이다. 정책 내용을 고려하지 않는 과정만의 연구나 정책 과정을 고려하지 않는 내용만의 연구나 모두 한계가 있다. 정책 내용에 좀 더 치중하는 대개의 분과 학문들의 정책연구와 달리 행정학은 이 두 가지 측면을 모두 아우르는 연구를 수행함으로써 경쟁력을 증진할 수 있다.[18] 또한, 행정학은 정책의 형성 단계뿐만 아니라 집행에서 평가 및 환류에 이르기까지 공공정책의 전 과정에 대한 역동적인 시각에서 접근할 필요가 있다. 그렇게 함으로써, 일테면, 정책형성 단계에서 아예 정책집행의 문제까지도 감안한 대안을 제시할 수 있어야 한다. 이와 관련하여 행정학의 연구 대상으로서의 정책영역 확대가 필요하다. 예로써, 외교안보나 경제산업 등 전통이 오랜 정책 분야일수록 해당 분과 학문이 발전해있다. 그 정책분야에 대해서는 해당 분과 학문에서 거의 독점적으로 연구와 실무 인력을 배출해왔다.[19] 그러나 외교통상 분야의 인적자원 개선방안 마련을 위해 필자가 면담했던 중견 외교관들은 이구동성으로 그들이 필요한 지식과 능력은 외교 '정책'이 아닌 외교 '조직에서의 인간관계와 관리'라고 했다.[20] 금융(감독)위원회의 정무직 공직자 한 분은 그 위원회에 소속된 공직자들이 하는 업무의 거의 대부분이 금융 '정책'이 아닌 '관리'라고 하면서 행정학의 도움이 필요함을 역설했다. 당시까지만 해도 국제정치학의 독점 연구 주제이었을 '큐바 미사일 위기' 사건에 대한 한 행정학자

18) 김종성 교수는 행정학자들 가운데에는 "어느 학회 토론에서든 한 마디는 할 수 있으나, 두 마디 이상하면 실력이 들통 난다"는 자아비판이 있다고 하면서, 분야별 정책 내용에 대한 전문성을 갖기 위해서는 인접 학문과의 학문공동체 구축이 필요하다는 의견을 제시한다.

19) 다만, 과학기술, 환경, 보건, 정보화 정책 등 보다 최근에 이르러 독자적인 정책 영역으로 부상했기 때문에 아직 독자적인 분과학문이 형성되어 있지 않은 분야에 대해 행정학이 연구 및 교육을 선도해 왔다.

20) 이와 같은 면접조사 결과를 바탕으로 외무고시 합격자들이 이수하도록 되어 있는 2년간의 석사학위 과정을 (국제)정치학과 등 순수 이론분야에서 보다는 국제대학원이나 행정대학원에서 좀 더 입체적인 교육을 받도록 할 것을 제안한 바 있다.

(Allison, 1971)의 도전적 연구가 행정학의 정책연구 영역을 확대하는 데 크게 기여했던 일을 상기하면 좋을 것이다.

넷째, 거버넌스에 대한 연구다. 위에서 분야별 정책의 내용뿐만 아니라 과정, 그리고 정책형성뿐만 아니라 평가와 환류에 이르기까지 전 과정을 포함하는 입체적인 시각의 연구가 필요한 것에 더해, 이제는 정부가 시장과 시민사회의 경계를 넘어선 협력을 통해 공공문제를 해결하기 위한 제도화와 리더십을 연구하는 학문으로 발전해 나아가야 한다. 이것이 '작은 정부'와 많은 공공서비스의 동시적 기대에 부응하는 방법이며, 후기민주주의 시대에 공공갈등을 해소하기 위한 접근방법이기도 하다(정용덕, 2010). 공공갈등을 해소하기 위해서는 한국 사회에 갈등을 유발하는 특수 이익의 존재 여부를 규명하고 폭로할 필요가 있다. 갈등 해소를 어렵게 만드는 이분법적 사고는 일반적으로는 근대화와 더불어 배태된 것이다. 그러나 특히 한국에서는 유교통치와 피식민지 지배 그리고 권위주의 시대를 거쳐 오면서 성, 민족, 지역 등에 대한 보다 극단적인 형태의 이분법적 사고가 심화된 것으로 보인다. 거버넌스로의 연구 영역 확장이 곧 행정학의 전통적 연구 분야인 행정의 내부관리 분야에 대한 연구를 소홀히 해도 된다는 의미는 아니다.[21] 거버넌스가 활성화되려면 공사부문의 신뢰성 증진이 필요하다. 그러자면 우선 행정의 공정성부터 실현되고 부정부패가 근절되어야 한다.

이상에서 지적한 여타 분과학문과의 차별화와 경쟁력 증진을 위한 행정학 나름의 연구 지향을 개별 행정학자 수준에서 모두 수행해야한다는 것으로 오해되지는 않아야 한다. 행정학자들이 연구 문제를 선정하고 방법론을 모색함에 있어서 위에서 제시한 시각들을 염두에 두고 접근하는 것이 바람직하다는 주장을 했다. 그러나 이처럼 전체 '국가' 정책에 대한 균형의 시각, 분과학문별 이론의 경계를 넘어서는 통합의 시각, 정책과정 전반에 관한 입체적이고 동태적인 시각, 그리고 제도적 경계를 넘어서는 거버넌스의 시각을 바탕으로

21) 미국의 경우, 행정학 분야에 대한 연구도 상당한 비중으로 해 오던 브루킹스연구소(Brookings Institution)가 최근 몇 년 사이에 행정 연구 부서를 없애고 대신에 의회 연구 쪽으로 관심을 돌린 것이 시사적이기는 하다. 이미 행정관리나 정책분석평가에 대한 연구는 골고루 할 만큼 했다는 것이 2007년에 필자가 면담한 그 곳 담당자의 설명이었다.

일단 선정한 개별 연구 주제들에 대해서는 보다 심층적이고 정교한 연구가 필요함은 두말할 필요가 없다. 행정학 연구에서 '분화'와 '통합' 간의 변증법이 필요한 것이다.

다른 나라에 비해 한국 행정학자들의 연구 주제와 방법론의 변환 사이클은 매우 빠른 특징이 있다. 이는 한국 행정학자들의 장점이자 단점이다. 한 때 유사한 주제에 여러 학자들이 동시 다발적으로 우르르 몰려드는가 싶으면, 아직 진지한 연구 성과가 채 나오기도 전에, 다시 또 다른 주제를 찾아 우르르 몰려가는 경향이 있다. 이와 같은 경향은 한국 행정학자들의 높은 역동성과 경쟁을 통한 발전 가능성을 보여주는 것이지만, 꾸준히 한 우물을 파는 연구자가 그만큼 부족하다는 증거이기도 하다.

그런 가운데에서도 최근 몇 년 사이에 행정사,[22] 신제도주의(역사적, 사회학적, 합리적 신제도주의), 행정언어(해석학, 현상학, 비판이론), 딜레마이론, 시차이론 등의 이론적 시각 혹은 접근방법 별 소규모 연구 모임들이 생기고 있는 것은 매우 고무적인 현상이다. 행정학 분야에서 발간되는 많은 학술지들의 경우도 다양한 연구 대상과 이론적 시각별로 전문화해 나아가야 한다. 최근에 조직, 인사, 재무행정 등 연구 대상별 모임들이 특화된 학술지를 발간하고 있다. 이에 더하여, 질적, 계량적, 역사적 접근방법 등이나, 공공선택, 신제도주의, 비판이론 등 시각별로 특화된 학술지를 발간하는 방향으로 전문화해 나가면 좋을 것이다.

한 주제에 대해 꾸준한 연구가 축적되지 않음으로 인해 정책 대응에 대한 차질도 발생한다. 인구, 환경, 노동 정책 등의 분야에서 보듯이 한국 사회가 필요로 하는 현실 정책문제의 해결에 있어서도 항상 한 발짝 늦게 대응하는 이른바 '뒷북치는' 연구가 이루어지는 것이 보통이다. 한국 행정학자들은 외국 제도의 단순 '모방적 동형화'의 필요성은 항상 선도적으로 제안해 왔다. 1960년대에 '사업예산제도'의 도입을 제안한 경우나 1980년대 이후 신공공관

22) 문태현 교수는 "갑오개혁, 조선총독부 행정, 미군정, 해방 전후의 행정 등 근대기 행정에 대한 연구가 거의 없다"고 하면서 "한국행정의 뿌리 찾기가 되어 있지 않으면서 행정학의 토착화를 논의한다는 것이 얼마나 허망한 일"인가 개탄한다.

리 모형의 정부개혁을 제안한 것 등이 전형적인 예가 될 것이다. OECD 회원국 가운데 앵글로색슨계 5개국을 제외하면 한국이 유일하게 고위공무원단 제도를 도입한 나라이며, 전자정부 부문에서는 세계 최상위급에 도달해 있다. 그러나 대개는 지속적 연구에 의한 축적이 이루어지지 않음으로 인해 유사한 정책 문제를 예측하고 대응하는 데 늘 차질이 발생했다.[23)]

더 나아가 행정학자들이 한국 사회의 변동을 예상하고 대비하는 적실한 대안을 제시할 수 있으려면 행정학의 주제별로 보다 구체적이고 정제된 연구를 수행할 필요가 있다. 앞에서 논의한 것처럼, 지금까지 사회과학으로서 혹은 정책과학으로서의 행정학 연구에 많은 심혈이 기울여 졌다. 그러나 이론과 방법에서 완전성이 높으면 대신에 한국 현실에 대한 적실성이 부족하고,[24)] 한국 적실성이 높은 경우는 방법론에서 좀더 세련이 필요한 경우가 많다.

한국 행정의 현실 문제 해결을 위한 연구 주제는 대개 용역 연구(consulting)의 형태로 정부 등에 의해 발주되는 경우가 많다. 국민경제 규모가 확대되면서 용역 연구의 수나 예산 규모도 커졌다. 그러나 '이론에 근거한(theory based)' 용역 연구 결과는 드물다. 현안 문제라고 해도 그에 대한 설명과 예측이 가능해야 비로소 타당하고 일관성 있는 정책 대안을 제시할 수 있다. 용역 연구가 부실하게 이루어지는 원인에는 연구에 필요한 충분한 시간을 주지 않는 정부의 계약 방식도 포함된다. 그러나 다양한 주제에 대해 평소 꾸준한 연구를 축적해 오지 않은 행정학자들의 책임이 더 크다.

이 점에서 한국에 비해 행정학자의 수가 적은 일본에서 (구체적인 정책영역이나 각 나라별 행정 등) 구체적인 사안에 대한 전문가가 한국에 비해 더 많이 양성되어 있는 것은 시사적이다. 이 점에서 최근에 한국행정학회에서 각

23) 예로써, 1997년 말 외환위기에 대한 원인 규명과 정부의 대응 과정에 대한 보다 다각적인 연구가 필요하다.

24) 주로 외국에서 개발된 이론과 방법을 한국에 적용하는 경우에 이와 같은 현상이 나타난다. 적실성이 부족한 경우라고 하더라도 연구 능력 배양에 기여할 수 있다. 또한, 상황 변화에 따라 한국 사회에 해당 이론의 타당성과 적실성이 높아지는 경우도 기대할 수 있다. 그리고 현 시점에서는 문제 인식이 제시되지 않았지만 외국 이론들을 통해 새로운 문제 인식 자체를 갖게 되는 경우도 많다. 그러나 많은 경우에 한국의 행정 문제에서 "등이 가려운데 가슴을 긁는" 것과도 같은 연구를 하는 경우도 많다.

나라별 혹은 지역별 행정에 대한 지역연구[25] 모임이 활성화되고 있는 것은 바람직한 현상이다.[26] 이와 같은 지역연구의 활성화는 전술한 것처럼 한국 정부의 공적개발원조 프로그램 확대와 발맞추어 개발도상국가들에 대한 한국의 행정제도와 행정학의 확산을 위해서도 바람직하다. 한국의 산업화시기에 제도화되고 교육과 연구가 이루어지든 행정 이론이나 모형을 그대로 개별 국가의 특성을 감안하지 않은 채 획일적으로 전수하려한다면 지난 20세기 후반에 서양학자들이 그들의 이론과 개혁 모형을 개도국에 적용하는 과정에서 나타났던 실패를 반복할 우려가 있다. 더욱이 요즈음 행정의 역할에서 방법에 이르기까지 현재 국제사회에서 권장되고 있는 패러다임은 과거 한국의 근대화 과정에서 제도화되고 적용되었던 행정과는 차이가 크다.[27] 개도국에 소개하기에 앞서 산업화 시대의 한국 행정이 지녔던 제도적 특성과 공과를 있는 그대로 분석하고 평가하는 학문적 노력이 선행되어야 할 것이다.

이와 같은 맥락에서 한국 행정학계에서 꾸준히 이어져 온 '토착화' 혹은 '한국화' 논의는 앞으로도 계속해서 의미가 있다. 실은 행정학 선진국의 학자들 스스로도 호칭이야 어찌되었든 이 문제에 관해 지속적으로 고민하고 논의해 왔다. 19세기 말에 윌슨(Wilson, 1887)이 미국의 당시 현실에 비추어 관방학에서 유래한 유럽식(그러나 다분히 '미국화' 된 방식으로의) 행정제도와 행정학의 도입 필요성을 주장한 것,[28] 20세기 중반에 사이몬(Simon, 1946)이 (당

25) 문태현 교수는 국내 지역연구의 필요성에 대해 강조한다. "지방, 특히 시민단체가 형성되어 있지 못한 농촌지역에서, 자치단체장에 대한 지방의회의 견제 기능이 극히 취약"하여 여러 가지 비합리적인 행정이 이루어지고 있음에도 이에 대한 연구가 부족하며, "지역에 대한 깊이 있는 연구 축적은 한국행정학의 토착화에도 크게 기여하리라"고 강조한다.

26) 한국행정연구원도 2008년부터 본격적으로 비교·지역연구총서를 펴내고 있다(표 2).

27) UN 등 국제기구에서 권장하는 '좋은 거버넌스(good governance)'가 좋은 예가 될 것이다. 이 모형에 비추어 보면, 산업화 시기의 한국 행정은 많은 결함이 있었던 것으로 평가할 수 있다(Jung, 2010b).

28) 김근세 교수에 의하면, 윌슨 교수는 당시 행정(학)에서 후진국이었던 미국이 '국가경쟁력'을 제고하기 위해 선진 유럽의 행정이론을 수입하면서 관료제의 권위주의적 속성에 대해 고민했다. 그러나 관료제를 '칼'에 비유하면서, 범죄자의 손에 가면 범행도구가 되고, 요리가의 손에 가면 유용한 주방도구가 되는 것처럼, 관료제가 유럽 권위주의 '국가'에서는 권위적인 '국가'기구가 되었지만, 미국 자유주의 '국가'에서는 효율적 도구로 제도화될 수 있다고 보았다. 유럽의 관료제를 수입하되, 유럽식 권위주의 가능성은 배제하면서 미국식 자유주의와 결합시키려는 문제의식에 의해 윌슨이 주창한 '정치-행정 이원론'이야말로 유

시의 주류 행정학계로부터 '파문'까지도 불사하면서) 윌슨 등에 의해 형성된 고전적 행정관리 이론들이 미국의 실제 행정의사결정에 부합하지 않는다고 비판한 것, 1960년대 후반에 '신행정학'의 주창자들(Marini, 1971)이 사이몬 등에 의해 주도된 실증주의 행정학이 당시 미국의 공공문제 해결에 적실하지 않다면서 현상학이나 비판이론 등 유럽의 주관주의 접근법의 도입을 시도한 것, 1970년대 초에 오스트롬(Ostrom, 1974)이 '윌슨주의 행정이론'이 제퍼슨(Jefferson) 등이 주창한 미국의 건국이념과 행정에 적실하지 않아 '지적 위기'를 초래하고 있다면서 신고전주의 경제이론(즉, 공공선택론)의 적실성을 주창한 것 등이 좋은 예다.[29] 그런가 하면, 이미 미국에서는 행정학의 주류 가운데 하나로 자리 잡았든 1990년 초에 공공선택론을 베를린자유대학(FU)에서는 영국에 유학했던 젊은 강사 한 사람이 특강 형식으로 겨우 한 과목 개설해서 소개하는 것을 보고 놀란 적이 있다. 유대-기독교 및 그리스-로마 문명을 공유하는 서구 나라들조차도 대서양을 사이에 두고 이처럼 행정이론의 적실성 문제가 제기되어온 것이다.

2. 행정학의 혁명적 발전 가능성과 과제

쿤(Thomas Khun)에 의하면, 과학의 발전은 누적적 혹은 기존의 오류를 교정해 나가는 방식에 의해서 점진적으로 이루어지는 것이 아니다. 기존하는 하나의 '정상과학'에 '위기'가 발생하면 '혁명적' 전환을 거쳐 또 하나의 새로운 '정상과학'이 형성되는 일종의 비연속적이고 혁명적인 방식에 의해 이뤄진다.[30]

럽 행정이론의 미국화인 셈이다.

29) 20세기에 미국에서 주창된 예산개혁론(PPBS 등)이나 '정책학(Policy Science)'(Lasswell, 1971; Dror, 1968 등)도 유럽형의 '국가'기획 체계 혹은 이론을 (그러나 다분히 '미국화'해서) 도입하려는 시도였던 것으로 해석할 수 있다. 그러나 이와 같은 학문적 및 현실적 시도가 미국의 다원화된 현실 정치행정과는 부합하지 않는다는 '점증주의' 예산 및 정책 이론가들(Wildavsky, 1975; Lindblom, 1959 등)의 반론을 입증이라도 하듯이 미국에서 그것의 제도화는 매우 저조했다.

30) '과학혁명의 구조'는 일군의 과학자들이 수용하는 동일한 패러다임에 기초하여 구체적인

행정학의 경우도 그 이전과는 거의 단절 수준의 급격한 변화가 이루어질 가능성도 생각해 볼 수 있다. 논란의 여지는 있겠으나, 19세기 말 미국의 진보주의 시대에 그 이전에 없던 새로운 학문으로서의 행정학이 발전한 것이나, 16-8세기 절대주의 국가 시대에 발전했든 관방학과 정책과학(Polizeywissenschaften)이 19세기 법치국가(Rechtsstaat) 이데올로기의 대두와 더불어 독일에서 사라졌다가 20세기 중반 복지국가의 확대와 특히 최근에 유럽통합(EU)의 가속화에 따라 다학제적 응용사회과학으로서의 신관방학(neo-verwaltungswissenschaft)으로 부활하고 있음을 예로 들 수 있다. 한국에서 20세기 후반이후 그 이전에는 없던 '행정학'이라는 새로운 현대 응용사회과학이 불과 반세기만에 이처럼 성장하고 뿌리를 내린 것도 혁명적이라면 혁명적이다.[31)]

만일에 앞으로 행정학에서 혁명적인 변화가 이루어진다면 바로 지금이 그 시기가 아닐까 싶다. 패러다임 수준의 학문 변화를 가져올 성 싶은 몇몇 징후들이 최근에 나타나고 있기 때문이다. 익히 알려진 바와 같이, 과학기술에서의 정보통신 혁명, 그 원인이 명확하지 않은 지구온난화 등 자연환경의 변화, 세계체제에서의 전지구화 심화, 지난 몇 세기에 걸쳐 지배적인 사조로 유지되어 온 근대주의의 해체 조짐 등이 그것이다. 최근에 불거진 미국 발 금융위기는 이처럼 뒤숭숭한 거시적 구조의 변화를 반영하는 하나의 사례에 불과하다. 현대 사회과학 가운데 가장 앞섰다는 경제학이 이 경제위기 상황을 설명도 예측도 따라서 처방도 할 수 없는 상황이다(Jung et al., 2010).

이처럼 뒤숭숭한 징후들은 지금까지 행정학을 비롯한 현대 사회과학이 의존해 왔던 근대주의의 철학, 과학, 처방을 넘어서는 새로운 패러다임의 학문을 필요로 하는지도 모른다. 뉴턴식(Newtonian) 인과관계에 집착하는 사회과학으로서의 이론화에 대한 반론, '우연성'에 대한 관심, 혼돈이론과 복잡

문제를 해결하는 '정상과학(normal science) 확립'의 단계, 이 정상과학의 패러다임에 의해 해결되지 않는 '문제(anomaly) 발생과 그로 인해 도전 받는 '위기'의 단계, 이 위기가 상당기간 지속되어 기존의 패러다임과 전혀 다른 새로운 패러다임들이 대두되어 경쟁하는 '과학혁명'의 단계, 그리고 새로운 하나의 패러다임이 그 이전의 패러다임 대신에 수용되는 '새로운 정상과학' 확립의 단계 등으로 구성된다고 한다(Khun, 1962).

31) 물론 행정학의 독창적인 이론체계와 방법론을 형성한 것은 아니기에 이와 같은 주장은 아직은 '객기'에 지나지 않는다.

성, 양자론, 동양 철학에 대한 새로운 관심 등이 이루어지고 있는 것도 시사적이다.

행정학에서 지금까지와는 다른 가히 패러다임 수준의 혁명적 발전이 이루어질 수 있다고 할 때, 한국 행정학자들의 기여 가능성을 기대해 본다. 그렇게 해서 지금까지 늘 행정학 선진국의 이론 발전을 뒤 따라가면서 모방하고 적용하는 일차원적 학문발전 과정을 뛰어 넘어설 수 있는 가능성도 기대해 본다.

그렇게 되고자 한다면, 무엇보다도 우선 한국 행정학 공동체 동료들 간에 보다 열리고 넉넉하고 융통성 있는 경청과 격려의 자세가 필요할 것이다. 누군가 더러 '비상(非常)'하거나 '기발(奇拔)'하거나 '비범(非凡)'해 보일 수 있는 발상과 시도에 혹시라도 '말도 안 된다는 식'의 제약을 가함으로서 아예 싹을 자르는 우를 범하지 않도록 하기 위해서다. 그래서 언젠가 지금까지 4세대에 걸친 한국의 행정학자들을 모두 '제 1 패러다임 세대'로 묶을 수 있는 '제 2 패러다임 세대'의 새로운 학자 군이 탄생할 수 있는 날이 올 수 있기를 기대해 본다.

패러다임 수준의 변화까지는 아니더라도, 최근에 이르러 사회과학으로서의 행정학을 넘어서고자 하는 갈망이 한국 행정학계에서 소박하게나마 나타나고 있는 것도 사실이다. [한국행정학보] 편집위원회가 최근 몇 년 동안 시도했던 기획 특집 시리즈를 한 예로 들 수 있다. 과연 본래의 기획 의도가 제대로 실현 되었는지 여부는 차치하고, 편집위원회가 지난 수십 년간 한국 행정학에서 주류로 이어져 온 사회과학으로서의 행정학 연구를 지나치게 강조함으로서 오히려 한국 행정(학) 발전에 필요한 좀 더 진솔한 논의가 제약 받는 측면이 있음에 대한 학계의 아쉬움을 반영한 시도였음은 분명하다.

같은 시각에서 행정학 연구와 교육 그리고 실제 행정 간의 보다 긴밀한 연계가 필요함은 아무리 강조해도 지나치지 않다. 특히 응용학문으로서 혹은 '전문직업(profession)'으로서의 특성을 지닌 행정학은 행정의 '맥락'에 대한 이해를 바탕으로 연구 주제가 선정되고 방법론이 마련되고 교육되고 실천 되는 것이 바람직하다.[32] 미국 행정학의 이론과 교육과 실천이 모두 미국 특유의 '프라그마티즘(pragmatism)'에 연계되어 있음은 시사적이다(김호섭, 2009; 정용덕, 2009). 최근 탈근대주의 사조와 더불어 강조되고 있는 구성주의 철학도 행정학에서 관심을 기울일 필요가 있다(Jun, 2005).

행정학이 '과학'이냐 '예술(art)'이냐하는 근대주의 시대의 산물인 이분법적 논란도 이제는 넘어설 필요가 있다(정성호, 2001). 행정학은 본래부터 '과학'이자 '예술'이다. 행정에서 더욱이 거버넌스의 논의가 이루어지는 시점에서 중요한 연구 주제인 공공리더십의 문제가 좋은 예가 될 것이다. 리더십은 과학이나 예술 가운데 어느 한 가지에 의해서만은 규명도 실천도 어려운 주제다. 이제는 행정학에 태생적으로 내재된 과학에 더한 '예술'로서의 특성에 대한 (과학주의 시대에 형성된) 열등감을 넘어서서 오히려 행정학만의 장점으로 승화시킬 필요가 있다.[33]

앞에서 예로 든 공공리더십의 최종적 판단 기준이 공공윤리와 정당성이라는 지적에서도 알 수 있듯이, 행정에서 공공성, 행정이념, 윤리 등 규범이론에 대한 연구도 관심을 기울여야할 주제다. 더 나아가 이 주제들을 단순히 '행정철학'으로서가 아니라 '행정철학하기'로서 연구와 교육과 실천에 연계되도록 하는 시도도 필요하다(박정택, 2010).

'아날로그'에서 '디지털'로 그리고 '모바일(mobile)'로 그리고 그 다음은 어디로 튈지 예측하기 어려운 패러다임의 전환 시대에 굳이 종이 위에 활자화되어야만 비로소 행정학 연구인 것으로 인정받는 차원을 넘어서는 경우도 생각해 볼 수 있다. 예로써, 대학에서 교육받은 오케스트라 지휘자가 공연을 통해 이루어낸 예술 작품이 음반과 매체를 통해 전달되고 연구되고 후학에게 전

32) 이와 같은 취지에서 2001년에 한국행정학회가 주관한 일련의 행정학교육워크숍의 의미를 찾을 수 있다(김태영, 2001).

33) 행정학이 과학성이 부족하고 예술(혹은 '기능'을 연상시키는 표현인 '기술')이라고 하는 경우에 인접 학문의 학자들에게서 학교에서 연구되고 교육되기 보다는 행정실무 현장에서 일하면서 배워나가도 될 내용인 것으로 매도될지 모른다는 우려도 행정학자들로 하여금 예술성을 떠나 과학성만을 강조하도록 만들었을 가능성이 있다. 그와 같은 논리는 의학이나 경영학도 대학에서 연구와 교육이 이루어질 것이 아니라 병원과 회사 현장에서 일하면서 배워나가면 된다거나, 더 나아가 음악이나 미술이 대학에서 연구하고 교육될 필요가 없다는 주장처럼 합당하지 않다.

수되듯이, 공공리더십의 연구와 교육과 적용 그리고 전수가 입체적으로 연계되어 이루어지는 일종의 '공연(performance)'으로서의 행정학 연구와 교육도 상상해 본다.

표 1 행정학의 연구영역에 따른 시대별 경향의 분포 (단위: 편수, %)

분류 ＼ 기간	1967-1970	1971-1975	1976-1980	1981-1985	1986-1990	1991-1995	1996-2000	2001-2005	합계
행정이론 (행정학 일반)	9 (27.3)	11 (27.5)	11 (22.9)	17 (29.8)	25 (27.8)	38 (13.9)	66 (22.2)	54 (16.6)	231 (19.8)
행정학방법론	-	2 (5.0)	3 (6.3)	1 (1.8)	4 (4.4)	3 (1.1)	6 (2.0)	11 (3.4)	30 (2.6)
조직론	1 (3.0)	4 (10.0)	8 (16.7)	4 (7.0)	7 (7.8)	43 (15.8)	33 (11.1)	63 (19.3)	163 (14.0)
인사행정	-	5 (12.5)	6 (12.5)	5 (8.8)	3 (3.3)	9 (3.3)	23 (7.7)	23 (7.1)	74 (6.4)
재무행정	1 (3.0)	1 (2.5)	3 (6.3)	11 (19.3)	5 (5.6)	29 (10.6)	14 (4.7)	15 (4.6)	79 (6.8)
정책 및 기획론	5 (15.2)	6 (15.0)	6 (12.5)	9 (15.8)	13 (14.4)	34 (12.5)	21 (7.1)	19 (5.8)	113 (9.7)
행정관리 (행정정보)	5 (15.2)	-	1 (2.1)	-	3 (3.3)	12 (4.4)	14 (4.7)	26 (8.0)	61 (5.2)
지방자치 및 지방(도시)행정	10 (30.3)	7 (17.5)	-	4 (7.0)	11 (12.2)	65 (23.8)	61 (20.5)	65 (19.9)	223 (19.2)
분야별 행정·정책	2 (6.0)	4 (10.0)	10 (20.8)	6 (10.5)	19 (21.1)	40 (14.7)	59 (19.9)	50 (15.3)	190 (16.3)
합 계	33 (100.0) (2.8)	40 (100.0) (3.4)	48 (100) (4.1)	57 (100.0) (4.9)	90 (100.0) (7.7)	273 (100.0) (23.5)	297 (100.0) (25.5)	326 (100.0) (28.0)	1,164 (100.0) (99.9)

자료: 권경득, 2006: 627.

표 2 한국행정연구원의 분야별 기본 연구과제 수(수탁 연구과제 제외)

분 야		2007	2008	2009	계
공공관리	정부조직	6	0	1	7
	인적자원(부패방지포함)	9	4	6	19
	재정예산	2	6	3	11
	정부업무평가	4	3	4	11
	전자정부	3	1	3	7
사회관계	정부규제	5	3	3	11
	사회위험·안전관리	0	2	4	6
	협력·갈등관리	3	6	8	17
	소통·리더십	0	0	2	2
맥락	비교·지역연구	1	4	2	7
	역사·미래연구	1*	1**	1***	3
기초	공공성	0	1	0	1
	행정이념	0	0	1	1
계		34	31	38	103

주) *: 한국행정 60년, 1948-2008. **: 미래행정 연구-I. ***: 미래행정 연구-II.
자료: 한국행정연구원, 2009: 2.

CHAPTER 04

한국에서 행정학의 적실성에 대한 비판과 대안: 전문성과 고유성을 중심으로

박 통 희

Ⅰ. 문제의 제기

지난 오륙십년간 한국은 참으로 많은 것을 성취했다는 주장에 대해 큰 이견이 없다. 오늘의 한국을 만드는데 행정의 공과와 영욕에 대하여, 필자는 아쉬움이 있지만, 공과 영예에 점수를 더 준다. 그러나 행정학에 대하여도 그러기에는 망설여진다. 괄목할 만한 경제성장과 민주화에도 불구하고 OECD 국가 중 자살률 1위에 등극했고 세계 155개국 중 행복도에서 54위[1)]에 머무르

1) 세계적인 여론조사기관인 갤럽(Gallup)이 지난 2005-2009년 사이 전 세계 155개국의 국민들을 대상으로 실시한 행복지수 조사결과로 국민들의 전반적인 삶의 만족도를 나타내는 '인생평가'와 하루 동안의 행복도를 묻는 '일상경험'의 두 항목을 조사하여 행복정도를 계량화하였고, 한국은 54위로 나타났다. 조사 결과는 경제적으로 여유가 있는 국가들(특히 북유럽 국가들)이 상위권을 차지하고, 빈국인 아프리카 국가들이 하위권을 형성해 삶의 만족도와 소득 간에 어느 정도 상관관계가 있는 것으로 나타났다. 일부 경제빈국이 행복도 조사에서 최상위로 나타난 다른 조사와는 차이를 보이고 있다(http://forum.chosun.com/bbs.message.view.screen?bbs_id=105100&message_id=585332).

고 있는 실정이다. 학문으로서 행정학이 정부주도의 발전과정에서 비판의 역할을 충실히 하지 못했기 때문이다.

다행히도 한국에서 행정학의 학문으로서 위상과 역할에 대한 비판과 성찰은 지난 50여 년 동안 지속되어 왔다(이문영, 1963; 한국행정학회, 1969; 이종범, 1977; 박동서, 2004a; 강신택, 2005:29-38; 한국행정학회, 2005a, 2005b, 2005c; 박종민, 2006; 박종민·정무권, 2009).

> 1970년대 중후반 경에 행정학의 토착화 움직임이 있었지만, 여전히 미국식 행정학을 배우기에만 급급하고 우리의 창조적 사고를 크게 가미하지 못해 왔습니다. 그 결과 우리 학계는 한국의 행정현실을 제대로 설명·처방하지 못한다는 안팎의 비판에 직면하고 있습니다(한국행정학회, 2005c: 8, kapa@포럼 편집인 주).

이러한 비판과 성찰의 내용이 반복되면서(강신택, 2005: 30) 초점은 토착화 또는 한국화로 모아졌지만,[2] 논의가 심층적이지 못했음[3]은 물론 실천적 행위로 이어지지 못했다. 더구나 한국 행정학의 문제는 구조적인 문제보다는 한국 행정학자들의 자신감 부족에 기인한 것일지도 모른다는 의미 있는 지적

2) 한국에서 행정학의 연구에 대한 비판은 다양한 측면에서 논의되었다. 연구가 제대로 수행되고 있는가에 대한 비판은 연구의 기본가정 및 문제의식을 내포한 가치·논리체계, 인식론, 방법론 등과 밀접하게 관련된다. 동시에 다른 나라 및 학문분야와의 비교를 통해 문제가 제기된다. 한국에서 행정학의 경우 이 두 가지가 함께 나타나고 있어 논의가 더욱 복잡하지만, 보편성과 특수성을 중심으로 첫째, 토착화 논의는 외국이론의 수용과 활용을, 둘째, 한국화 논의는 한국에서 적실성을 높일 수 있는 창의적 이론의 개발을 어떻게 하면 제대로 또는 더 잘 할 수 있는가에 모아지고 있다.

3) 조성한(중앙대)은 2010년 12월 10일 한국행정학회 동계학술대회 한국화논단의 토론에서 과연 이러한 비판과 성찰이 얼마나 심층적으로 논의되었는가에 대한 반성이 필요하다는 의견과 함께 학회보에 게재될 정도의 심도 있는 연구를 촉구하였다. 박흥식(2005:14)도 "행정학 분야에서 토착화 연구는 그 동안 꾸준한 지속을 보였으나, 대부분 문제제기에 관한 것으로 년대별, 또는 방법상의 어떤 경향, 특징이나 발전을 찾아보기는 힘들다. … 90년 초를 기준으로 제목중심이나 이후 키워드 수준에서 검색되어 퇴조를 보여준다. … 독립적 논문 주제의 자리를 잃고 있다. … 외래 학문의 수입은 고유 것의 상실을 야기하는데, 토착화는 상실의 복원이다. … 한국 행정학의 토착화는 여전히 끝나지 않은 이슈이다."라는 견해를 펴고 있다. 필자도 이 연구를 위해 관련 문헌을 검토하면서 같은 생각을 갖게 되었다.

도 있다.[4] 한 발 더 나아가 최병선(본서 논평 참조)은 20세기 내내 과학철학적 논쟁의 중심을 차지했던 과학주의에 대한 자신의 신념을 토대로 그리고 개인주의적 성향이 강한 학문사회를 전제로, 보다 극명하게 "한국화 논의"를 자학 또는 열등감의 발로라고 비판하고 있다.[5]

> 이런 논의는 이제 그만 접어두어야 한다. … 사회과학에는 국적이 있다(혹은 있을 수밖에 없다)라고 말하는 사람들이 있지만, 이는 이론과 주장을 구분하지 못하는 소치요, 오해와 착각이다. … 본디 가설이나 이론은 과학적 검증의 대상으로 세상에 존재하는 것인데 … 기존의 가설이나 이론에 이의가 있다면 그 것을 반박하는 연구를 하고 대안 이론과 가설을 제시해 나가면 될 일이다. … 무릇 학문은 각자의 관심과 문제의식, 생각대로 하는 것이고, 그 수준은 천차만별일 수밖에 없다. … 각자가 "나는 이것이 올바르고 가치 있는 행정학 연구요 교육"이라고 생각해 연구와 교육에 임하는 것을 두고서 왈가왈부해본들 그것이 무슨 소용인가? … 나는 우리 학계가 집단적 자학 콤플렉스에 빠져 있는 것은 아닌지 묻고 싶은 심정이다(최병선, 본서 논평).

이러한 문제의식을 가지고 한국에서 행정학 연구에 대한 자학이 아니라 실천에 옮겨 질 수 있는 비판과 성찰에 기여할 수 있기를 기대하면서 본고에서는 첫째, 한국에서 행정학에 대한 비판을 적실성의 핵심인 전문성과 고유성의 부족에 초점을 맞춰 검토한다. 둘째, 한국 행정학계에서 지난 50여 년 동안 지속된 비판과 성찰이 실제 행정학 연구에 제대로 반영되지 않은 이유를 검토한다. 마지막으로 한국 행정학에 대한 이러한 비판과 성찰이 동반하는 실천적

4) 2010년 12월 10일 한국행정학회 동계학술대회 한국화논단의 토론에서 윤견수(고려대)는 한국에서 행정학의 문제점을 지식의 전달, 활용, 생산의 차원에서 진단해 볼 때 전달과 활용의 차원에서는 크게 문제가 없고 생산의 면에 주목해야 할 정도로 발전했고, 문명재(연세대)는 윤견수의 주장과 맥을 같이 하면서 적실성을 제고할 수 있는 이론의 창조적 개발을 가로막고 있는 문제는 한국행정학이 안고 있는 구조적인 특성보다는 한국의 행정학자들의 자신감 부족이라면서 한국 행정학자들이 좀 더 자신감을 가지고 창의적 연구를 시도할 것을 촉구하고 있다.

5) 한국행정학자들의 자신감 부족 또는 열등감은 학문사대주의와 불가분의 관계에 있다는 것이 필자의 생각이다.

한계를 극복하기 위한 대안으로 행정학자들의 공동체인 학회의 역할에 대하여 논의한다.

II. 한국에서 행정학의 학문적 위상에 대한 비판적 검토

1. 한국에서 행정학의 전문성과 고유성

한국에서 학문분과로 행정학의 위상을 기관형성의 정도와 연구내용의 적실성을 통해 검토해 보는 것은 의미 있는 일이다. 기관형성의 차원에서 한국의 행정학 위상은 한국의 대학과 대학원에 개설된 행정학과의 수, 매년 학사·석사·박사 과정에 입학하는 학생의 수, 행정학을 교육하고 연구하는 교수의 수, 매년 배출하는 행정학 학사·석사·박사의 수, 그리고 이미 배출해 낸 행정학 학사·석사·박사의 수 등에 의해 가늠해 볼 수 있을 것이다. 이러한 측면에서 전영평(2008: 3)은 "1970년 중반, 행정학과는 언론에 향후 발전가능성이 있는 신생학과로 소개될 정도에 지나지 않았으나 현재의 위상은 자타가 공인하는 인기학과이며 주류학과로 성장하였다"고 진단하고 있다.

실제로 한국에서 행정학 연구도 20세기 중반 이후에 괄목할 만한 양적 성장을 했다(백완기, 2003; 백완기, 2005; 한국행정학회, 2006: 61-402; 한국행정연구원, 2009). 그러나 한국에서 행정학은 기관화나 연구의 양적 팽창에 비하여 행정현상을 제대로 설명하고 처방하기 위해서 필요한 적실성에 있어서 만족할 만한 수준에 이르지 못했다는 의견이 지배적이다. 한국에서 전 세계에 유래가 없을 만큼 급성장한 행정학에 대한 비판과 성찰의 핵심 중 하나는 그 원인을 무엇으로 진단하든 행정학의 적실성 부족으로 모아진다(박순애, 2007: 323-325; 남궁근, 2005: 38; 허명환, 2005: 40; 문태현, 2005).[6)]

6) 박순애(2007)는 행정학의 적실성을 이론적 적실성과 실천적 적실성으로 나누고, 한국에서 전자는 행정학이 지나치게 미시적인 처방연구에 편향되면서 부족을 초래하였고, 후자는 행정학이 현장의 수요에 부응하는 정도인데 실무 공무원들을 대상으로 한 인식조사 결과 우려하지 않을 수 없을 정도로 낮은 수준이라고 진단한다. 문태현(2005)은 한국에서 행정

적실성을 저해하고 있는 원인[7]으로 첫째, 유행추수적으로 미국의 행정학을 수입하는데 치중한 나머지 한국의 맥락적 특성을 행정연구에 제대로 반영하지 못한 점을 지적하고 있다(이문영, 1963; 박문옥, 1969; 김운태, 1969; 박동서, 1994, 1999; 강신택, 2005: 24-40; 안병영, 2005: 6-10; 윤재풍, 2005: 10-12). 행정학이 어느 정도 활성화되었던 시점인 1969년 "한국 행정학의 반성과 진로"라는 한국행정학보의 특집에서 김운태(1969)는 "타국에서 발달한 여러 가지 학문이나 방법론이 … 철저하게 토착화하지도 못한 채 다른 (나라) 학풍의 영향에 쏠려 다음 단계로 이행하는 바람에 표면상으로는 눈부시고 활발할지는 몰라도 학구적으로 축적되어 가는 결실을 보지 못하는 경향이 있는 것 같다"는 점을 우려했다. 30년이 지난 시점에서 박동서(1999)도 "행정학도들이 … 우를 범하고 있는 것은 … 우리와 정치 행정의 발전단계가 크게 다른 영·미의 선례를 우리의 사정에 대한 주체적, 자아준거적 평가 없이 추종하는데 있다"고 개탄하였다.

둘째, 효율성 위주의 파편화된 미시적 처방연구에 몰입하였으며(임의영, 2006; 안병영, 2006), 특히 한국에서 몰가치적인 그리고 미시적이며 피상적인 처방연구에 몰두하는 현상이 지속되고 있는 점을 문제점으로 지적했다(안병영, 2005, 2006; 조석준, 2005a).

셋째, 논리실증주의에 입각한 과학주의적 방법론을 지나치게 선호하다 보니 인식론적으로 다양한 연구가 활성화되지 못하였으며 그 결과 비판기능을 거의 상실한 점을 꼽았다(김종술, 2005; 문태현, 2005; 임의영, 2006). 더욱

학 연구의 적실성 부족이 교육의 적실성 부족으로 이어지고 있는 점에 우려를 표명했다. 반면에 남궁근(2005: 38)도 "한국의 국정운영에서 행정학자들의 영향력이 상당히 크다고 할 수 있으며, 이는 실천적 측면에서 행정학의 한국화가 이루어졌음을 나타내는 증거"라고 하면서도 "행정학자들의 참여가 확대되었다고 하여 모두 적실성이 높고 타당한 정책을 수립하는데 기여했다고 볼 수는 없다"고 한다. 즉, 국정운영에 있어서 행정학자들의 영향력이 커졌다는 것 자체가 행정학의 실천적 적실성이 높아진 것을 의미하는 것은 아니라는 것이다. 심지어 허명환(2005: 40)은 "한국 행정부의 의사결정시스템에 대한 한국적인 가설과 이에 대한 검증 절차를 거친 이론의 도출이 매우 필요하나 그와 관련된 연구나 토론은 지극히 빈약한 것이 현실이다. 그럼에도 불구하고 학자의 현실 정치 참여가 왕성하다는 것은 그만큼 정책의 위험도도 높아진다는 것을 의미"한다고 주장하고 있다.

7) 한국에서 행정학의 적실성 부족의 원인에 대한 다양한 진단은 모두 가설이므로 실증적 분석에 의해 검증되어야 할 문제이다.

뼈아픈 점은 한국에서 행정학 연구에 과학주의적 연구방법론이 지배적으로 채택되고 있음에도 불구하고 과학성은 그다지 증진되지 않고 있다는 점이다(박종민, 2006). 이와 관련하여 한국 행정학계에 상반된 주장이 공존하고 있다: "… 한편에서는 과학적 정교함이 부족해 한국에서 미국과 견줄만한 '보편성'을 갖춘 '한국적' 행정학이 생산되지 못하고 있다는 주장이 제기되었으며, 다른 쪽에서는 반대로 우리 행정연구가 너무 계량중심적이고 과학지향적이어서 한국적 이론 창출이 어렵다고 지적되었다(김병섭, 2010: 4)."

또한 창립 50주년을 맞이하여 한국행정학회(2005a, 2005b, 2005c, 2006)도 그 간의 비판과 대동소이하게 한국에서 행정학 연구의 문제점으로 미국의 행정이론을 보편적 행정이론으로 받아들이는 과오, 인식론적으로 지나친 실증주의적 편향, 관리주의적 효율성의 편향적 추구, 그리고 학문적 유행에 대한 무분별한 추종을 지목하고 있다. 요약하건데 한국의 행정학계는 과학주의적 방법에 의해 미국 중심의 서구 이론과 모형을 한국에 적용하여 미시적이고 계량적인 연구에 치중해 온 결과 실천적으로는 물론 이론적으로도 적실성의 부족을 노정하고 있다는 것이다.

이러한 문제로 야기된 한국에서 행정학의 적실성 부족을 치유하기 위해 토착화 또는 한국화 논의가 지속되고 있다. "외부문화를 들여와 우리토양에 착근시켜 언젠가는 마침내 우리 것이 되도록 하는 과정으로(김경동, 2005)" 토착화 논의와 같은 맥락에서 "한국화 논의"를 바라보든, 아니면 외국이론으로 설명하기 어렵거나 안 되는 현상을 독자적이고 창의적으로 설명하기 위한 또는 우리의 문제를 우리의 시각에서 연구하려는 노력으로 정의하든, 한국에서 행정학 연구의 적실성 부족을 해결하기 위해 자생적으로 발생한 의미 있는 지적 노력이다.[8] 그러나 이와 같은 한국화 논의는 지나치게 보편성과 특수성의 관점에서 적실성을 바라볼 수밖에 없는 한계가 있다. 따라서 이 논문에서는 행정학의 적실성에 중대한 영향을 미치는 전문성과 고유성을 중심으로 한국

8) 이러한 한국화 논의에 대하여 문제인식이 잘못된 것이라는 입장에서 "… 무엇이 다른 연관 학문분야와의 대화와 소통을 막고 있는지, 무엇이 치열한 비판과 논란이 없는 학회를 만들고 있는지, 무엇이 이 땅에 학파라는 것이 자라나지 않게 만들고 있는지를 논의해야 한다(한국행정학회, 2006: 454, 최병선의 토론)"는 주장이 제기되었다.

에서 행정학 연구의 문제점을 검토한다. 더구나 전문성과 고유성은 행정학의 본질적인 문제인 정체성의 필요충분조건으로 볼 수 있기 때문이다.

(1) 한국에서 행정학의 전문성

전문성 없는 고유성과 고유성 없는 전문성은 모두 문제다. 행정학 연구의 초기에 행정의 개념은 연구대상을 기준으로 정의되었으며, 현재도 그러한 개념정의가 상당한 정도로 수용되고 있다. 행정학이 연구대상 조직들과 관련된 현상에 대한 연구를 얼마나 지배적으로 수행하고 있고, 그 결과로 생산된 이론과 지식이 연구대상과 관련된 현상을 이해하고 설명하는데 얼마나 도움이 되고, 문제해결을 위해 적절한 대안을 얼마나 잘 제시하고 있으며, 앞으로 나아갈 방향을 선도적으로 얼마나 잘 제시하고 있나? 이 질문에 대한 답은 유관학문에 대한 행정학의 상대적 전문성이 어느 정도인가를 묻는 것이다.

행정학의 전문성은 연구 대상과 주제에 관한 지식을 이론으로 체계화한 정도이다. 이런 측면에서 조직과 인사를 중심으로 한 전통적 관리에 관한 전문성의 면에서는 물론 재무·회계·정보관리의 전문성은 인접학문에 비하여 상대적으로 우위에 있다고 단언하기 어렵다. 이러한 원인을 연구대상 중심의 행정에 대한 개념정의(박동서, 1967a; 이종범, 1977; 강신택, 1987; 백완기, 1978)가 행정학의 외연을 지나치게 넓혀 놓으면서 연구의 초점이 흐려진데서 찾기도 한다(박종민, 2006). 설상가상으로 행정학의 연구대상은 신자유주의적 정부혁신의 결과 공공영역의 조직, 비영리 조직, 그리고 공동체 조직으로 더욱 확장되고 있다(정무권·한상일, 2009).

더구나 연구대상의 특성에 주목하는 경우에도 영미를 중심으로 연구된 결과에 의존하면서 관리에 대한 이해차원에서 휴리스틱을 제공하는 수준에 머물러 있다(Rainy, 1997). 조직 또는 관리에 있어서 공사조직 간의 차이는 불문법체계를 채택하고 있는 영·미에 비하여 성문법체계를 채택하고 있는 대륙법계통의 국가에서 더욱 주목해야 한다. 대륙법계에서는 각종 법이 정부의 조직과 운영에 훨씬 더 큰 영향을 미치기 때문이다. 우리나라는 대륙법계임에도 불구하고 공사조직의 차이에 대하여 법적 내용의 차이를 충분히 고려하지 않은 미국의 행태론적 연구를 답습함으로써 행정학의 연구대상인 조직들에 대한 전문지식을 개발하지 못했다.

한편 행정의 핵심을 "의사결정"으로 정의한 흐름(Simon, 1947)의 연장선상에서 행정학은 20세기 중후반에 관리를 넘어 정부정책에 대한 연구를 새로운 영토로 확장하였다. 이러한 경향은 연구대상의 다양화와 함께 연구내용의 다양화를 가속화하는 데 일조했다. 정책내용의 다양성으로 인해 행정학의 내용은 더욱 산만해졌고, 결국 전문성은 기대하는 수준에 이르지 못했다. 그러나 정책과정에 관한 연구에서는 인접학문에 비하여 우위를 보이고 있다. 예를 들면 외교정책 또는 환율정책이 어떤 과정을 걸쳐 결정되는가에 대한 과정적 연구에서는 행정학의 전문성이 국제정치학이나 금융경제학에 비하여 결코 뒤진다고 할 수 없지만, 외교정책 또는 환율정책 내용에 대한 연구에서는 우위에 있다고 보기 어렵다. 한 마디로 행정학의 경우에 연구대상의 다양성과 연구내용의 다양성이 복합적으로 뒤엉키면서 연구대상을 제대로 지배하지 못하고 있다.

더구나 "수많은 학자들이 찬 밥, 더운 밥 가리지 않고 정부 프로젝트에 매달리는 통에 행정학은 <정부용역학>이라는 경멸적 별칭을 얻기도 했다(한세억, 2006: 6)." 민주화 이후 한국행정학회의 연구용역은 급증하였으며(남궁근, 2006; 박순애, 2007), 동시에 한국행정연구원이 발족되어 한국행정학회를 능가하는 연구보고서를 발간했고(박순애, 2007: 328-330), 이러한 연구에 행정학 교수들이 다수 참여했다.[9] 민주화 이후 80년대 후반부터 정치사회적 정당성의 확보가 중요해지면서 학회에 연구용역 의뢰가 급증한 것으로 보인다. 적어도 1987년 민주화 이후 행정학자와 정부는 상호 밀접하고 빈번한 상호작용을 해왔으며, 정부용역은 그러한 상호작용의 중요한 통로였다.

한국에서 행정학자들이 정부의 연구용역을 상대적으로 많이 수행하고 있다는 점에는 크게 이의가 있는 것 같지 않다. 시대적 수요에 따라 다르지만 정

9) 정부용역 연구가 실제로 민주화 이후 갑자기 증가한 것인지는 실증적 확인이 필요하다. 6-70년대 군사권위주의 정부에서는 행정학자로부터 아이디어를 얻기 위한 것부터 관리기술의 전수 차원의 연구용역이 학회보다는 연줄을 매개로 행정학자들에게 개별적으로 발주되었을 수 있기 때문이다.

부는 정당성 확보, 개혁과제의 발굴, 문제해결대안 탐색과 설계, 관리기술의 학습 등 다양한 목적으로 용역을 활용한다. 문제는 정부용역 계약을 매개로 한 정부와 학계의 상호작용은 근본적으로 "갑"과 "을"의 관계에서 이루어지기 때문에, 행정학자들이 자유롭게 상상하고 비판하면서 객관적인 자료 또는 실증적인 자료를 토대로 엄정한 연구를 할 수 없다. "갑"이 정한 주제에 대하여 주문에 따라 그리고 기일 내에 납품해야 하기 때문이다. 결국 정부용역을 중심으로 한 학관의 교류는 연구대상이 필요에 따라 행정학을 지배할 개연성을 잠재적으로 안고 있다. 이러한 구조에서는 비판적인 연구는 물론 창의적인 연구와 심층적인 연구도 어렵다. 그저 선진 이론과 모형을 적용했다는 명분과 이를 토대로 한 정당화를 "갑"과 "을"이 묵시적으로 향유하면서 모방적 처방안을 내놓게 되는 것이다.

요약하건데 전문성에 있어서 행정학은 인접 학문분야에 대하여 상대적으로 취약한 면모를 보이고 있다. 연구대상의 다양성이 연구의 축적에 장애가 되었고 정부용역연구를 통한 학관교류가 모방적 연구를 부추기면서 전문성을 약화시켰다. 그렇다면 행정학의 입장에서 연구대상의 다양성을 줄이는 것이 현실적으로 가능한가? 인위적으로 연구대상을 제한하는 것이 바람직한가? 가능하지도 바람직하지도 않다면, 어찌해야 하는가? 또한 행정학자들의 정부용역 연구를 줄이는 것이 가능하고 바람직한가? 가능하지도 바람직하지도 않다면 어찌해야 하는가? 이러한 질문들에 대한 논의와 함께 연구대상의 다양성에도 불구하고 행정학의 전문성을 강화할 수 있는 방안을 탐색해야 한다.

(2) 행정학의 고유성

응용학문인 행정학은 사회의 기대로부터 자유로울 수 없다. 사회는 행정학에 대해 어떤 연구를 기대하고 있을까? 이러한 기대는 타학문분야의 행정학에 대한 기대 그리고 외국학자들의 한국 행정학에 대한 기대와 직간접적으로 관련되어 있다. 타 분야의 학자가 행정학의 문헌을 찾는다면 어떤 내용에 대한 것일까? 외국학자들은 한국의 행정학 문헌에서 어떤 내용을 찾으려 할까? 이러한 질문은 한국 행정학의 고유성으로 귀결된다.

> (한국) 행정학의 고유영역은 '한국 사회, 한국 정부, 한국의 공동체가 안고 있는 문제에 대한 행정학적 시각에서의 이론화 작업 그리고 해결책의 제시'라고 할 수 있을 것이다. 이렇게 되면 행정학 연구의 범위 문제는 여전히 모호하긴 하지만 쉽게 해결될 수 있다. 다만, '행정학적 시각'이 무엇인가에 대한 논의는 지속될 필요가 있다(하연섭, 본서 논평).

사회과학으로서 행정학은 권력 또는 권위에 의한 재화의 배분을 연구하는 정치학, "보이지 않는 손"인 가격에 의한 재화의 배분을 연구하는 경제학, 그리고 기업의 이윤극대화를 연구하는 경영학과 연구초점의 면에서 어떤 차이가 있는가? 박종민(2006)은 행정의 모호한 개념정의가 행정학의 정체성을 위협하는 중요한 원인이라고 지적하면서 행정을 "공동선의 달성을 위한 공적 권한과 자원의 사용"이라고 재정의했다. 임의영(2006: 87-110)은 더욱 직접적으로 행정학의 본질을 공공성으로 보고 공공성의 위기가 곧 행정학의 위기라고 진단했다. 공공성이란 "개인의 입장이 아닌 전체의 입장에서 현상을 보는 성숙함"을 토대로 공동체의 조화에 해당하는 '사회정의' 혹은 '공익'을 의미하며 참여와 동의를 통한 실질적 민주주의에 의해 구현된다고 한다. 행정학의 고유한 연구초점으로 공공성이라는 규범적 가치를 적극적으로 도입하고 있는 것이다. 즉, 정치학에서와 달리 행정학에서는 민주성을 공익, 공동선, 공공성 실현의 필요조건으로 보고 있는 것이다. 따라서 공공성의 실현에 기여하지 못하는 형식적 민주성보다는 실질적 민주성을 강조하고 있다(임의영, 2006: 107-110).

무엇을 연구하든 연구의 초점이 공공성과 민주성에 모아져야 행정학의 정체성 또는 타학문과의 차별성 즉, 고유성이 증진되어 학문적 존재의 의의를 공고히 할 수 있다는 진단들이다. 민주성을 토대로 공공성을 실현하는 정부를 "좋은" 정부라고 했고, 김광웅은(1997) "좋은" 정부에 기여하는 행정제도와 과정에 대한 연구가 행정학의 고유영역임을 주장했다. 임의영도 "개인의 입장이 아닌 전체의 입장에서 현상을 보는 성숙한" 민주적 과정에 의해 공공성을 증진시키는 것을 행정의 본질로 보고 있다. 성숙한 민주주의에서는 공익, 공공성, 또는 공동선을 증진시키는 정책이 정치적 과정을 통해 산출된다. 결국 행정에서 성숙한 민주주의 또는 실질적 민주주의를 어떻게 구현하는가에 행정학 연구의 초점이 모아져야 한다는 것이다. 한마디로 "좋은" 정부에 기여하는 행정제도와 과정에 대한 연구에 행정학의 초점을 맞춰야 한다는 주장이다.10)

이러한 측면에서 행정학의 연구초점으로 공공성과 민주성은 인접학문인 정치학과 어떤 차이가 있는가? 행정학의 본질은 정치적 속성에 있음을 강조하는 주장은 둘로 나뉜다. 하나는 현실 행정과정의 정치적 속성을 강조하는 주장(Sayre, 1947)이고, 다른 하나는 행정이 추구하는 목표로서 공동선, 공익, 공공성과 같은 가치를 강조하는 주장이다. 전자는 선거·투표·정당정치 과정에 주된 관심을 갖는 정치학과 달리 행정학의 연구초점은 정부관료제에 의한 정책과 관리를 통한 재화의 배분에 있으며, 후자는 다른 사회과학 분야에 비하여 행정학은 개인보다는 공동체 이익에 연구의 초점을 맞출 필요가 있음을 지적하고 있다. 행정학의 고유한 연구초점으로서 공익, 공공성, 공동선을 증진할 수 있는 방안, 즉 "좋은" 정부를 구현할 수 있는 방안을 초점으로 하여 규범적으로만이 아니라 정부관료제를 중심으로 한 재화배분의 과정을 실증적으로 연구해야 고유성이 확보된다는 것이다.11) 국회의 대정부질의과정에서 정치인인 국회의원들의 질의에 대한 행정부의 고위공직자들의 답변과정에서 날선 공방은 공공성·공익·공동선과 세속적인 정치적 이해관계 간의 차이를 중심으로 이뤄지는 것은 좋은 예가 될 수 있다. 행정이 정치로부터 자유로울 수는 없지만 역시 행정은 정부관료제를 중심으로 공공성·공익·공동선을 현실 정

10) 심지어 절차적 합리성을 토대로 실질적 합리성을 제고하는 인간의 협동적 행동을 행정의 핵심으로 본 Simon(1947)의 주장도 암묵적으로 이와 맥을 같이 한다. 한편 이러한 협동적 행동의 실질적 합리성이 내포한 규범성의 한계를 지적하면서 Vincent Ostrom (1980)은 자유주의 관점에서 합리적 선택이론을 토대로 "민주적 행정이론"을 대안으로 제시한다.

11) 최병선(2010)은 행정학 연구의 초점으로 공공성과 민주성이 동반하는 규범적 연구의 반실증성에 초점을 맞춰 오히려 "행정학/정책학에 이론다운 이론이 생겨날 수 없는 이유는 연구의 목표와 가치를 행정의 공공성과 민주성에 두고 있기 때문이다. 이런 연구야말로 '이론이 현실과 동떨어져 있다.'는 그 흔한 비판을 불러오는 연구들이다."라고 비판하지만, 필자는 이러한 주장은 이론의 사회구성 작용에 대한 몰이해에서 비롯된 것이라는 견해를 가지고 있다.

치로부터 벗어나 추구하고 지킬 것을 사회로부터 요구받는 측면이 있다.

한편 미국행정학의 태동과는 달리 정치적 민주화가 요원했던 한국의 맥락적 특수성을 인식한 한국행정학계에서는 태동기부터 민주성을 강조했다(정인흥, 1955; 박동서, 1967). 당시 한국의 정치적 여건에서 민주성은 공공성 실현을 위하여 매우 중요한 조건이라는 인식 때문이었을 것이다. 그럼에도 불구하고 지난 60년 동안 한국에서 행정학 연구는 민주성의 문제는 제쳐놓고 효율성에 초점을 맞춘 연구에 치중하였다. 민주성의 문제는 정치학의 연구과제라는 행정학자들의 묵시적 고정관념 때문이었을까? 아니면 군사권위주의 정부의 통제와 억압 때문이었을까? 한국에 행정학의 씨앗을 뿌린 정인흥의 진정성 어린 인식이나 초기에 한국 행정학을 이끌어 온 박동서의 끊임없는 노력을 보면 전자는 아니었던 것으로 보인다. 또한 6.29 민주화 선언이후에 각종 시민단체가 폭발적으로 늘어 난 것이나 NIMBY 현상이 급격하게 늘어난 지난 20여년 동안에도 한국의 행정학계에서 민주성에 대한 연구가 진흥되지 않은 것을 보면 후자도 아닌 것으로 보인다.[12)]

첫째, 한국의 행정학 연구에서 공공성과 민주성에 대한 연구의 부족은 미국 중심의 효율성을 강조하는 행정이론을 받아들인 점과(윤재풍, 2005) 한국의 행정학자 양성구조와 밀접하게 연계되어 있다. 작금의 한국 행정학의 모태는 미국 행정학이고, 미국 행정학은 효율성을 강조하는 우드로우 윌슨의 정치·행정 이원론에서 출발하였기 때문이다. 미국의 행정학은 민주성의 구체화 과정에서 제도의 파행적 운영으로 발생한 엽관제의 폐해를 진보운동(progressive movement)을 통해 바로 잡는 과정에서 효율성을 강조하면서 태어났다. 19세기 말 미국의 경우 시민혁명을 토대로 하여 민주성이 상당한 정도의 수준으로 충족되어 있었고, 이러한 맥락에서 20세기 미국 행정학은 민주성이나 공공성보다 효율성 위주의 연구에 매진한 것이다. 이와 같이 효율성을 중점적으로 추구하는 미국에서 한국의 행정과 행정학계의 엘리트들의 대부분이 20세기 중반 이후 지금까지 대학원의 석·박사과정을 이수하였다. 미국에서 양육된

12) 물론 군사권위주의 시기에는 행정학만이 아니라 모든 사회과학에서 민주성에 대한 논의가 억압되었다.

한국의 행정 엘리트들이 극히 일부를 제외하고 대부분 효율성에 초점을 맞춘 연구를 주로 하는 이유는 이러한 구조적 왜곡과 이로 인해 발생한 미국 콤플렉스(정성호, 2005)에 기인한다. 그리고 일부 성찰적 행정학자들이 민주성과 공공성에 대한 연구가 중요하고 필요함을 역설하였지만, 한국의 행정학계에서 후학들을 이끌어 갈 정도의 리더십을 행사하지는 못했다.

둘째, 한국의 행정학 연구에서 공공성과 민주성이 주변으로 밀려난 중요한 이유는 한국행정학이 지배적 방법론으로 수용한 과학주의적 방법론의 결함에 있다는 것이다(안병영, 2006; 임의영, 2006). 논리실증주의적 인식론과 계량적 방법론을 양 축으로 하는 과학주의에서 사실과 가치를 분리하여 사실적 증거를 중심으로 행정학 연구가 진행되면서 민주성이나 공공성과 같은 가치에 대한 연구가 주변으로 밀려났다는 주장이다. 그리고 후기행태주의와 신행정학(Frederickson, 1980)에서 가치를 연구의 대상으로 수용하였다고 해도 이러한 문제를 해소하는 데는 그다지 기여하지 못했다. 이런 점에서 필자는 행정학에서 공공성과 민주성에 대한 연구의 부족은 인식론이나 방법론의 문제라기보다는 한국 행정학자들의 관심이 구조적으로 왜곡된데 더 큰 원인이 있다고 본다. 왜냐하면 공공성과 민주성에 대한 실증적 연구에 어려움이 있기는 하지만 이에 대한 연구가 반드시 규범적 관점에서 수행되어야 하는 것은 아니기 때문이다.

셋째, 한국의 행정학연구에서 용역연구의 과다한 비중이 민주성과 공공성에 대한 연구를 고갈시켰다. 학자들 개인의 연구역량은 희소재화다. 그리고 한국 행정학계의 연구역량도 역시 희소재화다. 20세기 중후반 정부주도의 고속 경제성장과정에서 이해 또는 가치 갈등은 군사권위주의를 통해 상당부분 억압되었기 때문에 정부가 관심을 가진 문제는 오로지 효율성을 증진하는 방안이었다. 그리고 정부가 효율성 위주의 문제해결 대안을 찾는 중요한 통로의 하나가 용역연구였음을 부인하기 어렵다. 그러한 정부용역의 상당부분을 행정학자들이 수행하였다. 즉, 경제성장을 위한 산업화와 민주화 투쟁이 동시에 진행되었지만 행정부는 민주성과 공공성의 증진에는 거의 관심이 없었고, 6.29 민주화 선언 이후 지금까지도 그러한 관행은 지속되고 있다. 민주화 이후에도 제왕적 대통령제의 행정우위적 권력 구조를 토대로 진정한 의미의 민주성보다는 정당화의 차원에서 정부의 연구용역이 활용되고 있다. 한 마디로 권위주의적 성향과 관행에 젖어 있는 행정부가 발주한 용역을 수행하면서 민주성 또는 공공성에 초점을 맞추는 것은 불가능하다. 더구나 용역연구는 예산회계년도에 맞춰 단기간에 수행되어야 하기 때문에 심층적 연구를 어렵게 만들어 비판 또는 성찰의 단계에서 고민하는 것은 원초적으로 불가능하였다. 즉, 학자들이 알고 있는 지식을 단순 적용하는 수준에 머물 수밖에 없어 진지하게 민주성, 공공성, 공익, 공동선, "좋은" 정부에 대한 고민을 할 수 없었던 것이다.

넷째, 한국의 낙후된 경제여건이 민주성과 공공성 보다는 행정학계로 하여금 효율성에 역점을 둔 연구에 관심을 두게 만들었을 개연성을 부정하기 어렵다. 보리고개가 없어진 게 얼마 전의 일이다. 일제로부터의 해방 이후에 한국행정의 당면과제는 민주성과 효율성의 증진이었다. 행정에 있어서 민주성과 효율성은 상호 대립적 가치로 인식되어 왔다. 이러한 상충적 가치에 대한 상대적 중요성 인식은 개인적 가치관에 따라 달랐겠지만, 결과를 놓고 볼 때 한국행정학계는 상대적인 측면에서 정치학이나 사회학에 비하여 효율성에 역점을 두어왔다. 이러한 관점에서 본다면 한국 행정학계가 지난 60년 동안 효율성 위주의 연구를 한 것은 우리나라가 처한 맥락적 귀결일 개연성이 높다.

마지막으로 공공성과 민주성에 더하여 "행정학의 연구 대상이나 내용을 관통하는 연구초점으로 정치학의 권력, 경제학의 가격, 경영학의 이윤에 버금가는 개념으로 고유한 주제는 없을까?"라는 질문을 던진다.13)

13) 하연섭(2010)의 "행정학적 시각"을, 최병선(2010)의 "정부의 속성, 정치와 행정, 정책·제도·개혁의 정치경제적 속성에 대한 깊은 이해를 위한 이론의 개발"을 특히, 행정과 정책에 대한 "negative knowledge"를 꿰뚫을 수 있는 개념을 탐색할 필요가 있다고 주장한다. 2010년 12월 10일 한국행정학회 동계학술대회 한국화논단의 토론에서 윤견수(고려대)는 다산 정약용의 "목민" 개념을 유사한 사례로 들었다.

그림 1 **한국에서 행정학의 학문적 위상을 저해하는 요인**

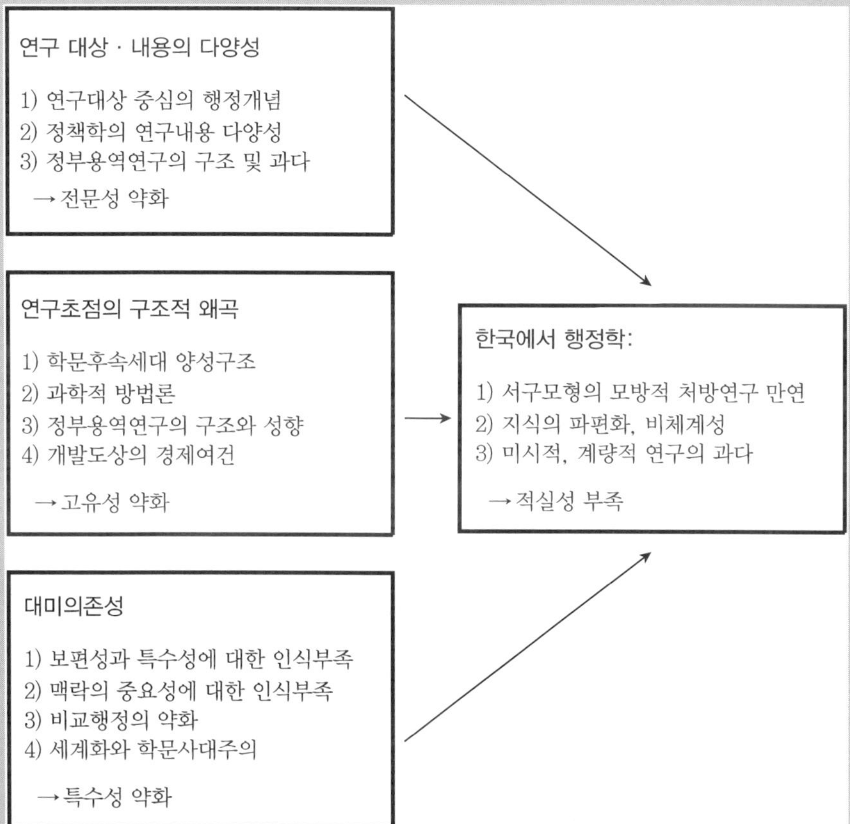

2. 한국에서 행정학의 대미의존성

현재 한국 행정학 연구자의 숫자는 이미 미국 다음이다. 그러나 등치만 컸지 대차 대조표는 적자이다. … 행정학 이론 형성의 중심부에 서지도, 연구자 규모에 맞는 역할이나 기여도 아직 충분하지 않다. 미국 행정학과의 관계는 대등 교류보다는 수입 일변, 사고(new ideas)의 종속을 드러낸다. … 제도 실패 이유를 전통적 가치에서 찾으면서도, 정작 이를

> 추출해 이론화하지는 못한다. 한국 환경, 문화적 차이를 예각으로 이론화하는 뒷심 부족 탓이다(박홍식, 2005: 16).

한국의 행정학은 어느 학문분야보다도 미국에 대한 의존성이 높다. 우리나라 행정학의 대미의존성은 일제로부터 해방과 함께 시작된 미국의 원조계획에서 시작되었다. 한국에서 행정학을 이끌어 온 1세대와 2세대의 리더들 거의 대부분이 미국에서 학위를 취득했다. 지금도 행정학 분야의 박사학위를 취득하고자 하는 우수한 학생들은 압도적으로 미국의 대학원을 선호한다. 한국 행정학의 대미의존성은 이와 같은 학문후속세대의 양성구조에서 비롯되었다.

이러한 대미의존성의 문제는 한국에서 행정학의 적실성 부족과 직접적인 관련이 있다(안병영, 2005; 이종범, 2008; 김병섭, 2010: 6-8). 한국에서 행정학의 적실성 부족에 대한 인식은 1970년대 초반 토착화 논의로 거슬러 올라가며 최근의 한국화 논의(한국행정학회, 2005b, 2005c)로 이어지면서 한국의 행정학 발전에 적잖이 기여했다(백완기, 2010; 김병섭, 2010).

미국 행정학의 특수성에 대한 무관심과 미국행정이론의 활용과정에서 한국적 맥락을 감안하지 못해 야기한 한국행정학의 시행착오는 향후 연구를 위해서 아무리 강조해도 지나치지 않다. 미국에서 개발된 행정이론은 상당부분 미국의 특수성이 반영된 이론이지 모든 나라에 적용될 수 있는 보편적인 내용만으로 구성된 것은 아니다. 너무도 당연한 이러한 점이 그 간 한국 행정학계에서 소홀히 다루어져 왔다. 미국만이 아니라 모든 외국의 행정이론이 특수한 맥락을 토대로 개발된 이론이므로, 이러한 이론을 수용하여 한국에 적용하는 경우에 이론이 개발된 나라의 맥락과 한국의 맥락적 특수성을 동시에 고려해야 한다. 이 또한 너무나 당연한 일인데 한국의 행정학계에서 소홀했다. 한국 행정학계의 이러한 소홀함은 미국(또는 서구)의 행정이론이 선진이론이라는 인식을 토대로 한 콤플렉스에 기인한다(정성호, 2005). 보편성과 특수성을 논하기 전에 미국 행정이론의 선진성이 단순모방적 학습과 적용을 정당화했고, 이러한 정당화에는 학문 사대주의적 문화가 환경으로 작용했다. 이러한 모습은 우리의 역사 속에서 뼈아프게 발견된다.

> 조선의 사림파는 주자학의 형이상학적 측면과 도덕적 언명을 거의 교조적으로 소화하고 받아들였다. … 주자학의 이기(理氣), 화이(華夷)의 구도가 중화민족의 이민족에 대한 승리의 필연성을 확신시키고자 한 정치적 의도를 다분히 반영하고 있음을 충분히 이해하지 못하고 … (박병련, 2005: 18).

토착화 논의의 핵심은 미국 행정이론의 보편성과 미국적 특수성을 파악하여 보편성을 가진 내용은 적극 수용하고, 미국적 특수성이 반영된 내용은 한국적 특수성을 감안하여 선별적으로 수용내지는 수정해서 적용해야 한다는 것이다. 이와 같이 외국이론의 보편성과 특수성을 분별해 내려면 비교연구가 필요함에도 불구하고, 한국행정학계에서는 1960-70년대에 필요성을 인식하고 소개를 위한 교과서적 저작과 번역서가 소수 출간되고는 자취를 감췄다. 20세기 후반에 미국에서 비교행정연구가 활성화되지 않았기 때문일 것이다. 만약 20세기 후반에 미국에서 행정에 대한 비교연구가 활성화되었다면, 틀림없이 한국에서도 비교연구가 번성했을 거라고 말하면 지나친 것일까? 1990년대 후반부터 미미하기는 하지만 질적으로 향상된 비교연구가 조금씩 늘어나고 있다(이도형, 2006: 215-217). 비교연구에 의해 뒷받침되지 않은 토착화 논의는 독선적 내지는 맥락적 합리화로 흐를 위험성이 있다. 더구나 토착화 논의는, 대전제가 일단 선진 이론을 수용하는데 초점을 두고 선별 적용 또는 수정 적용하는 선에 머물렀기 때문에, 한국 행정학계에서 창의적인 행정이론을 개발하는 바람을 일으키지는 못했다. 바로 이러한 문제점이 토착화 논의를 넘어 최근에 일고 있는 한국화 논의를 촉발한 것으로 볼 수 있다.[14)]

한편 토착화 및 한국화의 논의와 병행하여 20세기 말부터 일기 시작한 세계화의 문명사적 바람이 행정연구에도 거세게 불기 시작했다. 세계화와 함

14) 창의적이면서 특수성만이 아니라 보편성을 지향하는 한국화 논의는 1990년대 후반부터 비교연구를 되살리는 데에도 일조를 하고 있다. 한국화 논의의 핵심은 한국적 맥락에서 행정현상을 바라보고 특수성만이 아니라 보편성이 반영된 행정이론의 독창적 개발을 촉구하는 것이다. 한편 한국화 논의가 변증법적이고 구성적인 과정이 아니라 특수성이 보편성을 지배하여 배타적, 폐쇄적, 제국주의적으로 흐를 개연성이 있음을 경계하는 목소리도 적지 않다(김종술, 2005: 15; 안병영, 2005a: 8; 오석홍, 2005; 정무권, 2005).

께 행정개혁의 슬로건으로 채택된 것은 글로벌 스탠다드를 기준으로 행정을 바꿔야 한다는 것이다. 그리고 글로벌 스탠다드는 미국과 서구 선진국들의 행정이론에 의해 규정되었다. 토착화와 한국화의 논의를 무색하게 하는 거대한 바람이다. 이종범(1986)은 인류학적 논의를 토대로 (행정)이론의 발전단계를 선진이론을 무비판적으로 수용하는 단순모방단계, 비판적으로 수용하는 적응모방단계, 특수성을 토대로 새로운 이론을 개발하기 시작하는 창조태동단계, 그리고 마지막으로 특수성을 토대로 개발된 이론이 보편이론으로 발전하는 학문 성숙단계로 이행한다는 이론의 선형적 발전가능성을 피력했다.

이러한 선형적 발전단계론에 의하면 우리나라의 토착화 논의는 적응 모방단계의 학술활동으로, 한국화 논의는 창조 태동단계의 학술활동으로 규정할 수 있다. 그러나 세계화는 한국에서 이러한 선형적 발전경로를 사실상 뒤흔들어 버렸다. 그리고 이러한 흐름은 한국행정학회의 kapa@포럼이 기획특집으로 "한국행정학의 한국화: 행정학 연구의 한국화"를 다루는 계기로 작용했을 것이다(한국행정학회, 2005b, 2005c). 한국 행정학의 대미의존성에 대하여 다음과 같은 반론도 있다.

> … 토착적 이론이 아니라 세계 학계에서 통할 이론을 만들어낼 때까지는 이론 수입을 부정적으로 볼 이유가 없습니다. … 그 이전에는 이론 수입의 중개상으로서 학자의 역할이 부끄러운 일도 아닙니다. 우리에게 부끄러운 일은 쓸만한 이론에 대한 감식력의 부족입니다. 한국에서 출발한 쓸만한 이론을 단순히 한국 사람이 주장했다는 이유로 간과하는 어리석음을 저지르지 않기를 기도하고 싶은 마음입니다(한국행정학회, 2006: 444, 김영평의 토론).

그러나 학문 후진국에서 선진국 학문을 모방학습하는 것이 무조건 문제라는 것은 아니다. 미국 다음 규모의 행정학 공동체를 형성하고 있는 현재의 시점에서 한국의 행정학계가 여전히 "세계 학계에서 통할 이론을 만들어 낼" 여건이 되지 않았다고 보는 시각과 학문의 발전이 선형적으로 이루어진다는 논리를 경계할 필요가 있다는 것이다. 세계화는 서구의 이론과 모형을 한국에서 바람직한 미래행정의 상으로 정당화해 버리면서 또다시 한국행정학계가 서구 선진국과 미국의 행정모형을 단순 모방하는 경향을 강화시키고 있다. 그리고 한국의 특수성과 관련된 연구나 한국이 당면한 문제에 대한 독창적 연구가 상대적으로 위축되고 있다.

따라서 한국적 맥락에서 행정현상을 인식하고 이론을 개발하는 것은, 다소의 시행착오를 겪더라도, 행정학 자체의 발전을 위해 바람직할 뿐만 아니라 인류사회의 발전을 위해서도 바람직하다. 다양성을 토대로 행정이론의 창의성과 적실성을 높이는데 기여할 것이기 때문이다. 한국 행정학에 대한 지속적인 비판과 성찰로서 "토착화와 한국화를 위한 논의"가 세계화의 와중에 한국의 행정학계로 하여금 딜레마이론(이종범 외, 1994; 윤견수 외, 2000; 소영진 외, 2008), 시차이론(정정길 외, 2005; 임도빈, 2009)과 같은 독창적인 행정이론을 내놓는 초석이 되었던 것은 아닐까? 한국사회의 압축성장 과정에서 정치, 경제, 사회의 급속한 변화로 인해 폭발한 갈등, 대립, 모순과 시행착오는 그 어느 나라에서보다도 극명했고, 딜레마이론과 시차이론은 이러한 맥락에서 개발된 행정이론으로 평가한다. 이러한 행정 이론 또는 모형은 한국적 맥락에서 개발되었지만 특수성만 가지고 있는 것이 아니라 보편성을 가지고 있기 때문에 행정학의 발전에 기여할 잠재성이 크다.

Ⅲ. 한국에서 행정학의 적실성 제고 방안

한국 행정학이 안고 있는 문제에 대한 비판은 모든 문제를 오롯이 행정학자들 자신에게 귀인 및 귀책하는 차원에서 반복되어 왔다. 즉, 한국에서 행정학이 안고 있는 문제는 그 자체에 해결방안을 담고 있으며, 묵시적으로 그 기제와 책임이 모두 행정학자들 개개인의 학문하는 철학, 양심, 그리고 실천에 달려있다고 전제했다. 이제는 집합적 또는 공동체적 차원에서 문제를 해결할 수 있는 대안을 모색해 볼 시점이다. 이러한 관점에서 행정학 연구에 대한 비판을 통해 지적된 문제들을 중심으로 행정학의 전문성과 고유성을 증진하여 적실성을 높일 수 있는 실천방안을 행정학 연구 자체와 이를 둘러싼 사회구조의 차원에서 각각 세 가지씩 귀납적으로 제시한다.

1. 연구대상의 연역적 분류체계 개발

행정학의 연구대상이 무엇인가는 행정의 개념에서 비롯된다. 그럼에도 불구하고 행정의 개념을 연구대상에 의해 정의하는 전위가 발생했다. 이러한 전위현상은 삼권분립의 구도에 입각하여 집행부가 하는 활동을 행정으로 정의하고, 이를 연구하는 학문을 행정학으로 보는 결과를 초래했다(박종민, 2009). 이와 같이 전도된 행정의 개념이 정치·행정이원론을 논거로 관리기술적 현상에 어설프게 경도되면서 학문성을 위협받게 되자 행정의 본질을 정치적 속성, 사회적 형평성, 공공성 등을 중심으로 재조명하게 되었다.[15] 더구나 행정국가화가 집행부의 기능을 확장시키면서 그리고 20세기 말부터 세계화를 동력으로 추진된 신자유주의적 정부개혁이 공공의 영역을 구조적으로 변형시키면서 더욱 다양하고 복잡해졌다.

삼권분립에 기초한 행정부의 기능적 다양성과 구조적 다양화는 행정학 연구들을 분산시켜 하나의 학문분야가 갖추어야 할 체계적 통합성을 약화시켰다. 이와 같이 과도한 분산은 행정학의 학문으로서 정체성은 물론 전문성을 약화시키고 있다. 전문성의 제고는 동질적인 현상에 대한 연구들이 집적됨으로써 가능해지는 것이다. 이를 위해서 행정학 연구대상의 분류체계를 우선적으로 개발하고, 분야별로 연구의 양적 증가와 질적 고도화를 추구해야 한다.

---

15) “정치와 행정” 또는 “가치와 사실”의 논란에서 비교적 자유로우면서 “기업의 이윤”이라는 고유한 개념을 중심으로 전문성을 확보한 경영학은 기업의 관리기능을 중심으로 연구분야를 나누어 재무관리(↔재무행정), 조직인사관리(↔조직관리, 인사행정), 회계학(↔정부회계학), MIS(↔정보체계론), 마케팅, 생산관리 등 기술적 전문성을 강화하는데 성공했다. 이와 같이 기능적으로 전문화된 경영학 이론을 행정학이 관리이론의 측면에서 적지 않게 차용하고 있다. 한편 윤성식(고려대)은 2010년 11월 13일 고려대학교 행정학과·정부학연구소·BK21연구단이 공동주최한 세미나 “한국 행정학의 방향: 교육, 연구 및 제도”(고려대학교 백주년기념관)에 대한 토론에서 경영학이 전문성을 확보하게 된 원인을 이러한 연구를 재정적으로 지원할 수 있는 여건을 가지고 있기 때문이라고 진단하였다.

분류의 기준은 행정학의 다양한 연구대상을 관통하고 있는 개념을 토대로 배타적이고 망라적이면서도 가급적 단순한 연역적 분류체계를 만들 수 있어야 한다. 연구대상이 산만하고 다양할수록 체계적으로 분류할 수 있는 유형분류체계가 필요하다.

조석준(2005b: 9)은 정부조직들도 목적이나 기능적 특성에 따라 명백하게 구조, 절차, 행태가 다르기 때문에 행정안전부론, 재정경제부론, 노동부론 등과 같이 나누어 연구될 필요가 있음을 피력했다. 또 다른 예로 「한국행정60년, 1948-2008」(한국행정연구원, 2009)은 정부조직의 유형을 국정관리조직, 외교·안보조직, 산업경제조직, 사회·문화행정조직, 교육·환경조직으로 분류하고 있다. 그런데 이종범(2009: 357-8)은 이러한 분류체계에 대해 기준이 모호하고 실익이 분명하지 않다고 지적하고 있다. 행정학의 연구결과를 정리하기 위해서 임기응변적으로 분류체계를 고안했기 때문이다. 연구 대상과 내용이 다양한 행정학의 경우에 논리적으로 타당성이 충분한 분류체계는 연구의 구심점 역할을 할 수 있음은 물론 연구결과의 축적에 기여해 전문성을 제고시킬 것이다.

2. 행정학의 고유한 영역으로서 "평가"의 개념 재정립

행정에서는 무엇이 시장에서 가격, 정치에서 권력, 기업에서 이윤에 버금가는 역할을 하는가? 행정의 영역에서는 "평가"가 그런 역할을 한다. "평가"는 시장과 비시장의 영역을 구분하는 요소임과 동시에 정치와 행정을 구분하는 요소라는 점에 주목해야 한다. 권위에 의한 자원의 배분에 대한 통제는 선거와 투표만이 아니라 행정과정에서 "평가"에 의해 이루어진다. 즉, 행정학의 다양한 연구대상을 관통하는 연구초점인 공공성과 민주성의 실현은 정확하고 객관적이며 공정한 평가가 뒷받침되지 않고는 매우 어렵다. 정책평가[16]만이 아니라 조직성과평가, 근무평가 등 이루 말할 수 없을 정도로 많다.[17]

16) 노화준(2010)은 정책평가의 사회구성적 기능에 초점을 맞춰 발전평가와 발전적 평가의 개념을 구분하고 사회설계의 과정에서 발전적 평가의 중요성을 주장하였다.

17) 2010년 12월 16일 행안부 고위간부들과 자체평가위원회 위원들의 오찬석상에서 평가의 중요성에 대한 논의가 비공식적으로 있었다. 대부분 평가의 중요성을 인식하고 있음은 물

그럼에도 불구하고 행정학에서 다양한 평가를 체계적으로 연구하려는 노력이 부족했다. 더구나 정확하고 객관적이며 공정한 "평가"에 관한 연구를 피평가자인 정부가 스스로 지원하기 어렵기 때문에 행정학의 핵심영역임에도 불구하고 소외되었다. 미국에서는 시민혁명에 의해 쟁취된 민주정치에 의해 정책에 대한 평가가 상당한 수준으로 제도화되어 있다. 따라서 미국에는 미시적이고 관리적인 차원에서 효율성에 대한 평가와 개별적인 정책에 대한 평가에 대한 연구가 발전되었다. 그러나 우리나라는 풀뿌리 민주주의의 기반이 약하기 때문에 행정의 공공성에 대한 평가와 아울러 거시적 차원에서 민주성과 효율성의 관계에 대한 평가의 모형을 정립하고 구체적인 방법을 창안해 내야 한다.

한 마디로 비시장적 영역에서 가격을 대신하는 것은 평가다. 비시장 영역이 제대로 작동하려면 평가가 제대로 이루어 져야 한다. 시장영역과 달리 정부의 경우에 관리의 일반적 기능인 조직·인사, 재무·회계, 정보관리, 그리고 정책을 관통하는 기능이 바로 평가다. 평가는 행정학이 가격과 권력을 중심으로 하는 학문들에 비하여 전문성의 면에서 우위를 차지할 수 있는 잠재적 개연성이 있는 연구영역이다. 최근에는 평가에 한계가 있으니 시장으로의 회귀를 대안으로 내놓았고, 그 것이 신자유주의적 혁신이다. 그러나 정부, 공공, 비영리의 기능을 아무리 시장으로 회귀시켜도 남을 수밖에 없고, 그러한 영역의 원활한 작동은 평가에 의해 좌우될 것이며, 그래서 평가는 행정학의 다양한 연구대상을 관통하는 기제일 수밖에 없다.

결론적으로 다양한 행정학 연구대상을 관통하는 공통점은 공공성을 민주적으로 추구하는 것이며, 이는 평가에 의한 인위적 통제와 평가의 환류에 의한 학습이 제대로 될 때 가능하다. 이러한 본질적인 점을 토대로 학습의 관점에서 공공성을 민주적으로 추구하는데 필수적인 점을 토대로 평가의 개념과 모형을 재정립하고, 그러한 틀 안에서 평가의 체계 그리고 다양한 유형과 이

론 현재도 공식적으로 정부부처는 약 10여 종의 평가를 받고 있다고 했다. 그리고 총체적으로 볼 때 평가가 직무수행에 긍정적인 영향을 미친다는데 동의하면서 동기부여의 차원만이 아니라 학습의 차원에서 평가는 공직자들의 직무수행에 큰 도움이 된다는 점을 지적했다.

에 따른 구체적 방법을 연구·개발하여야 한다.

3. 과학적 방법론에 의한 공공성·민주성 연구

논리실증주의적 인식론에 의해 공공성이나 민주성과 같은 가치현상을 연구할 수 없는 것이 아니라 그러한 현상을 실증적으로 인식하는 게 어려울 뿐이라는 점에 주목해야 한다. 공공성과 민주성은 질적인 현상이기 때문에 경험적으로 측정할 수 있도록 조작화하는 것이 매우 어렵다. 물론 사회현상을 실재론적 인과주의의 관점에서 분석하는 과학주의는 인간의 상상력과 의지가 작용하여 발현되는 공공성과 민주성을 연구함에 있어서 한계가 있을 수 있다. 그러나 이러한 한계를 인정한다고 하더라도 과학주의가 지배적 연구방법론으로 채택되었기 때문에 행정학 연구에서 공공성과 민주성에 대한 연구가 부족하게 되었다는 주장은 되짚어 볼 필요가 있다.

행정은 기본적으로 서비스이고, 서비스의 질에 대한 연구의 상당수가 실증주의적으로 연구되었다. 우리나라에서도 20세기 후반에 신자유주의의 영향하에 고객만족과 행정서비스의 질에 대한 연구가 실증주의적으로 다수 수행되었다. 이 역시 미국을 중심으로 한 서구 행정학 연구의 경향과 때를 같이 했다. 다양한 학문분야에서 고객만족이나 서비스의 질에 대한 연구만이 아니라 성과, 효과, 심지어는 효율성도 상당부분 질적인 내용의 변수들을 인지변수로 변환시켜 경험적으로 측정하여 계량적으로 연구하고 있다. 그럼에도 불구하고 유독 공공성과 민주성에 대하여는 그런 노력이 충분히 경주되지 않았다. 우리나라에서 공공성과 민주성에 대한 연구의 부족[18] 문제는 인식론이나 방법론의 특성에 기인한 것이 아니라는 점을 지적하는 것이다. 정책결정과정에서 객

18) 1999년 이후 지금까지 한국행정학회의 학술대회에서 발표된 논문과 한국행정학보에 게재된 논문에 대한 주제어를 분석해 본 결과에 의하면 민주성, 책임성, 대응성 또는 반응성, 대표성, 참여에 관한 연구는 발표의 경우 2.1%(91/4316), 게재논문의 경우 3%(24/795)에 불과하였으며, 형평성에 관한 연구는 발표의 경우 0.2%(8/4316), 게재논문의 경우 0.6%(5/795), 공익과 공공성에 관한 연구는 발표의 경우 0.6%(24/4316), 게재논문의 경우 0.4%(3/795)로 나타났다.

관적으로 나타나는 지표들에 의해 공공성과 민주성을 측정하는 것도 가능하다. 공공성과 민주성에 개재되어 있는 주관적 인식의 세계는 정확도가 떨어지기는 하지만 심리적 현상과 유사한 조작화를 통해 측정할 수 있다. 객관에 대한 물리적 측정을 제외한 주관적 인식에 의한 모든 측정은 동일한 어려움을 안고 있다. 따라서 민주성(책임성, 반응성, 대표성 등)과 공공성에 대한 실증주의적 연구가 불가능하다는 고정관념에서 벗어나야 한다.

한편 공공성·민주성에 대한 연구의 부족은 이러한 주제에 관심이 많은 행정학자들이 인식론적으로 실증주의에 대하여 비판적인 입장(김종술, 2005: 16)을 가지고 있는 것과도 관련이 있다. 공공성·민주성에 관심을 가진 반실증주의자들은 공공성·민주성을 실증주의적으로 연구하는 것은 잘못된 것이라고 생각하고 있고, 실증주의자들은 공공성·민주성에 관심이 없거나 구조적으로 억압되어 이에 대한 실증적 연구를 하지 않았다.

결국 행정의 공공성과 민주성에 대한 연구에 실증주의자들이 적극 나서야 한다. 나아가 실증주의적 연구결과를 토대로 공공성과 민주성 및 효율성의 관계를 인과적으로 그리고 삶의 질, 국가경쟁력 등과 같은 궁극적 목표의 관점에서 분석하는 연구가 요청된다. 즉, 공공성에 민주성과 효율성이 어떤 영향을 미치는지, 그리고 공공성, 민주성, 효율성이 삶의 질, 국가경쟁력 등에 어떤 영향을 미치는지를 따져 보는 연구가 필요하다. 민주성과 효율성이 보호된 가치로 인식되고 있는 상황에서 민주성의 증진이 효율성의 증진에 기여한다는 담론만으로는 사회적 갈등 또는 딜레마를 해결하기 어렵다. 공공성과 민주성 같은 가치에 대한 실증주의적 연구는 가능하고 절실하게 필요하다. 한 마디로 공공성과 민주성에 대한 실증주의적 연구는 행정학의 고유성은 물론 전문성의 제고에도 기여할 것이다.

4. 이론과 실무간 인적 교류의 활성화

행정학의 전문성을 제고하기 위해서는 이론과 실무의 연계를 강화해야 한다. 이론과 실무간의 상호작용은 자문, 용역연구, 인적 교류, 공동연구 등을 통해 이루어진다. 한국 사회에서 행정학계와 행정실무계 간의 교류는 주로 자문과 용역연구를 통해 이루어지고 있다. 그러나 자문은 거의 명목적 또는 상징적으로 운영되고 있으며 봉사의 차원에서 행정학자들의 참여를 요청하고 있기 때문에, 책임감은 물론 몰입의 정도가 매우 낮다. 용역연구는 실무의 이해관계와 주문으로부터 자유로울 수 없다. 따라서 거의 대부분 자문과 용역연구에 의존하고 있는 현재의 교류양태는 행정학의 발전만이 아니라 행정의 발전을 위해 그다지 도움이 되지 않는다. 즉, 학계와 실무계에 모두 도움이 되는 파레토적 개선을 모색해야 한다.

이미 언급했듯이 정부가 전문성의 확충 또는 새로운 문제해결 대안의 개발을 용역연구에 의존하는 것은 두 가지 문제가 있다. 하나는 용역연구를 수행하는 학자는 용역연구의 발주처인 정부의 요구에서 자유롭지 못하다는 점이다. 정부의 문화나 관행은 여전히 이미 언급한 공공성과 민주성에 대한 문제인식이 부족하다. 이런 상황에서 실무자들의 요구에 의해 수행되는 용역연구의 독창성을 기대하기 어렵다. 다른 하나는 연구자의 현장감의 부족으로 인해 적실성이 부족한 연구결과를 내놓을 가능성이 높다. 결국 정부가 전문성의 수요를 자문과 용역연구라는 통로에만 의존하는 경우에 행정의 발전에는 물론 행정학의 발전에도 악영향을 미칠 가능성이 농후하다. 그러므로 정부의 전문성 부족을 자문과 용역연구에 의해 보충하는 것을 가급적 줄이고 학계의 전문가와 행정실무계의 전문가를 적극적으로 교류하는 방향으로 전환해야 한다. “학습조직”의 관점에서 학계의 전문가가 행정실무에 들어가서 이론적 전문성을 이식시켜 줌과 동시에 현장을 관찰하고, 행정실무계의 전문인력이 대학에 와서 현장경험을 교육하고 소개하면서 교수들과 공동연구를 수행하게 되면 이러한 부작용을 해결하는 데 상당히 기여할 것이다.

이러한 학관교류의 제도화 방안으로 두 가지를 제안한다. 첫째, 학계에서 정부에 참여하는 것만 아니라 정부에서 학계에 참여할 수 있는 통로를 설계해야 한다. 현재 대부분의 대학들은 교수요원의 부족과 과도한 이론적 교육의 한계로 어려움을 겪고 있다. 민관 인적 교류는 개방형 직위제의 도입으로 물꼬를 트려는 초기단계인데 그 성과는 기대에 훨씬 못 미친다. 개방형 직위를 통한 학관 교류의 장애는 직급에 대한 인식의 차이, 보수의 격차, 경력에 미치는 영향, 그리고 학관간의 상호 배타적이고 방어적인 태도와 문화에 있다.

둘째, 엘리트 공직자들의 전문교육체계의 혁신을 통한 학관교류는 행정학의 적실성 있는 전문성의 제고에 기여할 수 있는 효율적인 방안이다. 행정공무원의 전문성 강화를 위해 우수공무원을 선발하여 국내 대학원의 전일제 학생으로 위탁 교육시키는 체제를 도입해야 한다. 해외파견이나 단기간 또는 야간 대학원에 연수시키는 체제에서 벗어나 우수공무원을 선발하여 전일제 대학원교육을 국내에서 받도록 전환해야 한다. 우수공무원을 선발하여 해외 대학원에서 교육하는 것은, 행정학 분야의 경우, 국내대학원의 발전수준에 비춰 볼 때 시대착오적이다. 한편 단기간이나 야간 대학원에서 수학하는 것으로는 고도의 전문성을 배양하기 어렵다. 현장의 문제에 충분한 경험을 갖추고 있는 우수공무원들에게 전일제 국내대학원교육의 기회를 부여하는 것은 공무원의 전문성 증진만이 아니라 한국적 특수성이 반영된 적실성 있는 연구를 촉진할 것이다.

5. 행정학자 양성구조에 있어서 국내외 균형

> 오늘날의 한국 행정학도 대한민국이 진정으로 당면하고 있는 문제군(問題群)을 제대로 드러낼 수 있는 철학적·역사적 안목을 상실하고 있는 것은 아닌지 깊이 성찰해야 할 시점에 와 있는 것은 아닐까? 외국의 학자가 '문제'라고 본 것을 그대로 우리의 '문제'라고 이해하고, 그 해결의 접근마저도 외국인 학자가 고안한 대안들에 매달리고 있는 것은 아닌가?(박병련, 2005: 19)

많은 행정학자들이 한국에서 행정연구의 초점은 한국의 문제나 한국적 맥락에 의해 설정되어야 함을 역설하고 있다(조석준, 2005; 안병영, 2005a: 7-8; 윤재풍, 2005: 11; 박병련, 2005: 19; 문태현, 2005: 24; 김준한, 2005; 정무권, 2005: 19; 허명환, 2005). 행정연구에 있어서 의제설정의 상당부분이 한국

행정학계의 유행추수적 성향으로 인해 미국이나 서구 선진국의 연구동향에 의해 좌우되고 있다(안병영, 2005a; 문태현, 2005; 23). 이러한 경향은 세계화의 와중에 글로벌 스탠다드에 맞춘다는 명분까지 얻으면서 더욱 강해졌다(윤재풍, 2005: 11). 이에 더하여 한국의 엘리트 행정학자의 양성을 미국의 대학원에 의존하고 있기 때문에 그러한 의존성은 더욱 심화되었다.

더구나 한국의 대학원에서 석사과정을 통해 연구조교로서 역할을 할 수 있을 만큼 예비학자들을 양성해 놓으면 미국의 대학원 박사과정으로 가버린다. 한국에서 양성된 우수한 석사학위 소지자들의 미국을 중심으로 한 서구권의 대학원 박사과정으로 진학 또는 유출은 한국에서 행정이론의 발전을 가로막고 있는 매우 중요한 원인의 하나다. 우수한 연구조교 즉, 박사과정 학생들의 보조가 없는 상태에서 교수의 연구는 매우 비효율적일 수밖에 없다. 사실상 우수한 박사과정학생들은 학생이라기보다는 교수의 연구 동료로서 학파를 형성하는 진원이고 응집성이 강한 공동연구체를 형성하는 근간이다. 또한 가장 왕성하게 연구활동을 하는 시기인 박사학위 취득 이후에 정년보장 심사까지 10여 년 동안의 연구에는 박사학위과정에서 학습한 내용이 엄청난 영향을 미친다. 이러한 점을 감안할 때 한국의 우수한 학생들이 미국의 대학원 과정을 압도적으로 선호하는 현상은 한국에서 행정학 발전을 구조적으로 왜곡시킴은 물론 동력을 고갈시키는 주원인이다.

이러한 문제를 해결하는 지름길은 한국의 대학원에서 우수한 행정학자를 직접 양성하는 부분을 증가시키는 것이다. 국내에서 양성된 학자들이 선진 외국의 대학원에서 양성된 학자들과 선의의 경쟁을 하면서 주제선정, 관점, 방법론 등의 다양성을 제고할 수 있도록 해야 한다.[19] 그리고 국내 박사학위 취득자들로 하여금 박사후 과정을 적극 활용하여 외국의 행정연구를 경험하면서 학술교류를 하는 경력개발의 과정을 만들어 가는 것이 필요하다. 이런 측

---

19) 안병영(2005a)은 토착화론의 핵심인 학문적 자아의식이 학문적 국수주의나 폐쇄성을 유발해서는 안 됨을 강조했고, 정무권(2005)은 한국 행정학이 정체성 찾기 과정에서 폐쇄적으로 자기영역을 보호하기 위해 벽을 쌓기 시작한 측면이 있음을 지적하고 있다. 이러한 점을 감안할 때 한국의 행정학자들이 전적으로 한국의 대학원에서 양성되어야 한다는 것이 아니라 학문후속세대의 양성에 있어서 질적으로 국내외 균형을 이루어 나가야 한다는 것이다.

면에서 최근 한국연구재단에서 국내 박사학위 취득자들의 해외 박사후 과정을 지원하는 프로그램은 더욱 확대되어야 한다.

우수한 학생들의 미국 대학원 박사과정 선호는 한국대학의 교수채용과정에서 미국 박사학위 소지자를 선호 또는 우대하기 때문이다. 이러한 유인구조는 악순환의 고리를 형성한다. "한국대학에서 교수 채용시 미국대학 박사학위자 선호→우수학생들의 미국대학 박사과정 선호→한국의 맥락을 중시한 행정연구의 약화"라는 연쇄적 결과를 감안할 때 한국의 맥락에서 문제를 보는 행정연구를 촉진하기 위해서는 교수채용에 있어서 미국 박사학위 소지자에 대한 선호현상을 발생시킨 원인을 치유해야 한다.

이러한 선호구조를 교정하기 위해 무조건 국내 박사학위를 우대할 수도 없고 해서도 안 된다. 선결조건은 국내대학원교육의 질을 제고하는 것이다. 결국 국내 박사학위과정 학생들에 대한 장학지원을 통해 우수한 학생들을 국내의 박사학위과정으로 유인하고, 박사학위과정 교육의 질을 높일 수 있는 방안을 강구해야 한다. 동시에 박사학위 논문심사를 엄격히 할 수 있는 방안을 도입해 국내 박사학위논문에 대한 신뢰를 높임으로써 국내에서 취득한 박사학위가 상대적으로 불이익을 받지 않도록 해야 한다.

6. 학술지 편집권의 구조적 혁신

한국에서 행정학의 전문성과 고유성을 증진하여 적실성을 제고하기 위한 노력은 행정연구를 선도하는 학자들에 의해 주도되어야 한다. 행정학 관련 학술지의 편집위원회 구성과 운영의 혁신을 통해 이러한 선도가 이뤄져야 한다. 편집위원회가 단순히 공정한 심사를 위해 노력하는데 멈추지 말고 보다 적극적으로 한국에서 행정학의 전문성과 고유성을 증진시키기 위한 역할을 선도해야 한다. 이를 위해 편집위원장과 편집위원을 철저하게 학문적 역량과 학문적 윤리성에 입각하여 선출할 수 있는 제도를 고안해 내고, 논문심사와 게재판정은 편집위원장의 리더십을 중심으로 편집위원회가 자유재량권을 행사할 수 있는 구조로 바뀌어야 한다. 현재와 같이 심사위원 3인에게 어떤 판정을 받았는가를 산술적으로 계산하여 기계적으로 게재여부를 판정하는 시스템으로는 행정학의 전문성과 고유성을 향상시킬 수 있는 연구를 유도하기 어렵다. 이에 더하여 학술지의 편집위원회는 보다 적극적으로 기획연구를 통하여 행정학 연구의 방향을 제시하고, 한국의 행정학계가 가지고 있는 학문적 역량을 결집하여 연구의 질을 제고할 수 있는 기반을 제공하여야 한다.

Ⅳ. 한국에서 행정학에 대한 비판적 성찰의 실천에 있어서 장애

한국의 행정학계가 안고 있는 문제는 한국 행정학자들의 문제다. 그리고 이러한 문제를 한국의 행정학자들이 상당부분 공유하고 있는 것으로 보인다. 그럼에도 불구하고 한국의 행정학자들이 성찰적 대안들을 실천에 옮김에 있어서 기대에 충분히 부응하지 못한 이유는 무엇일까?

첫째, 친미적 한국행정학계의 성향이 한국 행정학자들의 연구에 있어서 성찰적 실천을 방해하고 있다. 일제로부터 해방 이후 한국의 학문적 사대주의는 친미로 전환되어 지속되었고, 행정학자들도 이에서 자유롭지 못했다. 미국의 원조계획은 전반적으로 정치, 경제, 사회적으로 피폐한 수준의 20세기 중반 한국의 여건에서 사회변화의 모든 흐름을 사실상 좌우했다. 미국의 지원하에 정부가 주도적으로 발전을 추진해 나갈 수밖에 없는 상황에서 한국의 행정이나 행정학의 대미의존성 아니 친미성향은 다른 분야에 비하여 강했고 불가피했다. 특히, 행정학자 양성에 있어서 대미의존성내지는 친미성이 심화됐다. 미국의 박사학위에 대한 선호는 집단사고(group think)를 조장하는 근원이기 때문에 더욱 심각한 문제다. 또한 한국행정학의 친미성향은 집합주의적 문화로 인해 국내에 급속하게 확산되어 주류를 형성하면서 미국 유학생만이 아니라 국내에서 박사학위과정을 공부하는 학생들에게도 그대로 이식되었다. 그나마 다행이라면 미국이 세계를 주도하는 영향력을 행사하고 있기 때문에 적실성의 한계는 있더라도 문명사의 변화를 선도하는 흐름을 빠르게 수용할 수 있어 국가경쟁력에 긍정적인 영향을 미치고 있다는 점이다.

둘째, 행정학자들에 대한 한국사회의 역할기대가 한국 행정학자들의 연구에 있어서 성찰적 실천을 가로막고 있다. 행정학자들에 대한 사회적 역할기대는 일반국민들의 기대와 정부의 기대로 나누어 봐야 한다. 일반국민의 기대는 한국사회가 안고 있는 문제들에 대한 정책적 대안의 제시와 정부정책에 대한 전문가적 비판이다. 각종 학술단체, 사회단체, 그리고 언론매체는 사회적 요구를 반영한 세미나를 비롯한 시사토론회와 논평을 행정학계에 요구한다. 한편 정부의 기대는 전문가로서 행정학자들의 정책개발과 정부정책에 대한 정당성 제공이다. 이러한 기대는 각종 정부위원회를 통한 심의·자문과 정부의 용역연구을 통해 구체화된다. 이와 같이 과도한 사회적 기대는 행정학자들의 학술진흥을 위한 진지한 연구, 심층적 연구, 창의적 연구를 방해하고 있다. 물론 사회적 요구에 대한 행정학자들의 자율적 통제에 있어서 개인차가 있기는 하지만 대부분 연줄로 맺어져 있기 때문에 심의·자문에서 소신을 토대로 한 의견을 강력하게 주장하거나 독창적인 용역보고서를 제출하는 것은 더더욱 어렵다.

셋째, 한국의 문화적 특성에 비춰볼 때 한국 행정학자들의 순수학술동기는 상대적으로 약하다. 행정학자들이 학문을 직업으로 선택하는 동기는 다양하다. 마슬로우(1954)의 욕구내용이론에 대비시켜 보면 순수학술동기, 명예동기, 현실참여(비판과 개혁)동기, 권력동기, 그리고 경제적 동기로 나눠볼 수 있다. 오래 전부터 이어오고 있는 관에 대한 높은 사회적 평가에 비추어 권력동기와 명예동기는 상대적으로 강할 것으로 보이며, 현실참여 동기도 권력 및 명예 동기와 연계되어 수단으로 강화되고 있다고 볼 수 있다. 이와 같이 강한 권력, 명예, 그리고 현실참여의 동기는 한국행정학계의 성찰이 행정학자들의 학문적 실천으로 이어지는 것을 방해하는 중요한 요인으로 작용할 개연성이 높다.

넷째, 교수의 계량적 업적평가체계(정성호, 2005: 25)와 학술지의 난립이 한국 행정학자들의 연구에 있어서 성찰적 실천에 부정적인 영향을 미칠 수 있다. 한국의 경제규모와 교역규모가 세계 10위권에 달할 만큼 성장했음에도 불

그림 2 비판적 성찰의 행위론적 한계

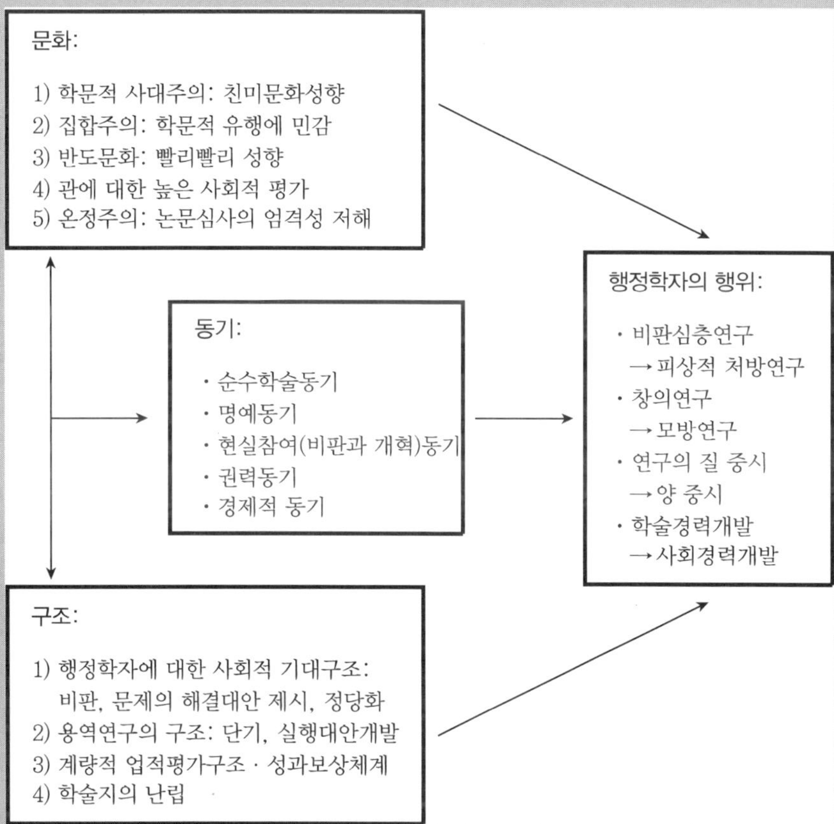

구하고 대학의 경쟁력은 턱없이 뒤져있다는 사회적 인식이 팽배해 있다. 지식정보화시대에 국가경쟁력은 대학의 경쟁력에 비례한다는 인식을 근거로 지난 20여 년 동안 대학평가는 한국 사회에서 초미의 관심사였다. 그 중에서도 교수의 연구업적 평가는 핵심적인 요소였으며, 정부를 비롯하여 언론은 물론 모든 대학은 천편일률적으로 단순한 계량적 척도를 사용했다. 연구의 질을 반영할 수 있는 전문화된 지표의 필요성에 대한 주장을 창궐했지만 실제로 이러한 지표를 개발하기 위한 노력은 거의 없었다. 한국연구재단(구 학술진흥재단)도

연구의 질을 반영하기 위해 학술지 등급화를 추진하였으나 시간이 지나면서 행정학 관련 학술지의 거의 대부분이 등재지 또는 등재후보지로 선정되어 별 도움이 되지 못함은 물론 오히려 질이 낮은 연구들이 양산되는 구조적 원천이 되고 있다.

명예, 권력, 경제적 동기를 토대로 한 현실참여와 용역연구에 바쁜 행정학자들, 계량적 연구업적 평가체계, 그리고 등재 또는 등재후보지로 등록된 학술지의 난립이 한국의 행정학계에는 공생하고 있다. 이러한 한국행정학계의 생태적 구조는 행정학자들로 하여금 심층성, 비판성, 창의성이 부족한 연구논문을 양산하도록 만들고 있다. 결국 세계화와 연계되어 선진국들이 활용하고 있는 SSCI 기준에 입각한 외국저널에 게재된 논문을 우대하는 경향이 급속하게 확산되고 있다. 이러한 경향이 응용사회과학인 행정학의 심층성, 비판성, 창의성을 제고하여 한국 행정학의 전문성과 고유성을 높이고 적실성을 증진하는데 얼마나 기여할지는 알 수 없는 일이지만 그다지 긍정적일 것으로 예측되지 않는다.

이러한 문화적, 구조적 제약이 한국의 행정학자들로 하여금 한국 행정학계의 비판적 성찰을 자신의 연구를 통해 실천에 옮기기 어렵게 만들고 있다. 이러한 점을 감안할 때 행정연구의 공동체인 학회차원의 실천적 대응이 절실히 요구된다.

V. 결론: 비판적 성찰의 실천을 위한 학문공동체적 대안

한국 행정학자들로 하여금 비판적 성찰의 실천을 억압하고 있는 구조적 요인으로 문화적 특성, 사회구조, 행정학자들의 동기 구조 등을 살펴보았다. 이러한 구조적 요인들은 행정학자들의 비판적 성찰과 합리적 행위 간의 간격을 넓혀 그러한 성찰이 실천적 행위로 옮겨지는 것을 가로막고 있다.

이러한 상황에서 소수의 행정학자들을 제외하고는 대부분 내심 해결방안이 없는 논의라는 소리 없는 한숨을 쉬고 있다. 행정학자들 개개인이 비판적 성찰을 실천할 때 가능한 일이라는 간주관적 합의는 개인차원에서 현실적 합리성(positive rationality) 앞에 무기력하여 집합적으로 비합리적인 결과를 만들어 내고 있기 때문이다. 그 결과 반복되고 있는 한국 행정학에 대한 비판과 대안에 대한 논의는 공염불이 되고 있다. 비판적 성찰이 실천으로 옮겨지지 않으면서 동일한 비판이 지난 50여 년 동안 반복되었고, 급기야 일각에서 "비판적 성찰"이 아니라 "자학"과 "열등감"으로 인식되기에 이른 것이다.[20]

그러나 학문공동체는 철저하게 개인주의적이기도 하지만 성숙한 사람들의 모임으로 의미의 공동체이다(Morgan, 1986: 128-133). 의미를 추구하는 성숙한 공동체이기에 비판적 성찰을 실천으로 옮길 수 있는 가능성을 본다. 행정학자들을 억압하고 있는 구조적 문제를 해결하기 위해 한국 행정학계를 이끌어 가는 리더십으로서 관련된 학회의 능동적 행위를 기대한다.

첫째, 한국행정학회가 주축이 되어 정부 및 대학들과 협력하여 국내 대학원에서 우수 행정학자를 양성할 수 있는 시스템을 마련하는데 앞장서야 한다. 하연섭(2010: 4)은 교육부 장관의 정책보좌관으로서의 경험을 토대로 한국 행정학이 대외(미)의존성을 벗어나려면 국내 대학원 박사과정의 교육품질을 높여야 하고, 이를 위해 "양의 축소와 질의 심화"를 촉구하면서 모두 함께 고민해야 할 문제임을 지적하고 있다. 한국의 대학원 행정학전공 박사과정의 고품질화는 교수 개인 또는 특정대학의 노력만으로는 거의 불가능하다.

무엇보다도 우선적으로 국내 박사학위가 제대로 인정받을 수 있도록 해야 한다. 이를 위해 국내 박사학위논문 중에 우수하다고 판단되는 학위논문을 지도교수의 제청에 의해 학회가 엄정하게 평가하여 기준을 통과한 논문에 대하여 우수논문임을 인증해 주는 제도의 도입을 고려해 볼 필요가 있다.[21] 또

20) "… 이런 논의가 큰 성과를 거두었다거나 거두고 있다고 평가하기는 어렵지 않을까 생각합니다. … 계속할 필요가 있는 것인지 그래서 뚜렷한 소득이 있을 것인지에 대해서는 의문이 있다 … 이것이 오늘날 한국행정학이 처해 있는 실상이지만 필자는 이것을 문제라고 보고 싶지도 않습니다. 왜냐하면 누가 아무리 큰 목소리로 한국행정학의 바람직한 모습을 주장하고 역설할 지라도 상황은 크게 달라지지 않을 것이라고 보기 때문입니다.(한국행정학회, 2006: 450-451, 최병선의 토론)"

21) 학위숭배의 문화, "빨리빨리"문화는 물론 온정주의 문화로 인해 국내 박사학위의 질에 있어서 편차가 커졌다. 이러한 편차는 결국 국내박사학위에 대한 전반적인 평가절하로 이어

한 현재 서울대, 고려대, 연세대, 성균관대를 제외한 국내 대부분 대학의 행정학과 전임교원의 수는 15명을 넘지 않는다. 이 정도의 규모로는 고품질의 박사학위과정을 운영하기 어렵기 때문에 거점 대학 중심으로 일반대학원 박사학위과정의 연합운영체계를 도입할 필요가 있다. 나아가 행정학박사 학위제도를 이원화해야 한다. 행정학박사에 대한 실무계의 수요와 실무자를 위한 박사학위의 특성을 감안하여 행정학 전문박사 학위제도를 도입하고, 일반대학원의 행정학분야 박사학위는 명실상부하게 학문후속세대의 양성을 위한 학위제도로 발전시켜야 한다. 왜냐하면 양자가 동일한 교육과정에 의해 운영되면서 실무자의 전문성 강화를 위한 교육은 물론 이론전문가의 양성을 위한 교육에 있어서도 적실성이 심각하게 훼손되고 있기 때문이다. 마지막으로 학문후속세대를 양성하는 박사학위과정 특히 공공부문을 연구하는 분야는 공공재를 생산하는 과정이며 생애주기적 관점에서 볼 때 학생들이 스스로 생활비를 벌어야 하는 시기이므로 국가에서 학비와 최소한의 생활비를 충당할 수 있는 적극적인 장학지원을 강구해야 한다. 이러한 제도적 기반은 우수한 학생들을 국내 박사학위과정으로 유인하기 위한 최소한의 조건이기도 하다.

둘째, 학회가 정부와 협의하여 이론계와 실무계 간의 실질적인 소통이 가능한 인적 교류의 활성화 방안을 만들어 내야 한다. 하나는 직접적인 인적 교류를 활성화시키기 위해 대학 및 연구소와 정부 간의 표준 협약안을 개발하여 제시할 필요가 있다. 정부의 전문성 부족을 용역연구가 아니라 인적 교류를 통해 해결하는 것이 실무계에는 물론 이론계에도 실질적으로 도움이 된다. 그러나 대학, 연구소, 그리고 해당 정부기관이 개별적으로 교섭하여 인력을 교류하려면 너무나 많은 비용이 들어 실현가능성이 거의 없다. 따라서 학관의 인적 교류를 위한 협약을 맺는데 필요한 제도를 학회가 연구하여 표준화하는데 선도적 역할을 해야 한다. 다른 하나는 OECD 회원국들 중에 하위로 평가되고 있는 정부경쟁력의 핵심인 실무 엘리트 공무원의 전문성 강화차원에서

졌다. 국내 박사학위에 대한 평가절하는 국내박사들의 취업을 어렵게 만들면서 우수한 학생들을 미국 대학원의 박사학위과정으로 내몰고 있다. 이러한 현상은 결국 한국에서 행정학의 심층적인 연구는 물론 창의적인 연구를 어렵게 만드는 환경적 요인으로 작용하고 있다.

전일제 국내 대학원에 위탁하여 교육할 수 있는 방안을 공무원 인력개발정책의 차원에서 학회가 개발하여 제시할 필요가 있다.

셋째, 행정학 관련 전문학술지의 편집위원회의 구성과 운영을 혁신해야 한다. 현재는 논문게재 여부의 심사가 지나치게 형식적이며 절차적인 공정성을 확보하는데 머물러 있다. 논문심사의 공정성을 넘어 한국에서 행정학의 전문성과 고유성의 증진을 이끌 수 있는 체제로 혁신되어야 한다.

넷째, 학회가 중심이 되어 연구업적 평가체계를 혁신해야 한다. 현실참여와 용역연구의 과다, 계량적 연구업적 평가체계, 그리고 등재 또는 등재후보지로 등록된 학술지의 난립이 공생하고 있는 생태계에서 연구의 질을 객관적으로 평가할 수 있는 연구업적 평가체계의 설계를 학회가 중심이 되어 개발해야 한다.

마지막으로 각종 학술연구비를 지원하는 한국연구재단의 학술지 등급체계를 개선해야 한다. 학술지를 등재지와 등재후보지로 분류하는 현재의 체계는 이미 게재된 논문의 질을 대변하는 기능을 상실했다. 행정학 분야의 경우 대부분의 학술지가 등재지 또는 등재후보지가 되었기 때문이다. 더구나 등재지로 인정된 학술지들의 질적 편차가 매우 커서 게재된 논문들의 질을 제대로 반영하지 못하고 있다. 또한 무분별하게 등재후보지로 인정해 주면서 질이 낮은 논문들이 양산되고 있다. 결론적으로 등재지의 수가 늘어나면서 우수연구논문들이 과소평가되고, 등재후보지의 수가 증가하면서 수준이 낮은 연구논문들이 과대평가되면서 학계의 연구동기구조가 왜곡되고 있다.

논평

박천오

'행정학, 무엇을 연구할 것인가?'는 학문적·실제적 양 차원에서 고민해 볼 수 있다. 학문 발전 차원에서 본다면 행정학 연구의 핵심과 외연을 인위적으로 설정하는 등 패러다임 구축 식의 이 같은 인식과 접근은 소모적인 논쟁만 불러올 뿐 실익이 크지 않을 것으로 판단된다. 따라서 현 시점에서 행정학의 정체성 확립에 도움이 될 수 있는 연구 방향을 모색하는 편이 상대적으로 생산적일 것이다. 예컨대 지난 수 십 년간 경영학의 우위를 전제로 한 NPM적 접근에 의해 훼손된 행정학의 학문적 정체성을 복구하기 위한 노력으로써, 공익, 사회적 형평성, 공공성, 행정윤리, 행정 철학 등 행정학 고유의 규범과 가치에 관한 연구를 강화할 필요가 있는 것이다.

한국 행정 현실을 보다 체계적으로 진단하고 관련 개선책을 모색해야 한다는 차원에서 본다면, 앞으로의 연구에 있어서는 기존의 행정학 연구에 대한 비판을 극복하려는 인식과 노력이 필요할 것이다. 기존의 연구는 1) 한국의 독특한 행정현상을 이해하고 설명하지 못한다거나, 2) 응용적 측면에서 행정학 연구가 정부의 행정관리나 정책개발에 도움이 되지 못한다거나, 3) 국가의 발전목표나 사회발전의 거시적 방향의 정립에는 관심이 없고 오로지 정부에 의해 이미 정해진 발전목표의 효과적 수행방법을 미시적으로 분석할 뿐이라거나, 4) 우리 사회와 정부가 당면한 문제가 진정 어떤 문제인지를 제대로 파악하기 위한 철학적·역사적 안목이 부족하다는 등의 비판을 받아왔다.

한국 행정을 개선한다는 측면에서 본다면, 한국의 행정 현실과 한국 행정인에 대한 기초적인 진단이 부족한 것이 무엇보다 문제되므로, 향후 이에 관한 연구가 늘어나야 할 것이다. 한국의 행정을 연구함에 있어 외국이론을 적용하는 데 대해 비판적인 의견이 적지 않지만, 외국이론이 우리 현실을 이해하고 설명하는 연구의 출발점과 단서를 제공할 수 있는 점은 부인하기 어렵다. 한국 행정에 관한 연구를 지금보다 확장·심화시켜나가는 것이 중요할 뿐, 적용 이론이 자생이론이냐 외국이론이냐를 굳이 따질 필요는 없다는 것이 토론자의 생각이다.

한편, 한국의 행정연구가 사회적으로 시급하거나 유의성이 높은 문제를 찾아 해결하기 위한 이론개발을 지향하여야 한다는 관점에서 볼 때는, 예컨대 다음과 같은 문제들에 관심을 가져야 할 것으로 여겨진다.

첫째, 정부불신 문제이다. 한국은 현재 정부와 공직자, 공공분야 전반에 대한 국민의 신뢰도가 매우 낮다. 이는 과거부터 정책적 실패, 과잉홍보, 진실성이 결여된 정책추진, 전문성 부족, 공직윤리 이탈 사례 등이 끊이지 않아 국민들 사이에 정부의 정직성과 능력에 대한 불신이 깊이 쌓였기 때문이라고 할 수 있다. 정부에 대한 국민의 불신은 효과적인 국정관리를 어렵게 하고 있어 이를 완화하는 것이 정부의 당면과제가 되고 있다.

둘째, 정부개혁과 관련된 문제이다. 정권이 바뀔 때마다 제대로 검증되지 새로운 제도 등을 개혁이란 명분으로 전면적으로 도입함으로써, 국가 예산과 인력을 낭비하고 정부 안팎에 불필요한 혼란을 초래하는 상황이 지속적으로 반복되고 있지만, 이에 관한 연구는 많지 않다. 예컨대 정부수립이래 모든 정권이 정부조직을 개편함으로써, 총 개편 횟수가 50여 차례에 달하고, 이로 인한 정부 안팎의 부작용이 적지 않은 것으로 알려지고 있지만, 조직개편의 실제 부작용을 분명히 밝히는 심층적 연구는 아직 이루어지지 않고 있다.

셋째, 준정부기관에 관한 문제이다. 한국의 경우 준정부부문(공기업, 각종 연구기관, 공공사업집행기관 등)이 재정규모면에서 정부부문의 규모를 초월하고 인력도 정부인력의 규모에 육박할 정도로 큰 관계로 이들 조직에 대한 정치적, 관료적, 관리적 통제문제가 매우 중요하지만, 이 부분은 아직 연구의 사각지대에 놓여 있다.

염재호

논평

행정학의 정체성과 행정학 연구의 대상

1. 행정학의 정체성 논의

행정학에서 무엇을 어떻게 연구할 것인가? 또한 학생들에게 행정학을 어떻게 가르칠 것인가? 종종 행정학을 전공하는 학생들이 졸업반이 되어도 행정학이 무엇을 하는 학문인지 모르겠다고 하는 이야기를 들을 때 당혹스럽기도 하고 제대로 가르치지 못한 자괴심이 들기도 한다.

행정학만큼 정체성에 대해 논의가 많이 된 학문도 없을 것 같다. 미국에서도 오스트롬이 행정학의 지적 위기를 이야기한 것뿐 아니라(Ostrom, 1976), 1887년 우드로 윌슨(Wilson, 1887)이 정치학으로부터 행정학의 독립된 학문성을 주장한 이래로 행정학은 끊임없이 정체성의 혼란을 겪어 왔다. 행정학은 정부의 일과 관련된 다양한 행정현상을 연구해야 하기 때문에 다중적 성격을 동시에 갖고 있다. 행정은 민주성과 효율성의 가치를 동시에 추구해야 한다(Waldo, 1948). 행정학은 사실과 가치를 동시에 연구의 대상으로 해야 하고(Simon, 1947), 그렇기 때문에 과학(science)인 동시에 기술(art)의 성격을 갖고 있어야 한다(White, 1955). 또한 행정학은 정부조직의 구조적 현상인 행정에 대해서도 관심을 가져야 하고, 정부조직의 기능적 현상인 정책에 대해서도 관심을 가져야 한다(Appleby, 1949). 행정학은 이처럼 끊임없이 행정학의 영역과 대상에 대한 정체성 문제를 고민하면서 신행정학, 신공공관리, 거버넌스 등 새로운 학문적 시도를 거듭해 왔다.

한국에서 행정학은 활용 가능성이 높았다. 법학의 일부로서 행정법 전통과 기능적인 관리과학의 전통으로 인해 관료조직뿐 아니라 기업조직에서도 실용성이 높은 학문으로 인정되어 왔다. 근대화 과정에서 국가의 역할이 강조될 때 행정학은 국가 발전에 가장 효과적인 학문적 수단으로 활용되었다. 하지만 최근 신자유주의 이념의 확산과 시장주의의 우월성으로 행정 영역은 크게 위축되었다. 각국은 작은 정부를 지향하고 정부의 비효율적인 관료주의적 성향은 비난의 대상이 되었다. 이 과정에서 행정학의 학문적 성격도 커다란 변화를 겪게 되었다. 규제완화, 행정개혁, 신공공관리와 같은 시장주의적 특성이 행정학의 주요 연구주제로 등장하게 되었다. 또한 행정학은 관료제를 옹호하고 비효율적인 특성을 갖고 있는 보수적인 학문처럼 인식되었다. 정책과정에서도 행정학자들 보다 경제학자나 경영학자들의 의견이 더욱 존중되곤 했다. 심지어 행정학자들 스스로가 공공성보다는 효율성을 강조하고 정권이 바뀔 때마다 작은 정부로의 행정개혁에 앞장서기도 했다.

하지만 미국발 금융위기의 여파로 국제금융위기 사태가 발생하면서 신자유주의에 대한 비판이 일고 공공성의 논의가 다시 고개를 들기 시작했다. 또한 공공성 문제해결에 있어서 중앙집권적인 정부의 역할에서 시민사회의 역할이 중요한 변수로 등장하게 되었다. 더 나아가 국내 정부의 행정현상뿐 아니라 국제기구의 역할이나 국가간 관계가 영향을 미치는 국내 정책 현상이 증대되고 있다. 이런 환경적 변화로 인해 행정학 연구에서 이제 학문적 영역을 새롭게 정립하고 정부의 역할과 기능에 대한 논의를 새롭게 할 필요가 대두되었다.

2. 행정학 연구영역의 범위와 대상

행정학에서 다루어야 하는 연구영역의 범위는 어디까지이고, 그 대상은 무엇이 되어야 하는가? 행정학은 공공성을 지향하는 정부의 행위를 연구의 대상으로 한다. 행정학에서는 행정 현상에 대한 객관적이고 과학적인 분석과 동시에 미래의 바람직한 상태를 달성하기 위한 실천적 연구를 수행해야 한다.[1)] 행정현상에 대한 분석적 연구는 크게 연구의 대상, 이론적 접근, 방법론에 대한 연구로 나누어 볼 수 있다.

행정현상 연구의 대상은 사회적 문제를 해결하기 위한 공적 기관의 권위적 행위에 관련된 내용이 모두 포함될 수 있다. 전통적인 행정학의 연구대상인 조직, 인사, 재무라고 하는 관료제 내부의 미시적 문제뿐 아니라 행정환경에 관련된 다양한 요소들 간의 관계와 역동적인 정책현상에 관한 거시적 내용까지 포함되어야 한다. 1960년대 조직론에서 환경의 문제가 중요한 연구의 대상으로 등장했고, 정책이론에서도 정책결정뿐 아니라 정책집행의 환경적 요인이 중요한 연구 대상이 되었던 것처럼 행정학 연구의 외연도 끊임없이 확대되고 있다. 또한 관료조직 운영의 효율성을 위한 관리과학적 규범성뿐 아니라 행정 현상에 대한 이론화 작업이 연구의 대상이 되어야 한다.

행정학은 다양한 학문적 특성을 반영한 다학제적 성격을 갖고 있는 장점이 있는 반면에 행정학의 고유한 영역이 없는 것처럼 보이는 한계를 내포하고 있다. 행정학 연구는 공공성의 문제와 관련이 된다면 연구의 대상이 기업이 되었건, 국제기구가 되었건, 시민사회가 되었건 연구의 대상으로 삼을 수 있다. 또한 정책연구의 관점에서 보면 그것이 통일정책이 되었건, 과학기술정책이 되었건, 교육정책이 되었건, 경제정책이 되었건, 사회복지정책이 되었건 행정학의 연구대상이 된다. 이처럼 행정학 연구의 대상은 공공성과 관련이 되면

1) 한국의 행정학자들이 전문가로서 정부정책과정에 참여하여 정책개발을 하고 수립된 정책에 대해 합리화 기능을 수행하기 때문에 "학술진흥을 위한 진지한 연구, 심층적 연구, 창의적 연구를 방해한다"는 주장도 있지만(본서 4장), 이에 대한 반론도 제기될 수 있다. 본 심포지엄 토론에서도 반론이 제기된 것처럼 단순히 정부정책과정에 참여하는 것이 문제라기보다는 보다 객관적이고 과학적인 방법을 활용하여 정책과정에 참여하거나, 참여하여 얻게 된 경험적 현상에 관한 지식을 이론화하는 작업을 소홀히 한 것이 문제다. 정부의 정책과정에 참여하는 것은 오히려 생생한 행정현상을 경험할 수 있는 좋은 학문적 기회라고도 볼 수 있다. 즉 정책과정 참여 자체가 문제가 아니라 이를 학문적 연구로 발전시키지 못하는 한계가 문제인 것이다.

어떤 영역도 대상으로 할 수 있게 확대되는 것이 필요하다.

행정학의 이론적 접근은 일반적으로 다른 학문적 영역에서 발전된 이론들을 활용하는 경향이 두드러졌다. 예를 들어 행태이론, 조직이론, 국가론, 제도이론, 공공선택이론 등 다양한 이론적 논의들이 행정학 분야에서 시작되었다기보다는 정치학, 사회학, 경제학 등 다른 학문분야에서 발전된 이론들이 활용된 것이다. 행정학에서는 이런 이론들을 활용하여 행정현상의 미시적이고 제한된 영역을 분석해왔기 때문에 보다 보편적인 이론적 공헌에서는 한계를 보였다. 이것은 행정연구의 영역을 관료조직 내부의 문제로 지나치게 좁게 규정하는 경향과 정부정책 참여와 같은 실천적 과정에서 이론적 논의가 비교적 소홀히 되었기 때문이라고 볼 수 있다. 박통희 교수가 지적한 바와 같이 정책연구에서 딜레마 이론이나 시차이론과 같은 한국 행정학계의 시도는 이런 한계를 극복하기 위한 작은 출발이라고 볼 수 있다(본서 4장).

또 하나의 중요한 연구대상이 방법론에 관한 것이다. 행정현상을 보다 객관적으로 분석하고 과학적 탐구의 대상이 되기 위해 정교한 방법론을 활용하는 것은 필요하다. 이런 점에서 최근 행정학 연구에서 정치된 계량분석을 활용한 논문들이 많은 것은 바람직하다. 하지만 행정학의 연구에서 정교한 방법론의 활용이 행정학 연구대상을 지나치게 축소시키는 경향에 대해서는 반성이 필요하다. 연구의 문제의식보다는 양적 자료의 가용성과 정교한 분석방법에만 집착할 때 행정학 연구는 미시적 분석의 확대 재생산 함정에 갇히고 만다. 이 경우 행정현상에 대한 보편적 설명이나 일반적 이론화의 가능성이 제약되는 문제가 발생한다.2)

3. 한국 행정학의 비판적 성찰

행정학 자체가 본질적으로 정체성의 위기를 배태하고 탄생한 학문이라고

2) 신행정학이 대두될 때 제기되었던 문제의식과 유사한 문제제기가 다시 나타날 수 있다. 즉 행정현상의 적실성이 결여된 연구는 행정의 본질적인 문제보다는 미시적이고 주변적인 현상에 대한 분석에 그칠 수 있다. 행정연구에서 수단적 가치를 강조하다가 본질적 문제를 보지 못하는 한계를 극복하는 것이 필요하다.

한다면 한국에서 발전된 행정학은 어떤 문제를 갖고 있는가? 본 심포지엄을 중심으로 살펴보면 우선 한국 행정학의 연구대상은 시대적 특성을 반영하면서 발전되어 왔다. 정용덕 교수는 한국에서의 행정학 연구 경향을 시대별로 발전된 순서에 따라 (1) 현대 행정학의 소개, (2) 행정관리론 및 비교발전론으로서의 행정학, (3) 발전행정 혹은 사회과학으로서의 행정학, (4) 정책학으로서의 행정학, (5) 탈관료주의 행정학으로 나누어 설명했다(본서 3장). 즉 짧은 행정학의 역사로 볼 때 한국 행정학에서는 매우 다양한 연구경향이 나타났다. 행정학이 한국에 소개된 초기에는 행정관리론과 발전행정과 같이 국가발전에 순기능적인 역할을 담당하는 학문적 특성을 보였다. 이후 행정학 연구자의 증대와 함께 다양한 정책현상에 대한 분석 및 탈관료주의 행정현상 이론화 작업을 통해 행정학의 학문적 성격의 깊이와 넓이를 확장시켜 왔다. 하지만 '사회과학으로서의 행정학 연구'에 있어서 우리나라 행정학이 사회과학에 공헌하는 보편성의 측면에서 학문적 한계가 상존하고 있는 것을 부정할 수는 없다(본서 3장).

박통희 교수는 행정학 연구가 다른 학문에 비해 배타적 지배성이 약하고, 연구초점의 고유성이 약하다고 지적한다. 이러한 원인으로서 한국 행정학의 대미의존성과 한국사회의 문화적 특성이 반영된 행정학자에 대한 높은 역할기대와 연구자에 대한 계량적 업적평가의 문제를 지적하고 있다(본서 4장). 하지만 미국의 학문적 우월성 때문에 행정학에서 대미의존성이 강한 것은 사실이지만, 이것은 행정학뿐 아니라 대부분의 다른 학문분야에서도 극복되지 못한 한계라고 볼 수 있다. 또한 행정학자의 정책참여 문제는 창의적 연구에 방해가 되기보다 오히려 행정연구의 커다란 자원으로 활용될 수도 있다. 심층적이고 창의적인 연구가 나타나지 않는 원인으로 교수에 대한 계량적 업적평가 문제의 지적도 공감이 된다. 그러나 이런 여러 가지 제약요소에도 불구하고 행정학연구의 근본적인 한계는 행정학 학문공동체의 연구문화가 아직 성숙되지 않은 것에서 원인을 찾을 수 있을 것이다.

이외에도 지적할 수 있는 한국 행정연구의 한계는 연구영역의 제한성, 이론의 쏠림현상, 연구의 분화성이라고 볼 수 있다. 연구영역의 제한성은 한국

행정학에서 연구하는 대상이 지나치게 좁은 스펙트럼에 제한되어 있다는 것이다. 행정 연구가 행정현상의 다양한 문제를 대상으로 해야 하는데 연구의 편의성과 시의성에 크게 영향을 받는 경향이 있다. 예를 들어 정책연구도 시대적 특성에 따라 정보통신, 환경, 복지 등 특정 영역의 연구에 치중되곤 한다. 이는 정책현상의 특성 때문이라기보다는 사회적 관심이 높은 정책을 연구의 대상으로 삼기 때문이다. 또한 행정과 입법부나 사법부의 관계, 행정 및 정책의 사회적 네트워크, 당정청의 정책제도, 비교행정 및 정책, 국제행정 등 중요한 연구주제임에도 소홀히 다루어진 영역이 많다. 이러한 경향은 이론의 쏠림현상에서도 잘 나타난다. 국가론, 제도이론, 행정개혁이론, 신공공관리론 등 특정이론이 등장하면 우리의 연구는 쏠림현상을 보인다. 또한 행정학의 종합학문적 성격으로 인한 연구영역의 분화성(分化性)은 행정현상에 대한 포괄적 문제의식이나 보편적 설명체계를 도출해내지 못하는 한계로 나타나곤 했다.

4. 한국 행정학의 연구영역과 과제

한국 행정학계는 다른 어느 나라에 비해서 폭넓은 연구자를 갖고 있다. 또한 다양한 행정기관에서 행정학자들의 실천적 기능이 발휘되고 있다. 하지만 한국 행정학이 독자적 학문영역과 연구의 전문성을 심화시키기 위해서는 단순히 양적 연구의 확대만으로는 한계가 있다. 행정학 연구자의 증대에 따른 연구의 심도와 외연의 확대가 필요하다.

먼저 연구의 대상이 확대될 필요가 있다. 공공선택이론, 네트워크 이론 등 새로운 이론적 특성이나 정치문화적 특성이 반영된 비교행정이나 국제행정 영역으로 연구의 범위가 확장되어야 한다(Kettl, 2000). 또한 관료조직의 미시적 영역에서 벗어나 국가, 시민사회, 거버넌스 등 거시적 맥락의 연구가 필요하고, 다양한 정책영역에 대한 연구, 그리고 인문사회과학의 이론적 논의들을 활용한 창의적인 행정이론의 개발 등에 관심을 확장시켜야 한다(3장). 이처럼 연구영역의 확대에 따라 이제 행정학도 미시행정학과 거시행정학으로 나누어서 연구하고 교육하는 것이 필요할지 모른다.

다음으로 행정학 연구방법론의 다양화가 필요하다. 양적 방법론 뿐 아니라 질적 방법론을 활용한 연구의 활성화가 필요하다. 행정현상을 보다 잘 이해하기 위해서는 인과관계만을 강조하는 실증주의적 접근뿐 아니라 현상을 보다 심도 깊게 이해하는 해석학적 접근이나 공공선택론과 같이 연역적 방법론을 활용하는 접근이 보완되어야 한다. 비계량적 연구의 예로서 행정사나 행정철학의 연구도 활발하게 이루어질 필요가 있다.

또한 새롭게 등장하는 행정현상에 대한 연구가 활성화되어야 한다. 예를 들어 위기관리, 미래기획, 정책의 복잡성 및 중층성, 지식정부, 글로벌 거버넌스 등 기존에 행정 연구의 중심주제로 인식되지 못한 새로운 현상에 대한 연구가 필요하다. 고령화 및 출산율 저하에 따른 세대 간의 문제 등 사회현상의 급격한 변화에 따른 정부기능의 재조정에 대한 연구도 필요하다. 또한 ODA의 증대에 따른 국제 공공사업에 대한 기획이나 평가, 또는 공공 컨설팅의 필요성이 증대되기 때문에 관리과학의 영역도 확장될 필요가 있다.

이러한 연구가 활성화되기 위해서는 행정학 연구공동체의 연구문화도 획기적으로 바뀔 필요가 있다. 이제 행정학의 학문적 정체성에 대한 논의보다 더 중요한 것은 끊임없이 확장되는 공공부문의 주제와 관련된 연구와 교육의 심화작업이다. 전통적인 행정연구의 대상뿐 아니라 끊임없이 확장되는 연구주제에 대해 새롭게 분석하고 이론화하는 작업이 필요하다. 특히 미시적으로 분화된 연구주제를 개별적으로 천착하기보다는 공동연구를 통해 연구주제에 대한 지적 호기심을 확산시키고 새로운 이론적 논의를 이끌어내는 연구문화의 변화가 필요하다.

최병선

논평

1. 행정학/정책학 연구의 토착화(혹은 한국화) 주장에 대한 비판

왜 우리가 이런 토론을 또 다시 하고 있어야 하는지 나는 잘 모른다. "행정학 연구의 고유성"이 주제이지만, 최근에 전염병처럼 떠돈 "행정학/정책학 연구의 한국화" 논의의 변형이 아닌가? 우리 학계가 끈질기게 이 주제에 매달리는 연유를 나는 잘 알지 못한다. 추측컨대 우리 학회(한국행정학회와 한국정책학회)가 학회의 구실을 하자면 널리 공유할만한 토론주제를 제공해 주어야 하겠는데 학자마다 이념적 성향이 다르고, 연구주제와 관심, 연구방법이 가지각색인지라 마땅히 찾기가 어렵고 그러다 보니 이 주제가 약방의 감초가 되어 버린 것은 아닐까 하는 생각이 든다. 다른 한편으로는 계량연구자와 비계량연구자, 경제학 지식을 적극 활용하는 연구자와 그렇지 않은 연구자, 국내 학위자와 국외 학외자 간에 날로 커가고 있는 간극, 이질감과 배타성, 긴장관계 등이 이런 식의 문제제기로 표출되고 있는 것은 아닐까 하는 의심도 든다.

딱 잘라 말한다면, 나는 이 논의는 제발 그만두면 좋겠다고 생각한다. 이유는 크게 두 가지다. 하나는 이런 논의가 학문과 이론에 대한 잘못된 인식과 문제의식에 기초하고 있다는 것이고, 다른 하나는 소위 "한국화"논자들이 지적하는 문제들의 궁극적 해결에 무용하다는 것이다. 박통희 교수의 발표문을 보면서, 특히 "행정학/정책학의 한국화"를 학회가 풀어야 할 최대의 과제로 삼으면서 내놓고 있는 주문서를 보면서, 나는 이런 논의의 논리적 귀결을, 클라이맥스를 보는 듯한 느낌이다. 차례차례 따져 보기로 하자.

(1) 그릇된 문제의식: 이론과 처방(이론의 적용)은 다르다

"행정학/정책학 연구의 한국화" 주장은 그릇된 문제의식에 기초하고 있다. 행정학/정책학도 학문일진대 나는 행정학을 "한국화"하자는 주장을 이해하지 못한다. 학문의 세계에 국적이 있어야 한다고 생각하지 않는다. 자연과학은 몰라도, 사회과학에는 국적이 있다(혹은 있을 수밖에 없다)라고 말하는 사람들이 있다. "한국화"논자들조차 외국의 이론에는 그 국가의 국익이 또는 책략이 은밀하게 스며들어 있으므로 조심해야 한다고 말하는 것 같지는 않다.[1] 이보다는 서구의 역사적·문화적 전통, 혹은 행정이나 정책이 적용되는 상황이나 맥락이 우리나라와 다름에도 불구하고 서구의 이론을 무비판적으로 수용하는 나머지 행정학/정책학 연구(와 교육)의 적실성을 확보하지 못하고 있다고 비판(정확히는 자성이겠지만)하는 것으로 보인다.

어쩌면 학문과 이론에 대한 관념의 차이 때문이겠지만, 나는 이 비판이 정당하다고 생각하지 않는다. 논리적으로도 문제가 많다. "한국화"논자들의 비판과 주장을 고찰하건대 가장 먼저 눈에 띄는 것이 이론과 처방을 구분하지 않고 있는 점이다. 잘못된 이론이 야기하는 문제와 잘못된 처방에서 발생하는 문제는 성격이 다르고, 따라서 별개로 취급되어야 함에도 불구하고 이를 뒤섞어놓고 있다.

처방을 위해 이론이 있는 것은 아니지만, 적절한 이론에 기초하지 않은 처방은 섣부르고 위험하다. 믿을만하지 않다. 적절한 예인지 모르겠으나, 의사가 약(말하자면 약은 이론의 표상이다)을 처방할 때 환자의 인체특성, 질환의 경과와 현재상태의 심각성 여부 등을 고려하여 복용량과 시간(간격)을 적당하게 조절하고 주의사항을 덧붙이지 않는다면 약은 독이 될 수도 있다.[2] 여기서

---

1) 예를 들면 국적이 가장 크게 문제가 될 법한 것이 병서(兵書)일텐데, 예컨대 전략서인 손자병법이 오나라 사람 손무가 쓴 것이므로 타국은 이를 배척하거나 수정해서 써야만 한다고 보는 사람은 없다고 보기에 하는 말이다.

2) 처방의 방법에 관해서도 당연히 이론이 있을 수 있다. 아마도 행정학/정책학에서는 이런

약이 효과가 없거나, 부작용을 일으키고, 결과적으로 또 다른 질환을 야기했다면 약이 잘못된 것인가? 처방이 잘못된 것인가? 물론 두가지가 다 잘못되었을 수도 있겠지만, 이를 논외로 삼는다면, 무엇이 우선적으로 바로잡아질 수 있고 또 바로잡아져야만 할 사항인가?

당연히 처방의 잘못이, 그 원인이 먼저 다루어져야 할 것이다. 처방 여하에 따라서 약의 효과는 크게 달라질 수 있다. 약의 오남용만 잘 막아도 성공이다. 이런 의미에서 "한국화" 논자들이 우리 행정학자/정책학자들이 내리는 처방의 수준과 질, 효력에 대하여 의문을 제기하면서 처방의 과학성을 높이자고 주장한다면 이에 반대할 이유가 없다. 아니 이 문제점만 극복할 수 있어도 행정학/정책학 연구와 교육의 수준은 크게 향상될 수 있다고 본다. 그리고 그 출발점은 이론과 처방은 다르다는 사실에 대한 명확한 인식이어야 한다고 믿는다. (이와 관련해서는 아래 "행정학 연구의 고유성"에 관한 논의에서 추가적으로 논의하기로 한다.)

이론이란 아직은 확증되지 않은 가설이다.3) 언제라도 거짓으로 반증되어 기각되거나 수정되어야 할 불확정적인 과학적 지위에 있는 것이 이론이다. 또한 어떤 현상에 대한 이론은 하나만 있거나 있어야 하는 것이 아니다. 서로 다른 이론이 경쟁하면서 우위를 다툰다. 따라서 어떤 이론에 근거하여 처방을 내리고자 한다면 무엇보다도 먼저 그 이론의 가정과 전제, 그 이론이 들어맞거나 맞지 않을 수 있는 환경과 조건에 대한 면밀한 검토가 필수적이다. 이보다 앞서 왜 경쟁적인 이론 가운데 특정 이론을 선택하고 그 이론에 입각해 처방을 내리려고 하는지, 그 논거와 이유를 명확하게 제시하지 않으면 안 된다.

이 검토과정이 전제되어야만 비로소 우리는 처방의 시비와 적부(適否)를 온전하게 따질 수 있다. 또한 이 과정이 충실하게 밟아져야만 연구의 관심을

종류의 이론이 더 큰 비중을 차지하고 더 큰 중요성을 갖고 있다고 말할 수 있을 것이다. 그러나 여기서는 논의가 너무 복잡해지는 것을 피하기 위해 이를 생략하기로 한다.

3) 이 논의에 들어가지 전에 무엇을 이론이라고 보느냐에 관해 먼저 말할 필요를 느낀다. 우리나라에서는 별의별 것을 다 이론으로 부르고 턱없이 우대하는 경향이 있다. 자연과학에서 Newton의 물리학이론, Einstein의 상대성이론 하듯이, 사회과학에서도 그런 수준의 것만이 이론으로 대접받을 만한 것이라고 나는 생각한다. 이런 시각에서 본다면 글쎄 우리 행정학/정책학에서는 Simon 정도가 아닐까?

이론의 검증과 발전으로 돌릴 수 있다. 우리의 실정은 어떤가? 기존이론과의 관계가 모호한 처방을 내놓고 이를 합리화하기 위해 관련이 있다고 생각하는 이론(들)을 잡다하게 참고하거나 동원하는 수준이 아닌가?4) 그 결과 연구자의 주장과 처방이 기존이론으로 충분히 뒷받침되는 수준의 것인지? 기존이론의 어떤 부분이 어떻게 수정된 것인지? 그것이 논리적으로 타당한지? 등 무수히 제기될 수 있는 질문들에 답하는 일 자체가 매우 어려운, 아니 거의 불가능한 상태가 아닌가? 이처럼 과학적 근거가 없이 말하기에, 비판이 이루어질 수 있는 기회나 건더기가 제공되고 있지 않고, 반박가능성이 배제된 규범적인 글들을 쓰고 있기 때문에 우리 학계에 토론다운 토론이 없고 이론이 만들어지지 못하고 있는 것은 아닌가?

만일 이런 질문에 대한 대답이 모두 긍정적이라면, "한국화"논자들은 처방 자체의 적절성을 먼저 확인하지 않은 상태에서 성급하게 이론의 적실성을 따지려 한다는 비판을 피하기 어렵다. 말하자면 이들은 처방이 잘못된 것을 두고서 이론이 잘못 되었다고 말하고, 이론이 잘못된 이유는 서구의 이론을 빌려온 데 있으므로 우리에게 잘 맞는 이론을 개발해야 한다고 주장하고 있는데, 이는 한마디로 말해 이론과 처방을 구분하지 못하는 데서 비롯된 착오로서, 엄청난 논리의 비약이다.5)

---

4) 이 검토단계가 바로 이론의 검증이고 새로운 이론이 대두될 수 있는 실마리를 찾고 마련하는 과정이다. 따라서 이 과정은 빈틈이 없어야 한다. 우리의 실정은 어떤가? 보통 "선행연구의 검토"라는 이름으로 진행되는 이 부분에서 정말 이론적인 검토가 충분히 이루어지고 있는 경우가 얼마나 되는가? 계통과 맥락이 각기 다른 여러 이론들, 아니 조악하기 그지없는 것들에조차 이론이란 이름을 붙이고서는 너무나 간단한 말과 논리로 치고 패다가 난데없이 자신의 입장을 내세우는 것을 얼마나 많이 보고 있는가? 논리적으로 치밀한 검토와 논박이 이루어져야 할 이 부분이 요약표로 정리되고 마는 경우가 얼마나 많은가?

5) 위의 비유를 계속해 본다면, 약이란 본디 효능과 부작용을 동시에 갖고 있기 마련인데 이를 잘 모르거나 무시하고, 좋은 약과 나쁜 약을 잘 가려 쓰지 않거나 써서는 안 될 질환에 쓴다면 그것이 제약자의 책임인가? 처방자(사용자)의 책임인가? 이론에 대해서도 동일한 질문을 던질 수 있다. 이론이 의도하지 않은 경우에 이론을 잘못 적용해 놓고서 이론이 맞지 않는다고 말한다면 이것이 어디 이론이 책임질 일인가? 나는 "한국화" 논의가 이런 성격의 문제제기라고 본다. 적절치 않은 약을 선택해 잘못 처방해 놓고서는 약이 문제가 있다면서, 그것도 수입약은 문제가 있으니 국산화를 해야 한다고 말하는 것과 무엇이 다른가?

(2) 사대주의에 빠져 있다는데 …

발표문에서 박교수는 우리가 미국 행정학 사대주의에 빠져 있다고 비난하고 있는데 동의할 수 없는 말이다. 어느 미국 교수님이 은퇴식에서 제자들에게 했다는 말이다.: "자네들, 어디 가서 나한테 배웠다는 말을 하지 말게." 나는 이 말을 자주 생각해 본다. 바른 이해는 뒷전이고, 차용에만 바쁜 것이 세태인 듯 보여서다. 이런 의미에서 나는 오히려 우리가 사대주의나 제대로 하고 있느냐고 묻고 싶다.

사대주의가 좋다는 말이 아니다. 학문의 발전을 위해서는 선진이론의 수용이 필수적인데 왜 이를 비난하는가? 선진이론을 외면하고 독립을 부르짖는다고 독립이 되는가? 더 근본적으로 학문의 세계에서 독립이 추구되어야 할 가치인가? 한마디로 말해 나는 이 비난 역시 이론의 성격과 과학적 지위에 대한 오해에서 나오는 또 다른 오해라고 본다. 모름지기 이론은 과학적 검증의 대상으로 세상에 나온 것일진대, 누가 서구, 특히 미국에서 개발된 이론은 모두 진실이라고 무조건 받아들이라고 강요하고 있는 것도 아닌데, 얼마든지 검증하고 비판할 수 있도록 열려 있는데, 왜 제대로 된 검증과 비판은 하지 않은 채 배척하라고 말하는가?

이런 의미에서 나는, 김영평 교수(2009)의 지적대로, 서구의 이론을 일방적으로 매도하고 비판하기에 앞서서 "한국화"논자 스스로가 자신의 이론을 내놓는 것이 먼저라고 본다. 이와 관련하여 나는 오히려 우리 가운데 서구의 이론을 곡해하고 과장하고 왜곡하고 있는 것은 아닌지? "한국화"논자들이 이런 엉터리 같은 일에 면죄부를 주고 있는 것은 아닌지? 묻고 싶다.

서구의 이론에 이의가 있다면 그 이론을 반박하는 연구를 하고 대안이 될 이론이나 가설을 제시해 나가면 될 일이다. 이 일에 굳이 "한국화"란 이름을 내걸어야 할 이유가 없고, 만일 그런 이름을 붙이고자 한다면 이는 한국 행정학/정책학의 과학성을 스스로 포기하거나 부정하는 꼴이다. 사대주의에서 벗어나기 위해 "우리 현실에 맞는 이론"을 개발해야 한다는 주장은 참으로 우습다. "우리 현실에 맞는 이론"이란 것이 다른 나라의 현실에도 반드시 맞으리라는 보장이 없고 보면 도대체 무슨 일을 하자고 하는 것인가?

이런 의미에서 이 말은 논리가 아니라 감정에 치우친 말이고, 학문과 과학, 혹은 지식의 발전과 진화과정에 대한 무식과 무지를 드러낸 말이라고 보지 않을 수 없다. 코페르니쿠스 이전의 과학자들은 천동설을 믿었다. 우주의 일부인 지구에 살면서 그 사실을 모르고 지구에 앉아 삼라만상을 관찰하다 보니 그런 주장을 믿게 된 것이 아닌가? 코페르니쿠스가 종교의 힘, 절대적인 권위로 뒷받침되고 있던 천동설에 입각해서는 해석하고 이해할 수 없는 반증을 목숨을 걸고 제시함으로써 당대의 사람들이 철석같이 믿고 있던 천동설을 물리친 것처럼 진리에 다가가기 위해서는 무엇보다도 먼저 자기중심적 사고를 버릴 줄 알아야 하는 것 아니겠는가?

(3) "한국화" 논의의 무용성

이상과 같은 이유로 나는 "행정학/정책학의 한국화" 주장에는 많은 논리적 맹점과 허점이 있다고 보고 있다. 이것으로도 논박이 되었다고 생각하지만 내가 "한국화"논의를 그만두기를 바라는 또 다른 이유는, 백보를 양보하여 "한국화"논자들의 지적이 일리가 있다고 인정하드라도, 그것이 현실을 개선하는 데 별 소용이 없다고 보아서다.

무릇 학문은 각자의 관심과 문제의식, 생각대로 하는 것이고, 그 수준은 천차만별이다. 학문을 하는 자세나 태도에 대해서는 더 할 말이 없다. 다만 학문의 세계에서도 경쟁원리는 작동하기 마련인지라 이 원리에 따라 차차 질서가 잡혀나갈 것이라는 말을 덧붙이고 싶을 뿐이다. 각자가 "나는 이것이 올바르고 가치 있는 행정학 연구요 교육"이라고 생각해 연구와 교육에 임하는 것을 두고서 왈가왈부해본들 그것이 무슨 소용인가? 어떤 것이 옳다고 해서 모두가 그렇게 하도록 만들 수도 없는 일이고, 그것이 그르다고 해서 막을 방도가 있는 것도 아니지 않은가?

이렇게 보면 "한국화" 논의는 무용하다. 이 땅에서 반세기가 넘게 행정학을 연구하고 교육하고 있으면서도 이런 의문을 되풀이 던지고 있는 (특히 근년에 더욱 심해지고 있는) 우리 학계를 보면서 나는 우리 학계가 집단적 자학

(自虐) 콤플렉스에 빠져 있는 것은 아닌지 묻고 싶은 심정이다.

2. 행정학/정책학 연구의 고유성

논문에서 박교수는 행정학/정책학 연구는 행정/정책의 민주성과 공공성을 증진하는 데 초점을 맞추어져야 한다고 주장하고 있다. 이것이 고유성을 살리는 길이라고 말하고 있다. 나는 반문하고 싶다. 민주주의가 어떤 원리에 입각해 있는지 잘 모르고서, 견제와 균형의 원리를 잘 이해하지 못하면서, 민주성의 제고만을 주창하니 날로 포퓰리즘이 난무하게 된 것이 아니냐고. 공공성을 너무 주창하다보니 정부의 역할과 기능이 무한히 확대되고 정부가 비대화되고 있지 않으냐고.

박교수는 또한 우리나라의 행정학/정책학 연구가 지나치게 효율성 검토에 편중되어 있다고 말하고 있다. 마치 효율성이 민주성이나 공공성과는 대척점에 서 있는 가치인 듯이 말이다. 이는 효율성 개념을 매우 좁게 이해한 소치에 불과하다. Wildavsky(2003)가 잘 분석하고 있듯이, 효율성의 개념에는 여러 차원이 있고, 그것은 반드시 민주성이나 공공성과 상반되지 않는다.

어찌된 영문인지 잘 모르나, 우리나라에서는 행정학/정책학이 응용학문이고, 처방적 학문이라는 점을 유난스럽게 내걸며 강조하고 있다.[6] 현실문제에 대한 관심과 문제의식이 없이, 단순히 지적 호기심 때문에 학문 연구에 몰두하기는 어려울 것이라고 본다면, 나는 굳이 순수학문과 응용학문 간에 차이를 두어야 할 필요가 있는지 의문이다(Lindblom, 1990). 행정학/정책학이 응용학문이든 아니든 그것은 별로 중요하지도 않고 학문연구와 본질적인 상관이 있는 것도 아니라고 본다. 출발점이 이론적 관심에 있든 현실적 관심에 있든 학자들의 소명이나 과업 면에서는 별 차이가 있을 수 없다고 본다. 혹자는 행정학/정책학이 공무원 양성(및 교육)과 불가분의 관계에 있는 듯이 말하지만, 나

---

6) 나는 왜 그래야 하는지 모른다. 자랑으로 하는 말인지 아니면 핑계로 하는 말인지조차 분명치 않다. 아마도 처음에는 자랑으로 했던 것 같고, 지금은 핑계로 그러는 것이 아닌가 짐작해 볼 뿐이다.

는 꼭 그렇게 보지 않는다. 무엇을 가르치느냐가 중요하지 누구를 대상으로 가르치느냐가 중요하다고 보지 않는다.

이런 관점에서 우리나라의 행정학/정책학 연구의 문제점을 적시해 보라고 한다면 나는 우리의 연구가 행정/정책과 관련된 인과적 지식의 개발과 축적을 축으로 삼아 돌아가지 못하고 있는 것을 지적하고 싶다(최병선, 2010). 선진국 학자들이 (물론 모두가 그런 것은 아니지만) 인과적 지식으로 제시한 이론이나 가설을 어느 순간에 처방으로 둔갑시키는 데서 잘 드러나고 있듯이, 이론을 차용해 처방으로 전환하는 일에는 부지런하면서 그 이론 자체를 검증하고 발전시키는 이론적인 작업에는 불성실한 것, 그래서 우리의 연구가 인과지식의 축적으로 응축되지 못하고 있는 것이 문제의 핵심이라고 생각한다.

나는 행정학/정책학 연구의 고유성을 —그것이 꼭 있어야 한다고 고집한다면— 정부의 속성, 정치와 행정의 관계, 정책·제도·개혁의 정치경제적 속성에 대한 깊이 있는 이해에서 찾는다. 왜 정부는 실패를 계속하는가? 왜 정치는 그런 방향으로만 작동하는가? 왜 행정은 그런 식으로만 대응하는가? 왜 정책은 뜻대로 되지 않는가? 왜 개혁은 실패하는 일이 더 많은가? 등의 근본적인 질문과 씨름하는 것이 행정학/정책학이라고 본다. 이런 질문과 관련하여 다른 학문분야 사람들이 막연하게 갖고 있는 생각이나 기대, 전제와 가정이 왜 어떤 면에서 잘못된 것인지를 지적해 줄 수 있는 지식을 키워가는 데 행정학/정책학의 존재의의가 있고 고유성이 있다고 생각한다.

이런 근본적인 질문에 대한 연구는 아무나 하려 하지 않는다. 함부로 덤벼들지 못한다. 그러므로 이런 질문이야말로 전적으로 우리 것이다. 내가 보기에 다른 학문분야의 사람들은 정부란 도대체 어떤 존재이고, 행정과 정책의 현실은 왜 그렇게 굴러가는 것인지를 모르고서 하는 말들이 대부분이다. 그러므로 이들이 갖고 있는 정부에 대한 기대가, 가정과 전제가 왜 터무니없고 현실성이 없는지, 합리적으로 사고한다는 이들의 합리가 왜 불합리인지를 잘 꼬집어내고 지적해 줄 수 있다면 행정학/정책학은 고유성이 있는 것이다. 이런 행정학/정책학 연구를 한다면 누가 이 학문의 중요성을 넘볼 수 있겠는가?

그런데 행정/정책학자라는 사람들이 이런 근본적인 질문들은 가볍게 여

기고, 이들에게 뒤질세라, 정부가 이런저런 계획과 프로그램을 짜고 만들어야 하고, 이런 저런 사업을 벌여야 하고, 이런저런 기구를 새로 만들어야 하며, 이런저런 관리기법을 도입해야 한다는 식으로 규범적인 주장만 늘어놓으면 이것이야말로 제 할 일을 못하고 있는 것이고, 이것이야말로 행정학/정책학 연구의 고유성을 죽이는 일이다.

행정학/정책학의 존재의의는 정부가 얼마나 우리의 선한 기대와 다른 존재이고, 왜 행정과 정책은 그리도 흔히 실패할 수밖에 없는 성격의 것인지 등 다른 분야의 학자나 일반인이 갖고 있는 생각이 그릇됨을 보여 주는 negative knowledge를 제공하는 데 있다고 본다. 많은 학자들이 관심을 기울이고 있는 action-oriented knowledge는 그 다음의 과제이고, 이조차 negative knowledge에 기초할 때만 학문적 의미를 가질 수 있다.

"Nothing new is true, nothing true is new."라는 말(George Stigler의 말로 기억한다)이 있다. 인류의 역사에서 국가라는 것이 등장한 이래 행정과 정책은 있어 왔고, 행정학과 정책학은, 그 형태야 어떻든, 면면히 이어져 온 것일진대, 수천 년에 걸쳐 수많은 철학자와 사회과학자들이 이런 근본적인 질문에 대한 답을 탐구해 왔다고 볼 수 있을진대, 우리가 행정학의 기원을 Woodrow Wilson에게서, 그리고 정책학의 기원을 Harold Laswell에게서 찾다보니 자꾸만 엉뚱하게 행정학/정책학의 고유성을 들먹이게 되는 것이 아닌가?

행정학/정책학이 당당한 학문으로 대접 받기 위해서는, 혹은 행정학/정책학 연구가 고유성을 인정받을 수 있기 위해서는, 기기묘묘하고 혹은 개탄스러운 갖가지 행정현상에 대한 인과지식의 발견과 축적, 검증과 비판이 연구의 중심이 되어야 할 것이다. 우리나라에서는 놀라울 정도로 이런 토론이나 검증 과정 자체가 없다. 대신에 은연중 학문이 세상을 리드해야 하는 것처럼 생각하고, 처방을 내는 일에 과도하게 경도되어 있는 것이 문제의 근원이다.

덧붙인다면, 행정학/정책학의 학제성(다학문성)에 대해서도 할 말이 많다. 나는 우리나라에서 행정학을 학제간 학문이라고 말하는 사람은 자기가 무슨 말을 하고 있는지 모르고 있거나 거짓말을 하고 있을 것이라고 생각한다. 미국의 행정학도 소위 행정학자들에 의해서 주도되고 있는 것이 아니라, 정치학자, 공공경제학, 공공선택이론, 제도경제학, 조직경제학 등 경제학자, 입법학자 등이 주도하고 있다고 본다. 실제로 나는 소위 행정학자들이 주로 기고하는 PAR을 보는 일은 거의 없다. 이보다는 JPE, APSR, AER, Law and Economics, and Organizations 등 비행정학 저널을 보고 있다. 유명대학의 교수진을 보아도 행정학 박사학위자는 별로 많지 않다.

요컨대 우리는 미국의 행정학을 너무 좁게 보고 있다. 우리 눈으로, 우리 식으로 보고 있다. 그러므로 미국 행정학 연구의 전모조차 파악하지 못하고 있다. 행정학/정책학의 학제성 측면에서 우리나라의 현실은 참담할 지경이다. 과거에는 법학 전공자나 정치학 전공자 등이 행정학의 주류를 형성하기도 하였으나, 지금은 어떤가? 행정학의 다학문성 확보에 있어서 우리는 지금 퇴영적 사고에 빠져 있고, 그래서 퇴보에 퇴보를 거듭하고 있다는 것이 내 판단이다.

3. 학회의 역할과 기능에 대하여

(1) 행정학 연구와 용역

박교수는 행정학/정책학 연구의 상당수가 정부용역과 관련되어 수행되고 있는데, 여기에 여러 가지 제약이 많아 제대로 된 연구를 하지 못하고 있다고 비판하면서 학회가 나서서 이런 연구들이 제대로 이루어질 수 있도록 정부와 협약(MOU)을 맺어야 한다고 주장하고 있다. 나는 이 일이 학회가 나서서 해결될 문제라고 보지 않는다. 행정학/정책학 용역연구의 질과 수준은 각자 행정학자의 양심과 윤리의 문제이다. MOU? 누가 누구와 MOU를 맺는단 말인가? 설사 MOU가 만들어진들 그것이 어떻게 연구의 질을 지킬 수 있단 말인가? 지극히 비행정학자다운 주장이 아닐 수 없다.

(2) 국내에서 행정학자를 배출해야 한다는 주장에 대하여

나는 어떻게 이런 주장이 나올 수 있는지 도무지 이해할 수 없다. 적어도 선진국에서 공부한 사람이 주장할 말은 더더욱 아니라고 생각한다. 이는 기본적으로 학생들이 알아서 선택할 문제이다. 나는 재능이 있어 보이는 학생이면 유학을 가라고 적극 권장하고 있다. 우리 스스로 국내학계의 현실에 대해서 그렇게 많은 비판과 비난을 가하면서 우리 제자들에게는 국내에 머무르라고 말할 수 있는 일인가? 교수이기주의는 아닌가?

(3) 그 밖의 주문사항에 대하여

우리 학회가 맡아야 한다고 박교수가 주문하는 그 밖의 사항들에 대하여 동의하지 않는다. 이런 일들을 두고 학계에 책임을 지울 일이 아니라 “나만이라도 제대로 하겠다.”는 생각이 우선이고, 그 길밖에는 없다고 생각한다. 왜 내가 해야 할 일을 학계의 책임으로 떠미는가? 학계가 도피처인가? 국민 스스로가 책임질 일을 정부에만 미루는 우리 사회의 populism 정치현실을 다시 보는 것과 같은 느낌이다. 학회라는 것이 학자의 집단일진대 학회가 또 하나의 이익단체가 되고 말아서야 되겠는가?

학회의 역할과 존재의의는 학자들이 토론할 만한 주제들을 깊이 있게 토론할 수 있는, 의미 있는 장의 제공에 있다. 그러나 이것조차 학회가 주도해야 하는 시대인지 의문이다. 나는 거대학회의 존재의의는 날이 갈수록 작아지고 있고, 또 그럴 수밖에 없다고 생각한다. 인터넷으로 얼마든지 찾아 읽을 수 있는 시대, 그리고 세부 관심분야와 이슈에 따라 모임이 세분화될 수밖에 없는 knowledge worker 시대가 아닌가? 학회의 참여도가 날로 떨어지고 있는 현실이 무엇을 말해 주고 있는가?

4. 토론을 마치며

결론적으로 나는 “한국화” 논의는 부적절한 문제제기라고 본다. 학자들의 연구에 어떤 문제가 있다고 한다면 그 문제의 원인이 논리적으로 잘 규명되어야 할 터인데, 그것 자체가 잘 안되고 있다고 본다. 그래서 논리의 비약이 심하다고 본다. 김영평 교수(2009)의 글은 이 점을 조목조목 잘 지적하고 있다.

무릇 이론이란 일반성과 보편성을 추구하는 것일진대 자연과학과 마찬가지로 사회과학도 일반적 규칙, 보편적 원리를 탐구하는 것이어야 한다. 인간의 본성이 크게 다르지 않을진대 역사와 문화가 나라마다 다르다고 해서 이론이 달라져야 한다면 그것이 이론이겠는가? 역사와 문화가 다르므로 우리의 행정학/정책학 이론을 따로 만들어야 하는 것이 아니고, 각기 다른 역사와 문화 속에서 발전되어 나온 이론이 얼마나 과학적이며, 그 사회에서 어떤 역할을 떠맡고 있는지를 살피는 일이야말로 그 문화와 역사를 올바로 이해하는 길이고, 이론을 이론답게 만드는 길이 아니겠는가?

다시 강조하지만 행정학/정책학의 응용학문으로서의 성격, 처방적 성격을 지나치게 강조할 일이 아니다. 이론과 처방을 옳게 구분하고, 그 각각에 어떤 문제점이 있다면 과학적인 사고와 접근방법을 적용하여 해결책을 찾아가야 할 것이다. 이론의 가치와 생명이 일반성·보편성에 있는 것일진대 역사나 문화적 특성, 혹은 특수상황이 반영된 이론이면 이론일수록 이론으로서 가치는 낮고 생명은 짧을 수밖에 없는 것을 피할 수 없는 결론이 아닌가?

"한국화"논자들은 비판과 주장만 늘어놓을 일이 아니라, 자신의 주장이 불러올 사태에 대해서도 깊이 생각해 보아야 할 것이다. 나는 "한국화"논자들과 반대되는 입장에서 "한국화"가 너무 나갔다고 본다. 그런데 이것도 모자라 "한국화"를 더하라고 말한다면 도대체 그것이 학문이 되겠는가? 만일 "한국화" 논자들의 주장대로라면 학문연구의 다양성은 사라지고 급기야는 고사(枯死)를 면치 못할지도 모른다. 나는 이 시점에서 우리 학계에 필요한 것은 "행정학/정책학의 한국화"가 아니라, 행정학/정책학의 학문적 특성에 대한 올바른 이해, 과학적 탐구의 논리와 방법의 정확한 적용이라고 굳게 믿고 있다.

끝으로 덧붙이고 싶은 말이 있다. 차후에도 "한국화" 논의를 계속하고자 한다면, 최소한 이 문제제기 자체의 비논리성을 공박하고 있는 김영평(2009)과 최병선(2010)의 주장부터 차근하게 검토하고 반박해 주기 바란다.[7] 더 이상 이런 논의가 계속되는 것을 보고 싶지 않아서 하는 말이다.

---

7) 참고로 아마도 김영평 교수와 더불어 내가 "한국화" 논의에 대하여 매우 다른 시각을 취하고 있는 가장 큰 이유는 두 사람이 David Hume, Karl Popper, Charles Lindblom 등이 설파한 과학의 이론과 관점을 따르고 있어서 일 것이다.

논평

하연섭

한국 행정학계에서 한국 행정학이 지니고 있는 문제에 대한 반성과 그 해결책에 대한 논의는 지난 수십 년간 이어져오고 있다. 행정학의 한국화와 토착화의 필요성, 행정연구에 있어서 공공성의 제고 방안, 한국 행정학의 대미의존성 극복 등은 오랜 토론 주제였으면서도 아직도 살아있는 토론 주제이다. 이는 그만큼 한국 행정학이 지니고 있는 문제가 심각하다는 것을 방증하는 것일 수도 있고, 다른 한편으로는 한국 행정학자들의 문제에 대한 인식과 자기 성찰이 다른 분야에 비해 깊다는 것을 의미하는 것일 수도 있다. 박통희 교수의 논문은 한국 행정학이 직면하고 있는 거의 모든 문제를 망라해서 검토하고 이에 대한 다양한 해결책을 제시하고 있다. 특히, 행정학의 전문성 강화, 민주성과 공공성 강화뿐만 아니라 행정학 후속세대의 양성 및 학계와 실무계와의 교류 활성화 등을 제안하고 있는 것이 특징이다. 본 토론문은 박통희 교수의 문제 인식과 대안 제시의 적절성을 일일이 검토하고 비평하기 보다는 문제에 대한 인식과 해결책을 같이 고민하는 차원에서 서술하고자 한다.

한국 행정학이 지니고 있는 문제에 대한 인식은 크게 두 가지 차원에서 접근할 수 있을 것인데, 하나는 한국 행정학이라는 학문분야가 갖는 고유한 특성에서 연유하는 문제일 것이며, 다른 하나는 한국 행정학의 역사성에서 유래되는 문제일 것이다.

한국 행정학이라는 학문분야가 갖는 고유한 특성에서 연원하는 문제로서는 크게 세 가지를 들 수 있을 것이다.

첫째, 연구문제의 고유성과 관련된 문제를 들 수 있다. 이는 사회과학 일반과 비교했을 때 행정학에 고유한 문제영역이 무엇인가에 관련된 논의이다. 사실, 정치학, 경제학, 사회학 등 인접 학문분야와 비교할 때 행정학에 제기되는 문제는 과연 행정학이 독자적으로 확보하고 있는 대상 영역이 무엇인가 하는 문제이다. 행정학이 대상으로 하는 영역이 사실 대단히 모호(ambiguous)하기 때문에, 이 문제는 지속적으로 제기되어 왔다고 할 수 있다. 이 문제는 행정학을 단순히 public administration으로 이해하면 풀기 어려운 문제이다. 전통적인 의미에서의 public administration은 사실 관리(management) 영역을 떠나서는 생각하기 어렵다. 그러나 한국 사회가 갖고 있는 문제는 단순히 administration 차원에서만 논의하고 해결책을 찾는다고 해결할 수 있는 성질은 아닐 것이다. 아마 미국에서 최근 행정학 프로그램들의 명칭에 public administration 대신 public affairs를 사용하고 있는 것은 이런 고민을 반영하는 것일 수도 있다. 이렇게 볼 때, 행정학의 고유영역은 '한국 사회, 한국 정부, 한국의 공동체가 안고 있는 문제에 대한 행정학적 시각에서의 이론화 작업 그리고 해결책의 제시'라고 할 수 있을 것이다. 이렇게 되면 행정학 연구의 범위 문제는 여전히 모호하긴 하지만 쉽게 해결될 수 있다. 다만, '행정학적 시각'이 무엇인가에 대한 논의는 지속될 필요가 있다. 이 또한 관리적 차원으로 좁게 정의할 필요는 없을 것이다. 사회과학 기본 개념의 세 가지 묶음, 즉 합리성(rationality), 정치(politics), 제도(institution), 혹은 이익(interest), 아이디어(idea), 제도(institution), 혹은 정보(information), 유인(incentives), 제도(institution) 등을 기초로 해서 우리의 공적 영역에 대한 분석을 행하는 것을 행정학 연구의 고유영역으로 정의할 수 있을 것이다.

둘째, 행정학이 갖는 다학문적 성격에서 나타나는 문제를 들 수 있다. 고유의 핵심적인 이론적 틀에 기반하고 있는 것이 아니라 다양한 학문분야의 이론이나 분석틀을 차용하기 때문에, 행정학을 잡학(雜學)이라고 표현하는 것을 종종 볼 수 있다. 그러나 잡학이라는 행정학의 특성이 오히려 행정학의 가장 큰 장점일 수도 있다. 다양한 시각에 기초해서 다양한 접근법을 활용해서 사회문제에 신축적·포괄적으로 접근할 수 있기 때문이다. 그러나 단순한 다학제간(multidisciplinary) 연구와 학제간(interdisciplinary) 연구는 엄격히 구분해줄 필요가 있다. 행정학을 잡학이라고 표현할 때는 행정학이 학제간 연구를 행하는 것이 아니라 단순히 여러 학문분야와 접근법이 병렬적으로 나열되어 있음을 의미한다고 할 수 있을 것이다. 다양한 학문분야의 결합은 어쩔 수 없다 하더라도 이를 관통하는, 그리하여 행정학 전체를 유기적으로 연결시켜줄 수 있는 시각이나 틀이 필요한데 이런 공통의 시각 없이 개별 문제의 해결책을 제시하는 데에만 머물러 있기 때문에 행정학에서 연구 영역의 확장이 행정학 연구의 심화가 아니라 분절화(fragmentation)를 초래하고 있는 것이다.

셋째, 이 문제는 행정학이 갖고 있는 응용 학문적 성격 때문에 심화되는 경향이 있다. 그간 행정학 연구에서 공공문제 해결을 위한 높은 수준의 응용 연구들이 있어 왔지만, 적지 않은 수의 연구들이 용역 보고서류의 연구에 머물러 있었음을 부인하기 어렵다. 문제의 해결책을 제시해주기 위해서는 자료가 필요하고 대부분의 쓸 만한 자료는 정부에서 갖고 있기 때문에 적실성 있는 연구를 위해서는 용역에 의존할 수밖에 없는 것이 현실이다. 그러나 용역 보고서류의 응용연구는 이미 주어진 결론을 뒷받침하기 위한 연구일 수 있고, 그렇지 않다 하더라도 실용성은 있을지 모르나 지식의 축적과는 거리가 먼 연구들이 대부분이다. 이보다 더 심각한 문제는 우리 사회의 중요한 문제에 대한 답을 구하는 연구라기보다는 사소한 문제에 대한 전문성만을 키우는 연구들이 진행되어 왔다는 것이다. 이는 다시 구심점 없이 원심력만 나타나는 한국 행정학의 연구경향을 더욱 부채질한다고 할 수 있을 것이다.

우리 학계에서 많이 논의된 것이긴 하지만, 한국 행정학의 역사성 때문에 생겨난 행정학 연구의 문제 또한 적지 않다. 한국 행정학의 역사적 발전과정에서 가장 큰 영향을 미친 것이 바로 미국의 행정학임은 주지의 사실이다. 역사적 제도주의의 시각에서 이 문제를 논의한다면 바로 현대 사회의 기본적 제도가 형성된 역사적 순서와 이에 따라 형성된 미국 행정학의 특성이 한국 행정학에도 큰 영향을 미쳤다는 점을 지적할 수 있을 것이다. 현대 사회의 기본적인 제도는 바로 자본주의, 민주주의, 관료제이다. 미국에서 이러한 세 가지 제도의 발전 순서는 독특하게도 자본주의→민주주의→관료제라는 순서를 밟게 된다. 즉, 사기업의 발달 이후 그리고 다원주의적 정치 질서의 성립 이후에 정부 관료제가 발달했던 것이다. 현대 사회를 구성하는 이러한 기본적인 제도 발달의 역사적 순서 때문에, 미국 행정학의 기본 주제는 자연스럽게도 사기업의 경영기법을 정부 관료제가 어떻게 받아들일 것인가에 천착했다고 할 수 있다. 사실, 1980년대 이후 이루어졌던 이른바 신공공관리의 확장은 미국 행정에서는 전혀 새로울 것이 없는 모습일 뿐이다. 또한 다원주의적 정치 질서 성립 이후에 관료제가 발달함으로써 유기체적 단일체로서의 국가의 부재, 전통적 지배계급의 부재라는 기본 특성 위에 정부 관료제의 파편화된 특성이 나타났다고 할 수 있을 것이다. 이러한 상황 아래에서 미국의 행정학이 방법론적 개체주의, 실증주의적 편향, 그리고 관리주의적 효율성을 추구했다는 것은 놀라운 일이 아니다. 이로부터 나타날 수 있는 행정학 연구의 경향성은 미시적 연구, 역사와 맥락에 대한 무관심, 정교하긴 하지만 사소한 연구로 흐를 수 있는 가능성을 지니고 있었다고 할 것이다.

우리 행정학계에서 이러한 미국식 행정학 연구경향에 대한 대응은 크게 두 가지 형태로 나타났다고 볼 수 있다. 첫 번째는 미국식 연구경향의 확대재생산이다. 현실과 학문에 대한 자유주의적 시각과 결합되어 이러한 흐름은 학문에 있어서 국가간 경계를 불필요한 것으로 인식하기 때문에, '토착화'나 '한국화' 논의 자체의 필요성에 대해 의문을 제기한다. 다른 하나의 흐름은 미국식의 지나친 미시적 연구경향을 극복하기 위하여 행정학이 고민해야 할 기본 이념을 강조하는 입장이다. 즉, 민주성, 공공성, 윤리성 등이 행정학 연구에 있어서 중요한 주제로 등장해야 한다는 입장이다. 첫 번째 입장이 우리 사회의 문제에 대한 적실성 있는 해결책을 제시하는 데 미흡하다면, 두 번째 입장은 모호한 개념 위주의 관념적인 행정학에 머물러 있다는 비판을 면키 어렵다. 사실, 아무리 중요한 개념이나 이념이라 할지라도 그것들이 구체적인 사례와 연계되지 않고, 실제 상황에서 의사결정과 행동을 이끌 수 있는 실천논리를 제시하지 못한다면 그 유용성은 크게 제한될 것이기 때문이다.

한국 행정학계에서 한국 행정학의 연구와 교육에 대한 비판적 논의는 수

십 년의 역사를 가지고 있다. 오랜 기간 '위기'라는 단어가 한국 행정학계에서 유행어가 되다시피 했다. 그러나 한 국가의 사회경제적 지위와 사회과학의 발전은 어느 정도 비례할 수밖에 없음을 인정한다면, 이제는 '위기'나 '문제'보다는 '기회'와 '희망'을 이야기할 수 있을 것이다. 학문의 발달, 특히 사회과학의 발달은 그것이 터하고 있는 국가의 사회경제적 발전 정도와 분리시켜서 이야기할 수 없다. 이렇게 볼 때, 7-80년대 우리 학계에서 이루어졌던 '토착화' 논의는 한국 행정학을 발전시키기 위한 지적 수준에서의 몸부림이었다면 이제는 실천적으로 행정학의 한국화를 논의할 수 있는 시점이라고 할 수 있을 것이다. 즉, 이제 행정학의 화두는 우리 사회가 당면하고 있는 중요한 문제에 대해 우리가 얼마나 고민하고 해결책을 제시하고 있는가가 되어야 할 것이다. 따라서 우리 문제에 대한 심도 있는 분석과 함께 외국의 경험과 사례에 대한 우리 시각에서의 비판적 분석이 이루어져야 할 것이다. 이렇게 본다면 논리실증주의에 기초한 방법론을 사용한다는 것이 치명적인 결함은 아닐 것이다. 오히려 문제는 사소한 문제에 대해 이 방법론들을 결합하고 있다는 것이다. 한국 사회의 공동체적 문제에 대한 진단과 해결책의 추구 과정에서 다양한 방법론의 사용은 오히려 장점이 될 수 있을 것이다.

박통희 교수의 논문은 한국 행정학 연구가 지닌 문제에 대한 깊이 있는 진단에도 불구하고 그 해결책에 있어서는 논란의 여지가 있는 것이 사실이다. 특히, 행정학의 고유성을 확보하기 위한 방편으로서 평가와 감사에 대한 강조, 민주성과 공공성의 융합 필요성, 그리고 학계와 실무계간의 실질적인 소통을 위한 인적교류의 활성화와 이를 위한 MOU의 체결 등은 한국의 행정학 연구가 지닌 문제를 해결하기 위해 필요하다는 점을 인정하면서도, 이들이 근원적인 해결책으로서는 한계가 있음을 지적하지 않을 수 없다.

끝으로, 박통희 교수의 논문에서 유독 관심을 끄는 대목은 국내 대학원에서 우수 행정학자를 양성할 수 있는 시스템을 고안할 필요성에 대한 강조이다. 행정학뿐만 아니라 사회과학을 비롯한 거의 모든 학문분야에서 학문후속세대의 양성을 거의 전적으로 외국, 특히 미국에 의존하고 있는 나라는 우리나라를 제외하고는 유례를 찾기 힘들다. 따라서 한국 대학원교육시스템에 대한 혁명적 변화 없이는 학문후속세대의 양성이 불가능할 뿐 아니라 한국 행정학의 토착화를 기하기 어렵다는 박통희 교수의 주장은 전적으로 타당하다. 다만, 그 방법을 어떻게 찾을 것인가는 모두 함께 고민하여야 할 대목이다. 이는 단순히 한국 행정학에만 국한된 문제가 아니라 한국 고등교육 전체의 문제이기 때문이다. 교육과학기술부의 내부 자료에 의하면 2008-2009학년도 기준으로 미국 4년제 대학 2,189개 중 박사과정을 운영하는 대학은 270개교로서 전체의 12.3%에 불과하다. 반면, 2009학년도 기준으로 우리나라 4년제 대학 177개 중 박사과정을 운영하는 대학은 148개교로서 무려 83.6%에 달하고 있다. 이에 따라 외국에서 박사학위를 취득한 사람의 수가 1980년 238명에서 2009년 1,249명으로 5.2배 증가하는 동안에, 국내에서 박사학위를 취득한 사람의 수는 1980년 513명에서 2009년 9,912명으로 무려 19.3배가 증가하고 있다. 결론적으로, 한국 대학원교육시스템에 있어서 양의 축소와 질의 심화가 동시에 진행되지 않으면, 한국 고등교육의 발전은 거의 불가능하다고 해도 과언이 아니다. 따라서 전반적인 고등교육시스템의 혁신 속에서 행정학 교육의 질적 심화를 기하는 노력이 이루어져야 할 것이다.

사 / 회 / 자 / 평

_백완기

한국행정학은 과거 50여 년 동안 괄목할 정도로 발전하여 온 것이 사실이다. 뿐만 아니라 행정주도의 발전을 추진하다 보니 행정학이 나름대로 행정의 개선과 발전에 기여한 것도 사실이다. 그 만큼 한국행정학은 과거 50여 년 동안 그 존재이유가 뚜렷하였다. 그러나 연구동향이나 교수체용 등의 문제에서 아직도 대미의존의 틀에서 벗어나지 못하고 있는 것이 사실이다. 이러한 상황 속에서 한국의 행정학의 현주소와 미래를 교과과목, 연구 및 제도 면에서 밝히고 조망하여 보는 것은 매우 소중하고 뜻 깊은 일이라 하겠다. 본 사회자가 맡은 분야는 연구 분야로서 진지한 발표와 열띤 토론이 벌어졌다. 박통희 교수의 주요논점을 살펴보면 다음과 같다.

첫째, 한국행정학이 대미의존 속에서 벗어나서 독자성을 찾아야 한다는 성찰적주장이 60년대 말부터 오늘에 이르기까지 수없이 되풀이 되어 왔지만 성찰에 그쳤고 실천적 결과는 거의 없었다는 것이다. 있었다면 이종범의 딜레마 이론과 정정길의 시차이론 정도라는 것이다. 미국의 행정이론이 한국의 행정을 진단하고 설명하고 처방을 내리는 데에는 유용하지가 않다는 것이다. 이제는 성찰적 자세에서 실천적 자세로 돌입해야 한다는 것이다.

둘째, 행정학이 인접학문과의 관계가 깊다 보니 정체성의 결여로 연구의 고유영역이 없고 학문의 독자성이 확립되지 못하고 있다는 것이다. 정치학의 고유 연구영역이 권력이고, 경제학의 고유영역이 이윤추구일 때에 행정학의 고유영역이 없다는 것이다. 여기서 논의된 고유영역으로 '감사', '평가' 및 '규제'였다. 앞서 발표한 김준한 교수는 고유영역으로 '사회설계'를 들고 나왔다. 행정학의 잡학적 성격을 생각할 때에 사회설계를 생각하게 되었다는 것이다. 쉽게 생각해서 나온 이야기가 아니라고 사회자는 생각하였다. 사회자도 평소에 여기에 대해서 생각한 것이 있어서 이 기회에 잠간 피력하기로 한다. 사회자는 행정을 '가치의 집행'으로 생각하였다. 행정이 행정을 위해서 존재하지 않고 국민을 위해서 존재한다면 당위성과 규범성을 지녀야 한다고 생각하였다. 그러면 여기서 이야기 하는 '가치'는 무엇이고, '집행'은 무엇이냐이다. 가치는 '공공적 봉사'를 핵심으로 하는 가치를 이야기 한다 행정의 생명은 공공적 봉사라는 것이다. 다음에 공공의 문제가 해결되는 것은 집행을 통해서 이루어진다. 여기서 집행은 행정의 본체라고 생각된다. 정치는 정책을 결정해도 집행능력은 없다. 여기서 행정을 '공공적 봉사의 가치를 집행하는 과정'이라고 정의 할 때에 많은 문제들이 여기에 내포될 수 있다고 생각되었다.

셋째, 한국행정학이 정부용역을 많이 하다 보니 '정부용역학'이라는 명예롭지 못한 학문으로 추락하지 않았나를 제기하고 있다. 정부용역을 할 때에는 연구자가 정부의 압력을 받게 되어 연구의 자유로움을 잃어버리게 된다는 것이다. 따라서 민주성이나 형평성보다는 자연히 능률성이나 효율성으로 더욱 치중하게 된다는 것이다.

넷째, 각 대학에서 교수채용에 있어서 아직도 미국박사만을 선호한다는 것이다. 앞으로 선발과정에서 이러한 자세를 지양해야 한다는 것이다. 국내박사학위 취득자 들 중에서 학문적으로 검증된 자는 주요대학들도 적극적이면서 우호적으로 이들에게 임해야 한다는 것이다. 이러한 자세를 취할 때에 우수한 인재를 국내대학으로 유인할 수 있고 토착적인 한국행정학이 자라 날 수 있다는 것이다. 이러한 조짐이 최근에 보이는 것 같아 다행스러운 일이라고 생각된다.

이러한 논지에 대해서 반론이 강하게 제기되었다. 이러한 논지들 자체가 교수의 학문의 자유를 가로막게 된다는 것이다. 다시 말 해서 깊이 생각하지도 않고 막연하게 정형화된(stereotyped) 논지들을 주장을 한다는 것 자체가 학문연구에 있을 수 없다는 것이다. 한국 행정학이 민주성을 외면하고 능률만 강조하여 왔다고 주장하는데 실질적으로 능률에 대해서 깊이 연구하지도 않고 이러한 주장을 한다는 것은 위험한 일이라는 것이다. 그리고 행정학 연구에서 구지 한국적인 것을 강조해야 하느냐이다. 학자들의 자유에 맡기면 되었지 무엇을 어떻게 연구하라고 주문한다는 것은 오히려 자유스러운 연구에 방해가 된다는 것이다. 반론과정이 긴장이 감돌 정도로 격렬하였지만 사회자로서 느끼는 것이 적지 않았다. 우선 신선한 충격이었다. 허다히 토론자는 발표자의 논문을 칭찬하고 '많이 배웠다'고 하는 것이 종전의 관례였는데 이 경우는 처음부터 비판 일변도였다. 물론 박통희 교수의 논지는 깊이 생각한 끝에 나온 것으로 비판을 감당할 정도로 탄탄하게 쓰여 진 내용이었다.

사회과학은 자연과학과 달리 그 나라 그 사회의 역사와 체취의 울타리를 벗어나기 어렵다고 생각한다. 한국의 행정학도 이제는 자기 모습이 무엇이가를 고뇌하면서 찾아야 할 때가 왔다고 생각한다. 한국의 행정학처럼 발전의 비옥한 토양을 가지고 있는 나라도 드물 것이다. 조선조의 관료제도나 선현들의 사상은 행정학 연구에 보고의 역할을 하고 과거 30년 동안 행정주도의 근대화는 행정학 연구에 기름진 토양을 제공하고 있다. 학문하는 사람들의 분발을 요구하고 있다.

SECTION 3

교육 제도

CHAPTER 5

행정학 학부교육의 대안적 접근

조성한

CHAPTER 6

행정학 대학원교육을 위한 제도적 구상

남궁근

논 평

김성기 / 김석태 / 유민봉 / 문명재

사회자평

윤재풍

CHAPTER 05

행정학 학부교육의 대안적 접근

조 성 한

Ⅰ. 서 론

한국은 외국과 달리 행정학 교육이 학부중심으로 이루어지고 있다. 사실 행정학 자체를 정규 학위과정으로 채택되고 있는 국가들도 많지 않고, 한국에 행정학을 심은 미국의 경우에 있어서도 대부분의 교육은 대학원에서 이루어지고 있다.

그러나 미국행정학의 창시자로 불리는 Woodraw Wilson이 언급한 바와 같이 학문은 사회적 시대적 요구에 의해 만들어지고 발전된다는 것을 생각해 보면 그다지 이상한 일도 아니다(Wilson, 1887). 일본으로부터 해방된 한국은 정부의 운영에 대한 현대적 행정전문가가 없었고 한국전쟁이후 외국으로부터의 원조물자는 효율적으로 사용되지 못하였다. 이에 따라 미국은 자신들이 개발한 행정학을 한국에 접목시켜 미국식 행정전문가를 속성으로 키우려 했었다.

오늘 이 세미나를 개최한 고려대학교를 비롯해서 연세대학교, 중앙대학교 등이 행정학 학부를 최초로 시작해서 지금까지 이끌어 온 대학들이다.

일제시대와 한국전쟁으로 인해 점진적으로 정치경제의 제도적 발전을 해 오지 못했던 대한민국은 공공부문 주도적인 국가발전을 할 수밖에 없었고, 이러한 환경 속에서 행정학 학부는 급속히 규모적으로 확대되었다. 공무원시험에 유리했다는 점에서 행정학 교육의 수요가 높았던 것이다.

현재로는 각종 공무원 시험에서 행정학 과목들이 제외되거나 선택과목으로 전환되면서 행정학은 공무원이 되는데 있어서 그다지 유리한 과목이 되지 못하고 있다. 또한 일부 행정학자들까지 나서서 정부의 운영방식을 민간기업식으로 전환시켜야 한다는 주장을 하고 있는 현재, 정부에서 행정학의 이론과 기술에 대한 수요는 점차 낮아지고 있는 실정이다.

이러한 현상은 학계에서 소위 '행정학의 위기'로 받아드려지고 있으며 실제로 전문대학이나 지방대학에서 행정학과의 학부의 수는 점차 줄어들고 있다. 또한 학부제가 확산되면서 행정학과가 유지되고 있다고 하더라도 학생의 수는 상대적으로 축소되고 있는 실정이기도 하다.

최근 행정안전부가 공무원 임용 선진화 방안으로 제시했던 행정고시를 통한 임용을 현재의 50%로 줄인다는 대안은 전국 행정학 학부의 위기감을 단기간 증폭시키기도 하였다. 다행히 이 정책은 사회적 저항과 바람직하지 않은 사건으로 인해 실행되지는 않았지만, 장기적으로 볼 때 잠복기일 뿐 완전 폐지는 아니라고 보는 시각이 많다.

정부 인사정책의 하나로 행정학의 교육 전체가 흔들린다는 것은 무엇보다 행정학에 대한 공직에서의 수요에 비해 행정학의 학부교육이 과도하게 확대되어 있다는 일면과, 공직의 규모에 비해 공직의 수요가 과도하게 높다는 불균형 삼각관계에 기인한다고 볼 수 있다. 그렇다면 이러한 불균형을 조정해서 균형을 맞추기 위해 행정학의 학부제도는 어떻게 전환되어야 하는가? 전환이 가능한 것인가?

이 발표는 학부에서의 행정학 교육에 대한 프로그램이나 교육방법보다는 제도적 측면을 다루고 있다. 기존의 학과중심의 행정학 교육을 다양한 전공을 두는 학부로 전환시키는 가능성에 대해 검토한다. 하지만 제도를 다루기 위해서는 우선 근본적으로 행정학의 학부에서의 교육의 의의와 한국의 행정학 교육의 환경에 대해 분석해 보지 않을 수 없다.

II. 한국 행정학 학부교육의 의의와 환경

1. 한국 행정학 학부교육의 의의와 특성

미국에서 행정학의 연구와 교육의 필요성이 강조되기 시작한 당시 미국 정부도 조직이나 인사에 대한 제도적 장치가 부족하였고, 이에 따른 효율적 관리자에 대한 수요가 높아지고 있었다. 마찬가지로 한국에 행정학에 대한 교육이 강조되기 시작한 배경도 이러한 학문적, 기술적 수요에 기인한다.

건국초기에는 일제시대의 영향으로 한국정부에 대한 관심은 관료제와 독일식의 행정법적 측면에 대한 것이었다(강신택, 2005). 그러나 미군정기를 거치고, 특히 한국전쟁 이후 정부관리에 대한 현실적 이론과 기술에 대한 수요가 재발견되면서 미국식 행정학 교육의 필요성이 인식되었다.

한국에서 행정학의 발전은 정부의 문제점을 찾고 그 실용적 개선과제를 발굴하는 역할과 더불어 공공부문에 정부관리와 관련된 지식, 기술, 가치관을 갖춘 인재들을 공급하는 것이었다. 이에 따라 비록 결과적으로 바람직한 연구가 되었는지에 대해서는 논란이 분분하지만, 행정학은 현실적 문제를 반영하는 차원으로 연구가 진행되어져 왔다.

한국의 행정학의 교육은 후자에 더 큰 의의가 있었다. 미국에서 도입된 이론과 한국 행정에 대한 연구를 바탕으로 행정과 정책에 대한 지식을 갖춘 인재들을 공공부문에 공급하기 위한 교육이 중심이 되었다.

특히 군사정권시절 정부의 조직과 인사제도가 틀을 갖추어 감에 따라 공공관리에 대한 지식을 갖춘 인재들에 대한 수요가 더 높아졌다. 고시제도가 만들어지고, 공무원에 대한 수요가 급증함에 따라 각 대학에서 학부과정에 행정학과를 계속 설치하게 되었고, 기존의 행정학과도 규모를 키워나갔다.

하지만 학부중심으로 발전되어온 행정학 교육의 방향성에 대해서는 많은 학자들이 다양한 의견을 제시하고 있다. 특히 1990년대부터 시작된 행정학의 위기에 대한 논의를 중심으로 행정학교육에 대한 관심이 높아지면서 한국의 행정학교육에 대한 연구도 많이 이루어지고 있다. 이 연구들에 의하면 한국에서의 학부를 중심으로 한 행정학 교육은 다음과 같은 특징들을 지니고 있다.

첫째, 행정학 교육은 공공부문에 공공관리에 대한 이론, 기술, 가치관을 갖춘 인재를 공급하기 위한 목적을 지니고 있다.

둘째, 그럼에도 불구하고 최소한 1990년대 말까지 고시위주의 교육이 이루어졌었다. 행정학 개론서의 대부분이 고시준비에 초점을 두어 왔다(최성락·이혜영, 2009).

셋째, 따라서 졸업 후 사회에 나가 활용할 수 있는 전문적 지식이나 기술에 대한 교육이 다른 경쟁분야에 비해 뒤처지고 있다(이병량, 2010).

넷째, 행정학교육의 실질적 수요자인 정부의 변화에 수동적으로 민감하다. 즉 정부에 새로운 수준의 인재를 제공하기 위한 노력보다, 정부의 수요 자체에 수동적으로 반응한다.

이러한 논의들을 종합하여 보면, 행정학 교육은 발전국가로서의 한국정부에 필요한 공공부문에 대한 지식을 갖춘 인재들에 대한 수요에 의해 탄생되고 발전되어 왔지만, 수요에 질적으로 충족되는 공급을 하지 못하고 있다고 보여진다. 그리고 그 이유는 고시위주의 교육과 이에 따른 심도있는 전문적 지식의 교육이 이루어지지 못했기 때문이며, 나아가 표출된 수요에 대한 수동적 대응에 멈추었기 때문이다.

2. 행정학 교육의 환경변화

행정학 교육에 대한 반성과 내부적 비판을 불러일으킨 '행정학의 위기'에 대한 논의는 1990년대 초중반 이후 행정학계에서 심각하게 다루어지기 시작하였다. 행정학의 위기는 크게 연구의 위기와 교육의 위기로 나누어 볼 수 있다.

김호정(2008)에 의하면 행정학자들이 제기한 행정학 연구의 위기는 4가지로 분류될 수 있다. 첫째는 행정학의 고유한 전문성의 부족이고, 둘째는 공공성에 대한 독자적 이론의 부족이다. 셋째는 적실성의 문제이다. 즉 정부가 가지고 있는 문제에 대한 시의적절하고 합리적인 대안이 없었다는 것이다. 넷째는 이에 따라 행정학 자체에 대한 수요가 저하되기 시작하였다는 것이다.

이와 같은 행정학연구의 위기는 행정학 교육의 위기로 이어지게 되었다. 지방대학과 전문대학의 교수들을 중심으로 논의가 시작된 행정학 위기는 행정학 학부교육의 위기라고 할 수 있다. 각종 공무원시험에서 행정학 과목들이 상대적으로 저평가되면서, 행정학에 대한 학생들간의 수요가 대폭 저하되기 시작한 것이다.

서울이나 수도권에 위치한 대학에 행정학의 위기가 전달된 것은 김대중 정부가 들어서 시작된 신공공관리적 개혁을 겪으면서부터라고 보여진다. 김대중 정부는 행정혁신을 위한 정부진단도 "경영진단"으로 명칭할 만큼 행정학에 대한 신뢰도가 낮았었다. 비록 그 결과가 서울이나 수도권지역의 행정학 학부교육에 직접적인 영향을 주지는 않았지만, 미래의 위기에 대한 인식이 점차 높아지기 시작하였다.

이와 같은 행정학교육의 위기를 불러일으킨 상황들은 크게 세 가지로 구분해 볼 수 있다.

첫째, 한국이 경제적으로 성장하면서, 시장부문의 인력시장이 다양하게 발전하게 됨에 따라 80년대까지 사회적 지위와 직업의 안정에 있어서 유인적 요소가 컸던 정부부문의 직업으로서의 매력이 감소하였다.

둘째, 사회복지와 같은 공공부문의 대안적 전문분야가 발전하게 됨에 따라 공공부문에 진출하고자 하는 젊은 층의 욕구를 분산시켰다. 실제로 1990년대 많은 전문대학교가 행정학과를 폐지하고 사회복지학과로 바꾸거나, 행정학과 사회복지학을 병행하는 경우가 늘어났다. 이에 따라 행정학의 기본서에 대한 수요도 줄어들었다.[1)]

셋째, 문민정부의 행정개혁은 두 가지 측면에서 행정학 교육의 수요를 낮추었다. 우선은 문민정부가 들어서면서 시작된 행정개혁은 공무원들의 전문성

1) 이러한 주장은 대학 교재를 주로 다루는 출판사의 교과서 수요조사를 통해 파악되고 있다.

문제와 윤리적 문제를 사회적으로 부각시켜서 공무원이란 직업의 자긍심을 저하시켰다.[2] 둘째는 특히 김대중 정부가 들어서면서 시작된 소위 신공공관리적 행정개혁은 국가관리에 있어서도 행정학보다 경영학이 더 우수하다는 인식을 확산시켰으며, 행정고시 1차시험의 PSAT로의 전환 등을 통해 행정학과 행정고시의 관련성을 약화시켰다.[3]

최근 행정안전부에서 시도했던 공무원임용 선진화방안에 행정학계가 가장 큰 위기의식을 느낀 것 역시 행정학 교육의 가장 중요한 환경이 공무원시험이라는 것을 깨닫게 하고 있다. 사실 각종 공무원시험에 행정학 과목이 그다지 큰 비중을 차지하지 못하고 있음에도 불구하고 행정학 교육분야는 과도하게 공무원시험 그 자체에 매달려 있었던 점이 드러났다고 볼 수 있다. 반면에 공무원 시험에 많이 합격하는 다른 전공들은 자신들만의 전문분야가 존재하였기 때문에 그다지 큰 반응을 보이지 않았었다.

비록 행정안전부의 공무원 임용제도에 대한 개혁안은 실패를 했고, 일단 행정학과는 위기를 모면했지만, 공무원들의 행정학 교육에 대한 인식이 바뀌지 않는 이상, 환경으로부터 어떤 위기가 다시 닥쳐올지는 아직 아무도 알 수 없다. 여러 연구나 사회조사에 의하면 공무원들의 행정학 교육의 실용성에 대해 신뢰도가 무척 낮게 나타나고 있다(김주환, 2001; 조경호, 2005).

물론 이러한 문제를 해결하는데 있어서 가장 중요한 전략은 행정학 학부교육의 커리큘럼과 강의내용을 실용적이고 현실적인 것으로 개선하는 것이다. 그러나 이 부분에 대해서는 앞의 세션에서 다루기 때문에 여기서는 제도적 차원만 다루기로 한다.

---

2) 당시의 신문사 등의 설문조사에 의하면 공무원들이 직업에 대한 자긍심이 크게 저하되었던 것으로 나타났다.

3) 당시 각종 공무원시험에 행정학 과목을 전부 폐지하려는 움직임까지 있어서 학계가 상당히 긴장상태에 들어선 적도 있었다.

Ⅲ. 학부 행정학 교육의 당위성과 한계

1. 미국의 행정학 교육

제 3 세계까지 통털어 한국만큼 학부수준에서 행정학 교육이 활성화된 국가가 있는지 확인하는 작업은 해보지 못했지만, 현재로서는 한국의 행정학 교육은 학부차원에서 독보적 위치에 있다고 생각된다. 한국에 행정학 교육을 심어준 미국의 경우는 행정학이나 정책학은 대학원 수준에서 다루어지고 있으며, 학부의 행정학 교육은 [표 1]에서 보다시피 무척 한정되어 있다.

[표 1]은 NASPAA에서 1994년에 조사해서 1997년에 발표한 자료이다. 비록 위의 자료에서 학위를 "행정학사"를 준다고는 하지만, 자료에 있는 몇 개 대학의 홈페이지를 방문한 결과 독립적인 학과가 아니고 다른 학과에 속해 있지만 학위만 행정학사로 나가는 경우도 있었다.

행정학과가 학부에 설치되어 있다고 해서 학위가 꼭 행정학사가 되지 않는 경우도 있었다. University of North Texas의 경우는 Department of Public Administration의 명칭으로 되어 있지만, 학위는 B.S. in Emergency Administration and Planning으로 주어지고 있다.

그리고 위 표에는 없지만 행정학 학사학위를 주는 다른 대학들은 정치학과내에 속해 있으면서 선택에 의해 행정학 학위를 받는 경우가 많이 있으며, 경영학과에 속해 있는 경우도 상당 수 있었다. 그 외에는 환경학, 범죄학, 국제관계 등의 학문분야와 통합되어 있는 경우들이 종종 있었다.

NASPAA의 조사에 의하면, 학부에서 행정학을 가르치는 경우 몇 개의 대학을 제외하고는 대부분은 교양 인문과목을 많이 수강하게 하고 공공관리 전문가로서는 초급정도의 수준에 그치고 있다고 분석하고 있다. 따라서 상당수의 대학들은 행정학을 가르치는 목적인 전문가를 양성하는 단일 목표보다는 전문교육과 더불어 대학원에 가거나 법학전문대학원에 가는 등의 복수목표를 지니고 있다고 한다.

표 1 1994년 미국 행정학 학부의 학위종류(NASPAA 자료)

대 학	학 위
Ohio University	Political Sci – Public Adm.
Kentucky State University	B.A in Public Adm.
Grand Valley State University	B.S./B.A. in Public Adm.
Cleveland State University	B.A. in Urban Studies
Oakland University	B.S in Public Adm. and Public Policy
Wayne State University	B.A. in Public Affairs
Appalachian State University	Concentration in Town/City & Public Magement
Southwest Texas state Univ.	Concentration in Public Adm.
University of Oklahoma	B.A. in Public Adm.
Auburn University	B.A. in Public Adm.
California State Univ.–Fullerton	Concentration in Public Adm.
Indiana University–Bloomington	Concentration in P.A. B.S. in Pub Affairs.
– Indianapolis Campus	B.S. in Crim. Just., B.S. in Health Service Mgt. B.S. in Public Health
– Southbend Campus	B.S. in Crim. Just., B.S. in Public Affairs.
– Fort Wayne Campus	B.S. in Public Affairs
– Northwest Campus	B.S. in Crim Just., B.S. in Public Affairs
John Jay College of Crim. Just.	B.A. in Public Administration
Florida Atlantic University	B.A. in Public Management
University of Central Florida	B.A. in Public Administration
Kean College of New Jersey	Public Administration

독립적인 행정학과나 공공관계학과(public affairs)들의 경우에 있어서도 순수 공공관리만을 교육시키기 보다는 집중분야(concentration)의 다양화를 추구하고 있다. 즉 행정학의 기본적 이념과 관리기술에 관한 수업을 듣고, 환경, 복지, 보건, 범죄, 국제관계 등 집중분야를 선택하게 하는 것이다.

미국의 경우 기본적 인문학의 소양을 갖추어야 하면서, 동시에 전문성이 높은 분야의 경우에 있어서는 학부교육보다는 대학원교육을 더욱 중요시 하는 경향이 있다. 사회복지학이나 법학, 경영학의 경우도 마찬가지라고 할 수 있다. 다양한 소양을 겸비하면서 독립된 지위의 전문가나 관리자가 되기 위해서는 대학원교육을 중요시 여기고 있다.

2. 한국의 학부 행정학 교육의 당위성과 한계

미국에서 행정학 교육이 대학원 중심으로 이루어지고 있는 것을 보고 한국의 행정학도 대학원 중심으로 전환시켜야 한다는 의견도 없지는 않다. 미국에서 대학원에서 가르치는 내용을 번역한 수준의 한국 행정학 교과서로 학부에서 가르치는 것은 무리라는 주장도 있다. 비록 이러한 주장들이 타당성이 전혀 없지는 않지만, 한국의 현실적인 환경에 비추어 볼 때 행정학의 위기를 더욱 부추기는 결과가 될 가능성이 매우 높다.

한국의 경우는 대학의 행정학과 출신들은 중간관리자를 가장 추구하고 있다. 비록 하급직 공무원으로 시작한다고 해도 행정학 전공자는 승진을 통해 중간 이상의 관리자가 될 가능성이 높다. 대학마다 차이는 있지만, 대부분의 대학들에 있어서 행정학과는 5급부터 9급까지 공무원 시험공부를 시키고 있다.

따라서 한국에서 행정학 교육을 학부부터 시키지 않으려면, 공무원 임용절차부터 대학원에서 행정학 교육을 받은 사람들이 유리할 수 있게 제도적으로 변화되어야 한다. 그러나 최근 공무원시험은 오히려 나이의 하한연령을 더 낮추고 있어서 대학의 저급학년에 독학으로라도 공무원시험에 합격하는 것을 부추기고 있는 것이 현실이다.

결국 행정학의 교육은 이러한 환경적 영향에 의해서 학부에서 교육되지 않을 수 없다. 실제로 공무원들에게 대학원교육은 인맥을 쌓거나 고등학력을 인정받기 위한 증서를 얻기 위한 과정에 지나지 않고 있다. 따라서 행정학과가 학부교육을 포기하는 것은 행정학의 수요자들과 거의 결별을 선언하는 것과 다름이 없으며, 행정학의 위기가 현실화되는 지름길이 될 것이다.

이러한 상황은 공무원 인사제도를 미국식으로 완전히 수정하지 않는 이상은 지속될 전망이다. 그리고 대학원을 마치거나 이에 준하는 경력을 갖추어야지 중간관리자 이상의 직위를 책임질 수 있다는 방식으로 공무원 인사제도가 변화하지 않으면, 미국식 직위분류제가 도입된다고 해도 학부에서 행정학교육을 책임지는 것은 양적인 수준을 제외하고는 변화가 없을 것이다.

그러나 행정학교육이 학부에서 이루어지는 것이 불가피하다고 해서, 현재의 학부 행정학교육에 아무 문제가 없다는 것은 아니다. 지금와 같이 공무원들이 행정학과에서 배우는 내용이 실효성이나 응용가능성이 없다고 생각한다면 행정학과의 위기는 더 증폭될 수 있다. 또한 공무원을 전혀 배출하지 못하는 대학교의 경우에 있어서는 요즘과 같이 인력시장의 다양성이 커지고 있는 상황에서 그 존폐의 불안감을 가지지 않을 수 없다.

따라서 행정학과가 건강하게 유지되기 위해서는 새로운 대안들을 모색해보지 않을 수 없다. 물론 가장 중요한 대안은 행정학과의 커리큘럼과 강의내용과 방법들의 내실화를 추구하는 것이다. 그러나 이에 대한 논의는 앞의 김준한 교수의 글에서 다루어질 것이기 때문에 여기서는 행정학과의 형태를 전환시키는 대안만을 다루기로 한다.

Ⅳ. 학부 행정학 교육의 대안적 모델

1. 대안적 모델

사실 커리큘럼이나 강의내용 등과 달리 한국의 제한적 환경 속에서 행정학과의 형태에 대한 제도적인 대안적 모델을 제시하는 것은 쉬운 일이 아니다. 각 대학들의 재정적 문제, 내부정치, 처해있는 외부환경 등의 차이에 의해 모든 대학들에 현실적으로 받아들여질 수 있는 대안을 제시하는 것은 까다로운 문제이다. 따라서 이 글에서는 미국의 사례와 한국의 현실에 대한 한정된 정보를 바탕으로 다음과 같은 세 가지 대안들을 대략적으로 제시해 보고자 한다.

(1) 현재의 학과형태의 모형

첫째는 현재의 행정학과를 유지하면서 커리큘럼들을 재조정하는 것이다. 학생들의 5급에서 9급의 공무원 시험의 합격률이 어느 정도 유지되는 대학들에 해당이 된다. 이 경우에서는 무엇보다 공무원이 된 후에 현실적으로 활용 가능한 커리큘럼들을 개발해 내는 과정이 중요하다. 그리고 행정학과를 졸업한 후 본인이 배운 학문의 정체성을 확립해 주는 교과과정과 교육내용을 지녀야 한다.

실제로 행정학과를 졸업하고 본인이 무엇을 배웠는지에 대해 분명하게 답을 할 수 있는 졸업생을 찾아보기 쉽지 않다(이병량, 2010). 이런 현실은 행정학의 커리큘럼에 문제가 있거나, 교육방법에 문제가 있거나 두 가지 다 해당될 수도 있다.[4]

학과형태에서는 가능한 공기업으로 갈 수 있는 기회를 부여하는 커리큘럼이나 연계전공 등을 준비하면 행정학과의 정체성을 더욱 강화시킬 수 있다. 공무원 시험의 합격률이 어느 정도 유지되는 수준이라면 공기업에도 진출할 가능성이 높기 때문에 행정학과의 정체성이 유지될 수 있다.

최근 법학전문대학원에 대한 관심이 높아지고 있기는 하지만, 기존의 행정학과의 형태를 유지하는 경우에는 특별히 법학전문대학원을 위한 프로그램은 두지 않는 것이 바람직하다. 법학전문대학원 진학을 위해서 입학하는 학생들은 기존의 행정학 프로그램에 대한 충성도가 낮기 때문에, 전반적인 학과의 분위기를 분산시킬 위험이 있다. 공무원 시험을 준비하는 학생들도 대안으로 법학전문대학원을 염두에 두게 되기 때문에 성실도가 크게 저하될 가능성도 높다. 따라서 원래의 공무원시험 합격률을 유지하기 어려운 상황이 발생할 수 있다.

4) 사실 정체성을 쉽게 나타내기 어려운 종합학문적 성격을 지닌 행정학 강의에서 발표수업 위주로 강의가 이루어진다거나, 교수의 개인 프로젝트 위주로 강의가 이루어진다면, 사회적으로 정체성이 이미 갖추어진 다른 학문들에 비해 학생들에게 행정학의 정체성이 숙지되어지는 정도가 낮을 수밖에 없다.

(2) 관련학과와 학부를 만드는 모형

학생들의 공무원 시험 합격률이 그다지 높지 않은 행정학과에서 고려해 볼 수 있는 모형이다. 미국의 경우 관련학과와 학부를 만드는 모형이 상대적으로 많다. Waldo는 행정학이란 단순히 정부를 위한 학문이 아니라 정부와 비영리단체, 그리고 정부로부터 영향을 받는 조직들 대부분과 관련된 학문이라고 볼 수 있다는 점에서 이러한 형태의 미국 행정학의 다변화를 긍정적으로 보고 있다(Waldo, 1980).

한국에서 행정학과와 학부를 만들어 시너지효과를 낼 수 있는 학과들은 정치외교학과, 사회복지학과 등이 있다. 하지만 문제점은 집합주의가 강한 한국의 문화에서 어떻게 서로 다른 학과들 간의 협력관계를 이끌어낼 수 있는가이다.

정치외교학과의 경우는 행정학은 정치학의 파생학문이라는 정치학자들의 닫힌 생각이 가장 장애가 될 수 있다. 하지만 정치학 학위를 받은 학생들의 취업가능성을 고려하면 그렇게만 자만하고 있을 일은 아니다.

정치외교학과와 협력하는 방안 가운데 하나는 국제행정과 관련된 전공을 만들어내는 것이다. 최근 한국 젊은 층의 외국진출에 대한 꿈은 매우 크다. 실제로 정치외교학과에 입학하는 학생들은 국제기구 진출을 희망하는 사람들이 많다. 하지만 정치학이론에만 집중하는 정치학과의 현실로는 이러한 학생들의 희망을 들어주기 쉽지 않다.

국제기구도 관리전문가가 필요하다는 점을 고려한다면, 정치외교학과도 자신들의 발전을 위해서 긍정적인 고려를 해보아야 한다. 국제기구뿐 아니라 국제비영리단체들도 계속 늘어가기 때문에 바람직한 시장으로 고려해 볼 수 있다. 특히 최근 각 대학들이 영어능력이 뛰어난 학생들을 유치하고 있는 상황에서 좋은 전략이 될 수 있다.

사회복지학과의 경우 최근 무척 인기가 있는 학과로서 독자적으로도 80년대 행정학과처럼 커가고 있는 학과이다. 그러나 사회복지학과의 경우 행정적인 측면은 지금도 미래도 부족한 수준이 되지 않을 수 없다. 특히 요즘처럼 사회적기업 등 국가에서 지원을 받으면서 사회복지의 기능을 하는 조직들을 어떻게 합리적으로 관리할 것인가 하는 부분은 행정학의 도움이 절실하지 않을 수 없다.[5)]

타의든 자의든 행정학과가 사회복지학과와 한 학부내에 통합된 대학교들은 지금도 존재하고 있다. 하지만 현재까지는 대부분의 학부가 이름만 내세울 뿐, 학제간 협력관계가 형성되고 있는 경우는 거의 없는 것으로 알려져 있다.

(3) 독립된 학부 또는 다양한 전공을 지닌 학과

미국의 경우 행정학과나 공공관계학과의 경우에 있어서 행정학사 하나만 준비되어 있는 것이 아니고 다양한 전공을 가지고 있는 경우가 많다. 기본적으로 공공관리에 관한 과목들을 공통으로 하고, 다양한 분야의 과목들을 개설해서 각자의 세부전공을 가지게 한다. 예를 들면 the University of Indiana의 경우 다음과 같은 4가지 전공을 제공하고 있다.

- Bachelor of Science in Public Affairs(BSPA)
- Bachelor of Science in Public Health(BSPH)
- Bachelor of Science in Arts Management(BSAM)
- Bachelor of Science in Environmental Science(BSES)

한 학과에 다양한 전공을 가진 경우 가장 자주 눈에 띄는 전공분야는 비영리조직, 환경, 범죄학, 보건학, 도시, 교통, 국제관계 등이었다.

최근 한국에는 환경, 복지, 보건, 비영리조직 등에 대한 관심이 고조되고 있다. 아직 한국의 발전수준과 재정적 지원수준 등이 낮아 관련조직들이 활성화되고 있지는 않지만, 녹색성장이나 사회적 기업 등은 이미 이 분야의 관리나 정책능력을 지닌 전문가들의 부족을 겪고 있다. 현재로서는 복지나 환경을 전공한 사람들이 이 일을 맡고 있지만 사실상 관리능력 부족으로 인한 비효율

5) 그럼에도 불구하고 사회복지학 교수들은 행정학과나 경영학과에 자신들의 지분이 빼앗겨서는 안 된다는 논의를 많이 하고 있다. 이 점이 가장 큰 장애가 된다.

성이 문제시 되고 있다.

이러한 분야는 일종의 틈새시장이라고 할 수 있고, 경영학과는 이런 비영리분야나 공공분야에 대한 관심이 낮다. 그리고 환경, 복지, 보건 등의 전공분야에서는 실제로 관리나 정책에 대한 전문성을 교육시킬 능력이 없다.[6)]

행정학과가 독립된 학부로 발전할 수 있는 하나의 기회는 최근의 법학전문대학원의 설립과 관계가 있다. 현재는 법학전문대학원의 설립으로 인해 폐지되는 법학과의 정원을 '자유전공학부'라는 이름으로 운영하고 있지만, 법학전문대학원이 자리를 잡게 되면 '자유전공학부'는 그 자체로 지속적으로 존재하기 어렵게 된다.[7)]

이 경우 행정학과는 일종의 'pre-law'프로그램을 준비할 필요가 있다. 행정학과는 법조계를 지향하는 학생들에게 있어서는 가장 훌륭한 가치관적 자질을 키워줄 수 있는 조건을 갖추고 있다. 또한 법학전문대학원을 마쳤지만 뜻하는 자리를 가지 못하는 경우 정부나 공기업 등에 계약직이나 특별채용형식으로 채용되는 경우가 늘어날 수 있다. 특히 만의 하나 지난 8월 행정자치부가 발표했던 공무원 임용선진화 방안과 같은 정책이 다시 만들어져서 집행된다면, 정부의 특별채용에 가장 유리한 집단이 법학전문대학원 출신이라는 분석도 있었다.

다양한 전공을 가진 학부나 학과로 전환시킬 경우에는 이에 합당한 학위명칭을 개발할 필요가 있다. 단순히 행정학 학사라기보다는 세부적 전공에 맞는 학위명칭을 지니는 것이 학생들의 장래를 위해 도움이 된다. 하지만 너무 '행정'이나 '정책'의 이름에서 동떨어지게 되면 행정학의 고유성에 저해가 될 수 있다.

---

6) 사회복지학과에서는 사회복지사시험을 위해 우후죽순으로 사회복지행정이나 사회복지정책의 교과서를 출판하고 있지만 그 내용을 검토하면 행정과 정책에 대한 전문적 지식을 갖춘 사회복지학과 교수들이 거의 없다는 것을 알 수 있다.

7) 각 대학교가 자유전공학부를 유지하고 있는 이유는 혹시나 법학전문대학원이 실패해서 법학과가 다시 부활할 경우에 대비하고자 하는 경우가 많다. 그러나 지난 해 말부터 자유전공학부의 파행적 운영이 언론에서 계속 문제로 제기되면서 각 대학교는 자유전공학부의 처리방안에 고심하고 있다.

2. 독립된 학부의 사례: 중앙대학교 공공인재학부

(1) 공공인재학부 설립의 배경

중앙대학교 공공인재학부의 경우는 자발적으로 행정학과가 독립학부로 전환된 것이 아니고, 초기에는 수동적인 환경이 지배적이었다. 법학전문대학원이 설립되면서 법학과 정원으로 설립되었던 자유전공학부가 실패를 하면서 대학 차원에서 행정학과에 관리를 맡기게 된 것이다.

행정학과는 자유전공학부의 정원 중 65명을 받아서 100명의 정원이 되었지만, 행정학과 자체적으로 발전방안을 정한 것이 아니었다. 본부는 법학전문대학원(기존 법학과) 교수들의 저항을 무마하기 위해 공공인재학부라는 명칭을 정하고 법학전문대학원 준비와 공무원 시험 준비를 위한 학부로 규정지었다.

따라서 공공인재학부를 '정책학 전공'과 '행정학 전공'으로 나누고 정책학 전공은 법학전문대학원 진학을 원하는 학생들을 위한 전공분야로 본부에서 지정을 하였다. 하지만 행정학이나 법학전문대학원에 대해 전혀 알지 못하는 본부에서 만든 안이라 현실적으로 가능하지 않았다.

법학전문대학원에 진학하기 위해서는 특별히 어떤 것을 공부해야 하는 것이 아니고, 인문사회과학뿐 아니라 자연과학까지 다양한 지식을 지니는 것이 바람직하다는 의견이 지배적이다. 그래서 만들어진 것이 자유전공학부지만, 현재 언론에서 많은 비판을 받고 있듯이 뚜렷한 전문분야 없이 잡다한 지식만 습득하기 때문에 졸업 후 법학전문대학원에 진학하지 못하면 전문성이 전혀 없이 사회에 진출하게 된다.

또한 학부는 단과대학과 달리 두 개의 다른 전공을 두더라도 학교에서 허락하는 학점이 제한적이기 때문에 완전히 다른 커리큘럼을 둘 수가 없다. 따라서 법학전문대학원에 진학하기 위한 자유전공과 행정학을 위한 전공을 구분하는 것이 제도적으로 불가능한 상황이었다.

(2) 체계적 학부전환과정의 진행

1) 법학전문대학원 준비과정의 중요성

전술한 바와 같이 정책학 전공과 행정학 전공을 나누어서 정책학 전공은 법학전문대학원을 지원하는 학생들만을 위한 것으로 하는 본부의 계획은 학칙상으로도 가능하지 않고 학생들을 위해서도 바람직하지 않았다. 대부분 대학들의 법학전문대학 지원을 위한 과정들의 문제는 특정 전공분야의 전문지식을 갖추지 않고, 여러 전공들의 과목들을 2-3개 정도씩 공부하는 과정을 거쳐서 '자유전공학사'나 '제도규범학사'라는 학위를 주고 있다. '정책학사'를 제공하는 대학도 있지만 역시 초점이 없는 커리큘럼으로 구성되어 있다.

따라서 중앙대학교 공공인재학부는 본부에서 대충 정해진 처음의 계획과 달리, 본부와의 협의를 통해서 정책학 전공은 정부의 정책과정에 관심이 많은 학생들을 위한 전공으로 하고, 행정학 전공은 상대적으로 조직관리에 관심이 많은 학생으로 우선 구분하였다. 그리고 법학전문대학원 진학과정은 연계전공으로 준비하였다.

이 전환과정에서 자유전공학부 출신학생들과 신입생, 그리고 본부로부터 법학전문대학원 진학과정을 없애고 행정학과 과목만 남기기 위한 수순으로 오해를 많이 받았다. 이러한 오해를 풀기 위해 법학전문대학원 진학학생들에 대해서는 학부장이 직접 지도교수를 맡았다.

비록 법학전문대학원 준비과정을 학내 정치적 상황에 의해 떠맡게 되었지만, 준비과정 중 여러 대학교의 법대교수들과의 인터뷰나 학생들과의 대화를 통해 공공인재학부의 정체성에 더욱 도움이 된다는 것을 알게 되었다. 또한 의외로 행정법이나 헌법을 연구하는 법학교수들도 행정학이나 정책학에 대한 지식부족이 가지는 한계를 느끼고 있다는 것을 알게 되었다. 많은 행정학자들이 법학의 배경지식을 아쉬워하는 것과 마찬가지였다.

다만 한 가지 한계는 행정학과에서 경제학이나 정치학을 해당 전공교수들에게 수업을 듣고 나서 행정학에 어떻게 연계시킬 수 있는지에 대해 배우지 못하듯이, 행정학과에서 배운 지식을 법학에 연계시키는 것이 학생들 스스로 감당할 수 있는가에 대한 문제이다. 이 부분은 행정학자와 법학자들 간의 장벽 허물기부터 이루어져야 한다는 현실적 한계가 있다.

2) 국제행정연계전공의 준비

교수들과 기존의 행정학과 학생들의 입장에서는 신설학부라는 의식이 적은 반면, 신입생들과 자유전공학부 출신의 학생들 입장에서는 공공인재를 위한 신설학부라는 의식이 강하다. 따라서 다양한 교육수요에 대한 의견이 제시되기도 한다.

공공인재학부를 모든 국가시험을 준비하는 과정이라고만 인식하는 학생들은 각종 국가시험준비반을 만들어달라는 요구가 있다. 그러나 우선 공공인재학부는 각종 국가시험을 위한 학부도 아니고, 다른 학과에서 갖추고 있는 시험준비반마저 경쟁적으로 만들 이유도 없었다.

그러나 외고 출신들이나 외국계 고등학교 출신 학생들의 요구는 신선하였다. 자신들은 국제사회에 진출하는 것이 꿈이고 그런 준비를 할 수 있게 도와달라는 것이었다. 초기에는 정치외교학과의 존재로 인해 불필요한 마찰을 피하기 위해 거부하였지만, 매년 신입생들 중에는 이런 수요를 지닌 학생들이 늘어날 것이고, 학부의 발전을 위해서 득이 될 수 있을 것 같았다.

하지만 역시나 정치외교학과의 반발이 없지 않았고, 현재는 조심스럽게 국제기구나 국제비영리단체들의 행정관리라는 차원에서 준비를 진행하고 있다. 정치외교학과 역시 행정관리부분에 초점을 두는 공공인재학부의 논리에 어느 정도는 수긍하는 입장이다.

3) 커리큘럼의 조정과 한계

가장 어려운 부분은 커리큘럼의 조정이다. 일단 공공부문 진출에 필요한 과목들을 만들기 위해 기존의 과목들 중 각 교수들이 꼭 강의하고 싶은 과목들을 제외하고는 불필요한 과목들은 삭제를 하였다. 행정학과의 생존과 미래가 걸린 일이었기 때문에 이 부분까지는 쉽게 협조를 받을 수 있었다.

그러나 문제는 공공인재로서 갖추어야 할 지식과 교양에 도움이 되는 과목들을 신설하는데 있어서 장애가 되는 장벽을 넘지 못하고 있다는 것이다.

대학본부와의 협상을 통해 독립된 학부로서 과목수를 몇 개 더 늘리는 것은 가능할 수 있지만 누가 강의를 하느냐의 문제이다.

예를 들면 다른 전공 출신의 공직자보다 행정학을 전공한 사람들이 공직윤리의식이 높다는 것만 인식되어도 행정학과 발전에 큰 도움이 될 수 있다고 해도 공직윤리교육을 누가 시킬 것인가는 넘기 힘든 장벽이 된다.

실용적인 과목들을 만든다고 해도 그 과목들을 누가 가르칠 것인가 역시 문제가 된다. 교수들의 협조를 받을 수 있다고 해도, 기존의 핵심과목들은 다 외부강사에 맡기고 신설과목만 교수들이 새롭게 준비해서 가르친다는 것도 합리적인 대안은 아니기 때문이다.

특히 중앙대학교의 경우 보수와 연봉을 연계시키고, 연구중심교수들의 강의의 수를 줄여주고 있기 때문에, 과목을 새롭게 늘리는 것에 대해 협조를 얻기는 매우 어려운 상황이다. 또한 영어강의도 학과의 성격과는 관계없이 30%씩 배정을 하고 있기 때문에 문제점은 더욱 증폭된다.

4) 기 타

소위 세계화시대에 맞는 인재를 육성하기 위해 공공인재학부에서는 두 명의 영어 교수를 두고 2년간 집중 교육을 시키고 있다. 영어강의는 단순히 회화를 하는 것이 아니고, 사회경험이 풍부하거나 사회과학 박사학위가 있는 교수들에 의해 사회문제나 공공정책에 대한 영어토론방식으로 진행된다.

기존의 행정학과에서 운영하던 공기업연계전공은 계속 진행 중이다. 특히 최근 공기업들이 이런 과정을 거쳤는지에 대해서 평가점수에 반영하는 경우가 늘기 때문에 더욱 세밀하게 운영 중이다.

3. 중앙대학교 사례의 시사점

첫째로 가장 긍정적인 시사점은 무엇보다 행정학과의 모형을 조금 변화시키면 다시금 수요를 높일 수 있다는 것이다. 그리고 공공부문의 다양한 기회를 가질 수 있다는 점에 있어서도 학생들이나 학부모들에게는 큰 기대감을 주게 된다.

정경대학 내의 행정학과가 그다지 인기학과가 아니었던 점에 비추어 볼 때, 공공인재학부에 대한 높은 인기는 기대 이상이었다. 전통적인 중앙대학교의 인기학과보다 높은 수준의 학생들이 입학해서 인문사회과학분야의 대표학과가 되는 것까지 기대하지는 못했기 때문이다. 학위는 행정학사를 유지하되 행정학과라는 이름을 유지해야 하는가에 대해 고민해 볼 필요가 있지 않은가 생각된다.

둘째, 법학전문대학원의 설립은 행정학과에게 확장의 기회를 줄 수 있다. 이에 대해서는 학교마다 교내 정치상황에 따라 달라질 수 있다. 하지만 외국의 사례를 보더라도 행정학과에서 법학전문대학원을 준비시키는 경우를 많이 볼 수 있고, 국내적으로도 법학전문대학원이 장래 공직에 들어가는 관문이 될 수 있다는 점을 부각시킬 필요가 있다.

셋째, 비록 미국과 같이 독립된 학부나 학과에서 다양한 전공을 두고 운영하지는 못하지만, 연계전공을 잘 운영하면 비슷한 효과를 거둘 수 있다. 특히 한국과 같이 대학의 재정이 건강하지 못해서, 교육이 필요한 정도까지의 교수를 채용하지 못하는 사회에서는 연계전공만이 유일한 돌파구일 수 있다.

넷째, 부정적인 측면은 교수들이 행정학과 자체의 위기를 크게 느끼지 못하는 경우 커리큘럼이나 강의내용의 개선이 이루어지기 어려운 내부적 장벽이 존재한다. 이것은 비단 중앙대학교만의 문제가 아니고 모든 대학에서 발생할 가능성이 큰 문제이다.

V. 결　　론

1990년대부터 시작된 행정학의 위기와 행정학과의 위기는 수동적으로는 해결되기 어렵고 능동적인 대안을 추구함으로서 해결될 수 있다. 가장 핵심적인 개선방안은 우선 커리큘럼과 강의내용을 현실적이고 실용적인 것으로 개발하는 것이지만, 행정학과의 운영방식의 전환도 고려해 볼 수 있는 대안이다.

여기서 제시된 모델들은 짧은 기간 동안 한정된 정보를 바탕으로 한 제안에 지나지 않는다. 하지만 중앙대학교 공공인재학부의 사례를 보더라도 운영방식의 전환이 긍정적 효과를 가져 올 수 있다는 것을 알 수 있다. 중앙대학교의 경우 외부환경에 의해 운영방식의 전환이 쉽게 이루어졌다는 점에서 다른 대학들보다 유리한 입장에 있었지만, 결과적으로 바람직한 방향이라는 점을 시사해 주고 있다.

이 글에서 제시된 대안들 뿐 아니라 행정학과의 모형을 다양화하기 위해서는 한국행정학회가 맡아야 할 책임이 있다. 미국의 NASPAA처럼 행정학의 정체성을 확립하는 차원에서 핵심적인 커리큘럼과 운영방식을 고안하는 것이다. 또한 행정학의 교육을 받은 공직자와 그렇지 않은 공직자의 차별화를 위한 교육과정들도 공통으로 개발하는 것이 필요하다.

또한 행정학회는 매 해에 각 행정학 관련 학과나 학부들의 성공적으로 변형된 사례들을 학회에서 다루는 자리를 마련해야 한다. 이 글에서 세세하게 소개하지는 못했지만, 현재도 위기를 맞이해서 자체적으로 변형을 시도한 사례들이 전혀 없지 않다.

이런 공통된 커리큘럼을 갖추면서 행정학과의 모형을 다양화 해나갈 수 있다면 현재의 행정학 교육의 위기를 단계적으로 극복해 나갈 수 있으리라 믿는다. 현재와 같이 소극적이고 수동적으로 행정학의 수요에 대처한다면, 언제든 새로운 위기에 봉착할 수 있다. 따라서 행정학과들은 적극적이고 장기적인 대안을 세워서 각 대학이 처한 상황에 맞추어 변화를 추진해 나가야 한다.

CHAPTER 06

행정학 대학원교육을 위한 제도적 구상

남궁 근

Ⅰ. 문제의 제기

대학원교육은 학사과정을 이수한 후, 석사과정과 박사과정의 교육을 말한다. 응용학문분야인 행정학 분야의 대학원교육에서는 상호 연관된 다음 과제들을 해결하여야 한다.

첫째, 대학원교육에서 공공부문에서 일할 인재를 양성할 것인가, 아니면 학문후속세대를 육성할 것인가? 이 문제는 교육내용을 실무중심적인 것으로 편성할 것인가 아니면 이론중심적으로 편성할 것인가와 연결된다. 공공부문에서 일할 인재를 양성하고자 할 경우에는 고시제도 등 공무원 시험제도 개편이나 고위공무원 개방형 특채 도입 등과 같이 공공부문 채용시장의 변화에 민감하게 반응하여야 한다. 한편 대학원교육에서 급변하는 시대적 상황의 영향으로 지식·정보의 수명이 단축됨에 따라 공공부문의 인재에 대한 재교육에 관한 고려도 필요하다.

둘째, 대학원교육에서 순수 행정학(또는 정책학)의 비중과 실질적인 행정 및 정책영역(보건, 복지, 교통, 교육 등)의 비중을 어떻게 배분할 것인가? 이 문제는 행정학 분야에서 수여하는 학위의 종류(행정학 및/또는 정책학)와 함께 실질적 행정 및 정책 영역의 교육을 누가 어느 정도 담당하여야 할 것인가의 문제이다. 최근 서울대 행정대학원에서는 행정학과에서 분리된 정책학과를 설치하였고, 따라서 행정학 학위와 정책학 학위를 수여하게 되었다. 그러면 실질적인 정책영역은 어떻게 다룰 것인가에 관한 고민이 필요하다.

셋째, 정부(교육과학기술부)의 대학원교육에 관한 제도적 틀의 제약을 어떻게 활용하고 개선할 것인가? 현재 고등교육법에서 규정한 대학원의 종류(제29조의2)는 그 주된 교육목적에 따라 일반대학원(석사, 박사), 전문대학원(석사, 박사), 그리고 특수대학원(석사)으로 구분된다.[1] 일반대학원은 학문의 기초이론과 고도의 학술연구를 주된 교육목적으로 하는 대학원이며, 전문대학원은 전문 직업분야의 인력양성에 필요한 실천적 이론의 적용과 연구개발을 주된 교육목적으로 하는 대학원이다. 한편 특수대학원은 직업인 또는 일반 성인을 위한 계속교육을 주된 교육목적으로 하는 대학원을 말한다.

이 글에서는 국내외 대학의 행정학 분야 대학원교육제도 현황을 살펴 본 후, 바람직한 제도 개선의 방향에 관하여 살펴보기로 한다. II장에서는 국내 행정학 석사 및 박사과정 설치현황, III장에서는 미국과 유럽의 행정학 분야의 석사 및 박사학위과정의 동향을 살펴보기로 하겠다. IV장에서는 결론을 대신하여 환경의 변화와 제도개선 방향을 제시하고자 한다.

---

1) 고등교육법 제29조의2(대학원의 종류) ① 대학원은 그 주된 교육목적에 따라 다음 각 호와 같이 구분한다. 1. 일반대학원: 학문의 기초이론과 고도의 학술연구를 주된 교육목적으로 하는 대학원 2. 전문대학원: 전문 직업분야의 인력양성에 필요한 실천적 이론의 적용과 연구개발을 주된 교육목적으로 하는 대학원 3. 특수대학원: 직업인 또는 일반 성인을 위한 계속교육을 주된 교육목적으로 하는 대학원. 한편 고등교육법 시행령 제22조(대학원의 학위과정) 법 제29조제3항에 따라 대학원에 두는 학위과정은 다음 각 호의 구분에 의한다. 1. 일반대학원: 석사학위과정 및 박사학위과정 2. 전문대학원: 석사학위과정. 다만, 학칙으로 정하는 바에 따라 박사학위과정을 둘 수 있으며, 의사 또는 치과의사 양성을 목적으로 하는 전문대학원의 석사학위과정은 전문학위과정만으로 한다. 3. 특수대학원: 석사학위과정

II. 국내대학 행정학 석사 및 박사과정 설치현황

1. 일반대학원 행정학석사 및 박사과정

고등교육법에 따르면 일반대학원이란 학문의 기초이론과 고도의 학술연구를 주된 교육목적으로 하는 대학원을 말한다. 한국행정학회 자료에 의하면 행정학 학사학위를 수여하는 4년제 대학의 학과 또는 전공의 숫자는 105(분교 5 포함, 제갈욱, 2006)개 정도이다. [표 1]에 따르면 이들 가운데 일반대학원에

표 1 일반대학원 석사과정 설립연도별 설치대학 현황

설립연도	설치대학	빈도
1960년 이전	부산대(59), 고려대(59)	2
1961년-1970년	중앙대(63), 연세대(62), 동국대(65), 성균관대(66), 한양대(66), 경희대(66), 청주대(66), 건국대(65), 명지대(68), 영남대(68), 단국대(70)	11
1971년-1980년	경기대(77), 국민대(76), 전남대(75), 경북대(74), 충남대(75), 전북대(77), 경남대(77), 대구대(78), 인하대(80), 동아대(79), 강원대(79), 원광대(80)	12
1981년-1990년	한국외대(81), 상지대(87), 서울시립대(81), 충북대(83), 조선대(88), 경성대(83), 경상대(87), 목포대(90), 광운대(84), 호서대(87), 안동대(88), 숭실대(84), 이화여대(84), 대전대(88), 울산대(90)	15
1991년-2000년	제주대(98), 목원대(95), 창원대(91), 계명대(98), 인천대(98), 동의대(95), 숙명여대(95), 경일대(99), 서남대(92), 부경대(96), 강릉대(99), 신라대(99)	12
2001년-현재	대구가톨릭대(05), 배재대(01), 가톨릭대(04), 호서대(02), 한국해양대(04)	5
계		57

자료: 제갈욱. 2005. 한국대학의 행정학 교육분석. 한국행정학 50년사, pp. 643-646 [표 1]을 기초로 재구성.

행정학석사 과정을 설치한 대학은 57개 정도이다.

일반대학원 석사과정 설치대학을 설립년도 별로 살펴보면, 1960년 이전에는 부산대(1959)와 고려대(1959)의 2개 대학에 불과하였다. 그러나 1961~1970년 11개, 1971~1980년 12개, 1981~1990년 15개 대학에 행정학 석사과정이 설치되어, 그 숫자가 꾸준히 증가하였다. 91년 이후에는 증가추세가 완화되어 1991~2000년 12개, 그리고 2001년 이후에는 5개에 그쳤다. 일반대학원 석사과정 설치 대학으로 판단할 경우, 1981~1990년에 가장 많은 석사과정이 설치되었다.

[표 2]에 일반대학원 박사과정 설치대학의 숫자가 제시되었다. 현재 일반대학원 박사과정이 설치된 대학은 57개교로 석사과정이 설치된 대학의 수와

표 2 일반대학원 박사과정 설립연도별 설치대학 현황

설립연도	설치대학	빈도
1960년 이전	-	0
1961년-1970년	부산대(64), 연세대(64), 고려대(67)	3
1971년-1980년	서울대(76), 한양대(80), 경희대(80), 건국대(76), 명지대(74), 영남대(74), 국민대(80), 단국대(74), 강원대(80), 경북대(77), 대구대(80), 부산대(80), 중앙대(80), 동국대(79), 성균관대(79)	15
1981년-1990년	청주대(81), 경기대(82), 한국외대(82), 전남대(82), 충남대(82), 전북대(90), 경남대(83), 동아대(81), 인하대(83), 충북대(87), 광운대(87), 경성대(87), 경원대(89)	13
1991년-2000년	제주대(00), 상지대(91), 서울시립대(92), 조선대(95), 경상대(95), 한성대(99), 창원대(99), 계명대(99), 목포대(00), 호서대(00), 숭실대(96), 이화여대(96), 인천대(00), 동의대(00), 대전대(94), 숙명여대(99), 경일대(99)	17
2001년-현재	안양대(02), 안동대(03), 울산대(02), 서남대(01), 배재대(04), 강릉대(05), 가톨릭대(04), 한서대(02), 신라대(04)	9
계		57

자료: 제갈욱. 2005. 한국대학의 행정학 교육분석. 한국행정학 50년사, pp. 643-646 [표 1]을 기초로 재구성.

거의 유사하다. 즉, 석사과정이 설치된 대학은 거의 모두가 박사과정을 설치한 것으로 보아야 할 것이다. 1970년 이전에는 박사과정 설치대학이 부산대(64), 연세대(64), 고려대(67)의 3개교에 불과하였다. 그러나 1971-1980년 15개 대학, 1981-1990년 13개 대학, 1991-2000년 17개 대학에 박사과정이 신설되었다. 2001년 이후에도 9개 대학에 행정학 박사과정이 개설되었다.

[표 1]과 [표 2]를 토대로 할 때, 우리나라의 경우에는 외국과 달리 일반대학원의 석사과정과 박사과정 설치대학의 숫자가 거의 유사하여, 석사과정까지 교육하는 대학과 박사과정까지 교육하는 대학의 차별화가 이루어지지 않았다. 특히 행정학 학사과정이 설치된 대학의 수가 105개교라는 점을 염두에 되면 박사과정이 설치된 대학의 수가 과반수가 넘는 것으로 나타나 지나치게 많은 편이다.

이같이 일반대학원 석사 및 박사과정 설치대학이 양적으로 지나치게 많은 현실에서, 그 교육의 질을 어떻게 확보할 것인가의 문제가 심각한 것으로 보인다.

2. 전문대학원 행정학 석사 및 박사과정

전문대학원은 전문 직업분야의 인력양성에 필요한 실천적 이론의 적용과 연구개발을 주된 교육목적으로 하는 대학원을 말한다. 전문대학원에는 특수대학원과 달리 전임교원을 배치하여야 하며, 석사과정과 박사과정을 설치할 수 있다. 행정학 분야의 전문대학원으로는 서울대학교 행정대학원, 서울과학기술대 IT정책대학원, 성균관대학교 국정관리대학원, KDI 정책대학원이 있다([표 3] 참조).

서울대학교 행정대학원은 1959년 석사과정을 교육하는 특수대학원으로 출발하였다. 그 후 1976년에 일반 대학원에 박사과정을 설치하였다. 석사과정과 박사과정을 둘 수 있는 전문대학원 제도가 도입된 이후 전문대학원으로 전환하였다. 서울대 행정대학원은 오랫동안 행정학 석사와 행정학 박사학위만을 수여해 오다가, 개원 50주년을 맞아 2009년부터 정책학과를 행정학과로부터 분리하여 정책학석사와 정책학박사도 수여할 수 있도록 하였다(전영한, 2008; 홍준형, 2008). 두 학과의 교과과정에 공통과목도 있지만, 상당히 다르게 편성한 과목도 많이 있다. 서울대 행정대학원의 이러한 변화는 장차 국내의 다른

표 3 국내 행정학분야 전문대학원 현황

학 교	설립연도	주요 과정
서울대학교 행정대학원	1959	· 석사학위과정(2개 학과) – 행정학과, 정책학과. · 박사학위과정(2개 학과) * 정책학과는 1981년 석사과정 정책학전공으로 개설된 후, 2009년 정책학과로 독립하여 석사 및 박사과정이 설치됨.
서울과학 기술대학교 IT정책대학원	2003	· 석사과정(4개 전공) – 공공정책, 방송통신정책, 방송통신정책, 디지털문화정책 · 박사과정(4개 전공) – 공공정책, 방송통신정책, 방송통신정책, 디지털문화정책 * 디지털 문화정책은 2010년 10월 추가됨.
성균관대학교 국정관리대학원	2004	· 석사과정 – 학술연구 분야, 공직·전문직 분야, 국정관리분야 선택가능 · 박사과정 – 공공관리, 정책학, 도시지방행정, 국정관리 선택가능 국정관리대학원의 전신인 일반대학원 및 행정대학원을 통합하여 출범함.
KDI 국제정책대학원	1998	· 석사학위과정(4개) – 정책학과정(MPP: Master of Public Policy) – 경영학과정(MBA: Master of Business Administration) – 투자경영학과정(MFDI: Master' s in Foreign Direct Investment) – 자산관리경영학과정 (MAM: Master' s in Asset Management) · 박사학위과정(2개) – 정책학과정(Public Policy) – 경영학과정(Management) * 1998년 대학원대학으로 개원(학부없음) * 2001년 박사과정 개설

자료: 서울대학교 행정대학원(http://gspa.snu.ac.kr), 서울과기대 IT정책대학원(http://plaza. snut. ac.kr/~gsppit01), 성균관대 국정관리대학원(http://gsg.skku.edu), KDI 국제대학원 (http://www.kdischool.ac.kr) 홈페이지 참조.

대학의 학위과정에도 영향을 미칠 것으로 보인다.

서울과학기술대학교 IT정책대학원은 2003년부터 석사과정(21명 모집정원)과 박사과정(21명 모집정원)의 신입생을 모집하였다. 이 대학원은 공공정책 분야와 IT기술을 융합하여 교육한다는 목표를 가지고 출범하여 공공정책 전공, 방송통신정책 전공, 산업정보시스템 전공으로 전공분야를 다양화시켰다. 전공별 교육의 주된 담당단위는 공공정책의 경우에는 행정학과, 방송통신정책 전공의 경우 매체공학과, 산업정보시스템 전공의 경우 산업정보시스템공학과가 담당하고 있다. 대학원 학생들이 타전공의 과목을 반드시 2과목 이상 이수하도록 하여 정책과 기술의 융합을 유도하고 있다. 최근 디지털문화정책 전공이 신설되어, 전공이 한층 다양해졌다.

성균관대학교 국정관리대학원은 전신인 일반대학원 석사 및 박사과정과 특수대학원인 행정대학원을 통합하여 2004년 출범하였다. 학위는 행정학 석사와 행정학박사를 수여한다. 석사과정은 모집정원 40명으로 학술연구 분야, 공직·전문직 분야, 국정관리 분야에서 선택이 가능하다. 한편 박사과정은 모집정원 25명이며, 공공관리, 정책학, 도시지방행정, 국정관리 분야에서 선택할 수 있다. 그 밖에도 모집정원 5명의 석·박사과정을 두고 있다. 성균관대 국정관리대학원은 국정관리대학원 및 행정학과 교수진을 중심으로 운영되며, 타학과 교수진은 제한적으로 참여하는 것으로 보인다.

KDI 국제정책대학원은 학부가 없으며, 대학원만 개설한 소위 “대학원대학”이다. 1998년에 석사과정만으로 개원하였으며 현재 4개의 석사학위과정, 즉, 정책학과정(MPP: Master of Public Policy), 경영학과정(MBA: Master of Business Administration), 투자경영학과정(MFDI: Master’s in Foreign Direct Investment), 자산관리경영학과정(MAM: Master’s in Asset Management)을 두고 있다. 한편 2001년에는 박사과정을 개설하였고, 정책학박사(Public Policy)와 경영학(Management)박사를 수여한다.

전문대학원은 전문 직업분야의 인력양성에 필요한 실천적 이론의 적용과 연구개발을 동시에 지향하며, 전임교원을 두고 석사와 박사를 배출한다는 면에서 응용학문분야인 행정학에서는 매력적인 교육제도인 것으로 보이나, 그 숫자가 극히 제한되어 있다. 그런데 현재 설치되어 있는 네 대학의 전문대학원의 석사 및 박사학위과정과 일반대학원을 비교할 때, 전문대학원에서 보다 다양한 전공분야와 학위를 배출하고 있음을 알 수 있다.

성균관대학교 국정관리대학원의 경우에는 행정학석사와 행정학박사만을 배출하지만, 서울대의 경우에는 행정학과 정책학의 학위, 서울과기대의 경우, 정책학 학위와 공학의 학위를 수여한다. 한편 KDI 국제정책대학원은 정책학 학위 및 경영학 학위를 수여한다.

3. 특수대학원 석사과정

행정학 분야에는 직업인을 위한 계속교육을 주된 교육목적으로 하는 특수대학원이 다수 설립되어 있다. 행정학 분야의 특수대학원은 공무원을 포함한 공공부문 종사자들에 대한 재교육기관의 역할을 수행하여 왔다. [표 4]에 제시된 행정학 분야의 특수대학원은 61개이다. 설립연도별로 파악해 보면, 1960년대 이전에는 서울대(59), 1960년대에 건국대(67), 동국대(67), 연세대(70)의 3개교, 1970년대에는 한양대(79), 전남대(80), 경북대(80), 강원대(80)의 4개교가 신규 설립되었다. 그러나 1981년 이후 그 숫자가 크게 증가하여 1980년대 23개교, 1990년대 25개교, 그리고 2001년 이후에도 4개교에 특수대학원이 신설되었다.

표 4 특수대학원 설립연도별 설치대학 현황

설립연도	설치대학	빈도
1960년 이전	서울대(59)	1
1961년-1970년	건국대(67), 동국대(67), 연세대(70)	3
1971년-1980년	부산대(72), 한양대(79), 전남대(80), 경북대(80), 강원대(80)	5
1981년-1990년	성균관대(84), 고려대(86, 안암), 경희대(81), 경기대(84), 국민대(84), 단국대(81), 충남대(82), 전북대 (82), 경남대(87), 서울시립대(81), 인하대(89), 원광대(88), 중앙대(88), 경상대	23

	(87), 한성대(87), 수원대(87), 호남대(87), 동의대(85), 경원대(89), 광주대(88), 한국해양대(87), 영남대(87), 순천향대(88)	
1991년-2000년	제주대(91), 조선대(95), 창원대(96), 목포대(91), 한남대(97), 강남대(94), 안양대(96), 성결대(00), 안동대(95), 상명대(99), 우석대(94), 아주대(95), 상주대(99), 건양대 (95), 고려대(98, 서창), 순천대(96), 대진대(99), 한경대(00), 세명대(96), 창원대(91), 한서대(98), 공주대(98), 군산대(94), 경주대(96), 경운대(00)	25
2001년-현재	한국방송통신대(01), 충주대(02), 밀양대(01), 한중대(02)	4
계		61

자료: 제갈욱. 2005. 한국 대학의 행정학 교육분석. 한국행정학 50년사, pp. 643-646 [표 1]을 기초로 재구성.

행정학 분야 특수대학원의 명칭을 살펴보면 행정대학원이 28개로 가장 많고, 뒤이어 경영행정대학원이 10개이다. 그 밖에도 (공공)정책대학원 3개, 도시행정대학원 1개, 전자정부대학원 1개 등 다양한 명칭의 대학원이 설립되어 있다.

표 5 특수대학원 명칭별 설치대학 현황

명 칭	설치대학	빈 도
행정대학원	부산대(72), 고려대(98, 서창), 서울대(59), 제주대(91), 중앙대(88), 연세대(70), 동국대(67), 성균관대(84), 한양대(79), 경희대(81), 건국대(67), 영남대(87), 경기대(84), 국민대(84), 단국대(81), 전남대(80), 경북대(80), 충남대(82), 전북대(82), 경남대(87), 인하대(89), 원광대(88), 경상대(87), 한성대(87), 창원대(96), 수원대(87), 경원대(89), 순천향대(07)	28
경영행정대학원	목포대(91), 안양대(96), 성결대(00), 우석대(94), 건양대(95), 순천대(96), 세명대(96), 창원대(91), 공주대(98), 군산대(94)	10
(공공)정책대학원	고려대(86, 안암), 조선대(95), 아주대(95)	3
도시행정대학원	서울시립대(81)	1
경영정보대학원	한중대(02)	1

산업정보대학원	순천향대(88), 경운대(00)	2
전자정부대학원	한경대(00)	1
정치경영대학원	상명대(99)	1
산업대학원	광주대(88), 상주대(99), 밀양대(01)	3
부동산행정대학원	강남대(94)	1
복지행정대학원	호남대(87)	1
정보과학·행정대학원	강원대(80)	1
특수대학원	한국방송통신대(01)	1
행정정책대학원	한남대(97)	1
행정경영대학원	안동대(95)	1
경영행정외국어대학원	충주대(02)	1
법무행정대학원	대진대(99)	1
산업경영대학원	경주대(96)	1
해사산업대학원	한국해양대(87)	1

자료: 제갈욱. 2005. 한국대학의 행정학 교육분석. 한국행정학 50년사, pp. 643-646 [표 1]을 기초로 재구성.

행정학 분야의 특수대학원은 일반대학원과 비교하여 입학정원이 비교적 많은 편이다. 과거에는 행정학 분야 특수대학원의 주된 기능이 일반행정직 공무원의 재교육이었으나, 최근에는 교육내용이 상당히 달라진 것으로 보인다. [표 6]에 연세대학교 행정대학원, 고려대 정책대학원(안암), 그리고 행정대학원(서창)의 주요과정이 제시되어 있다. 연세대의 경우 입학정원이 164명으로 매우 많은 편으로, 일반행정 전공을 포함하여, 국제관계·안보전공, 지방자치·도시행정전공, 북한·동아시아전공, 공공정책전공, 사회복지전공, 정치행정리더십전공, 경찰·사법행정전공, 사회·문화전공 등 9개 전공의 교육과정을 제공한다. 행정학 교수진이 일반행정 전공과 공공정책 전공 등 일부 전공의 교육을 담당하지만, 타 분야 학과의 교수진이 교육을 담당하는 전공이 더 많은 것으로 보인다. 고려대 정책대학원(안암)과 행정대학원에서도 상황은 유사한 것으로 보인다.

표 6 국내 행정학 분야 주요 특수대학원 사례

학 교	설립연도	주요 과정
연세대학교 행정대학원	1970	· 석사학위과정(9개 전공) – 일반행정전공, 국제관계·안보전공, 지방자치·도시행정전공, 북한·동아시아전공, 공공정책전공, 사회복지전공, 정치행정리더십전공, 경찰·사법행정전공, 사회·문화전공 * 2002년 이후 입학정원 164명
고려대학교 정책대학원 (안암)	1986	· 석사학위과정(9개 학과) – 국제관계학과, 아태지역연구학과, 도시및지방행정학과, 경제정책학과, 통계조사학과, 감사행정학과, 세정학과, 공안행정학과, 국토계획경제학과
고려대학교 행정대학원 (서창)	1998	· 석사학위과정(7개 전공) – 공공행정, 공공정책, 국제통상, 교육정책, 금융재정정책, 품질정책, 외교안보정책 * 2005년 8월 석사과정 입학정원 58명

행정학 분야 특수대학원에 이같이 다양한 전공이 개설되어 있는 것은 바람직한 현상이기는 하지만, 다른 한편으로는 전통적인 행정학 분야의 입학자원이 크게 감소한데 기인한 것이기도 하다. 특히 지방대학에서는, 관련 공공기관 종사자들이 거의 석사학위를 받았을 경우, 더 이상 입학자원을 확보하기 어려울 경우도 있다. 이러한 상황에서 사회복지, 교육정책, 세정 등 교육수요가 비교적 많은 전공분야를 개설하여 입학자원을 확보하고자 하는 경우가 많을 것이다.

4. 우리나라 행정학 대학원교육제도의 특징

이상에서 살펴본 우리나라 행정학 대학원교육제도의 특징은 다음과 같이 요약될 수 있을 것이다.

첫째, 석사학위를 배출하는 대학의 수가 비교적 많은 편이다. 석사과정의 경우 일반대학원과 특수대학원으로 이원화되어 있으며, 설치대학의 수는 특수대학원이 더 많다. 특수대학원의 경우 학교당 입학정원이 일반 대학원보다 훨씬 많은 실정에서, 소위 "유명대학"이 아닌 경우 일반대학원의 석사과정이 위축되는 경향이 나타나는 것으로 보인다. 실제로 일반대학원과 특수대학원을 합산할 경우, 행정학 분야에서 석사학위 소지자를 지나치게 과잉 공급해 왔고, 현재에도 그러한 것으로 보인다.

둘째, 박사학위를 수여하는 대학도 매우 많은 편이다. 박사학위 프로그램이 일반대학원에 소속된 경우가 압도적으로 많으며, 전문대학원 제도를 채택한 대학교는 서울대학교 행정대학원, 서울과학기술대학교 IT정책대학원, 성균관대학교 국정관리대학원, KDI 국제대학원 등 4개교에 불과하다. 전문대학원에서 학위를 수여할 경우 학위의 종류가 일반대학원보다 다양하고, 행정학 교수진과 타 학문분야 교수진의 학제적인 교육이 가능하다.

셋째, 특수대학원의 이상비대현상이 나타나고 있다. 특수대학원은 원칙적으로 전임교수진이 없으며, 학사과정에 소속된 교수진이 운영한다. 따라서 특수대학원의 교육은 부실화되기 쉽다. 이러한 특수대학원에서 석사소지자를 양산할 수 있는 대학원제도는 교육의 질이라는 측면에서 심각한 문제가 야기되고 있다. 최근 전통행정학 분야의 입학자원 감소문제를 해결하기 위하여 인접학문분야의 전공을 설치되고, 인접분야의 입학생이 증가하는 현상이 나타나고 있다. 이는 학제적 교육의 강화라는 측면에서는 긍정적이지만, 행정학 분야의 주도권 상실이라는 문제로 이어질 수 있다.

Ⅲ. 외국의 행정학분야 대학원 교육제도

1. 미국의 행정학분야 대학원 교육제도

미국 행정대학원 협의회(National Association of Schools of Public Affairs and Administration, 이하 NASPAA)의 자료에 의하면 2010년 9월 1일 현재 NASPAA의 인증을 받은 석사학위 프로그램은 161개 대학에서 169개이다.[2)]

[표 7]에 이들 프로그램들이 소속된 제도적 기반을 정치학과, 행정학과, 정치·행정학과, 또는 전문대학원으로 분류하여 제시하였다. 총 161개 대학에서 행정학 석사프로그램을 개설하였는데, 그 프로그램이 정치학과에 소속된 대학이 31개교(19.3%), 행정학과에 소속된 대학은 77개교(47.8%), 정치·행정학과에 소속된 대학은 16개교(9.9%)이다. 한편 독립된 대학원(School)에 행정학석사과정이 개설된 대학은 37개(22.9%)로 나타났다. 그러므로 빈도수가 가장 많은 범주는 행정학과에서 행정학석사 프로그램을 제공하는 것으로 거의 과반수(47.8%)에 이른다. 두 번째로는 독립된 행정관련 전문대학원을 개설한 경우로 22.9%이다. 정치학과에 개설된 경우도 19.3%에 달한다. 한편 학과 명칭으로 판단할 때, 정치·행정학과(Dept of Political Science and Public Administration), 정부학과(Department of Government), 정책학과(Dept of Public Policy) 등과 같이 정치학과 행정학을 동시에 표기된 경우도 9.9%를 차지하였다.

미국의 경우에는 한국의 상황과 비교하여 전문대학원에서 행정학 석사를 개설한 경우가 22.9%로 많은 편이다. 한편 행정학 프로그램의 규모가 큰 대학은 거의 대부분이 독립된 전문대학원이기 때문에 학생수를 기준으로 실제로 차지하는 비중은 더욱 큰 것으로 볼 수 있다.

표 7 미국 행정학석사 프로그램의 제도적 기반

제도적 기반	빈도	백분비
정치학과(Dept of Political Science)	31	19.3%
행정학과(Dept of Public Administration)	77	47.8%
정치·행정학과(Dept of PS and PA, Dept of Government, Dept of Public Policy)	16	9.9%
전문대학원(School of Public Affairs, Public Policy)	37	22.9%
합 계	161	100%

주: Department 이외에도 Division, Program 또는 Institute 등의 명칭도 학과로 분류하였음.
자료: NASPAA 2010에서 재구성(별표 # 1 참조).

2) 2010-2011 Roster of Accredited Programs(http://www.naspaa.org/accreditation/NS/roster.asp) 참조.

[표 8]에 미국의 행정학 분야 전문대학원에서 석사와 박사 학위를 수여하는 주요 대학의 학위 현황을 소개하였다. 시라큐스대학의 Maxwell School에서는 6가지 종류의 석사학위를 수여한다. 하버드대학의 John F. Kennedy School of Government에서는 5종류의 석사학위를 수여한다. 프린스턴대학의 Woodrow Wilson School of Public and International Affairs에서는 MPA와 MPP의 2종류의 학위를 수여한다. 콜롬비아대학의 School of International and Public Affairs에서도 5종류, 시카고대학의 The Harris School에서는 4종류, 피츠버그대의 Graduate School of Public and International Affairs에서는 5종류, 인디애나대학의 School of Public and Environmental Affairs에서는 3종류, 서던캘리포니아대학의 School of Policy, Planning, and Development에서는 8종류, 그리고 버클리대학의 Goldman School of Public Policy에서는 MPP를 수여하며, 분야별 선택과목 이수 후에 분야별 정책학 학위를 수여한다.

미국의 전문대학원 행정학 석사학위의 특징을 요약한다면 첫째, 기본적으로 행정학 (또는 행정관리)과 정책학 학위를 수여한다. 둘째, 각 대학원별로 특화된 분야에서 학위를 수여한다. 예를 들면, 콜롬비아 대학과 인디애나대학의 경우 환경(정책)학 학위, 하버드, 피츠버그, USC의 국제개발학위, 콜롬비아 대학의 경제정책관리, USC의 보건행정, 부동산개발 등이다. 국제개발(International Development)학위는 개발도상국의 유학생과 공무원을 대상으로 하는 프로그램이라고 볼 수 있다. 한편 분야별 행정학(정책학) 학위는 공통필수과목을 이수한 이후, 관련분야 선택과목을 이수하고 수여하는 학위이다. 학교별로 세부전공 설치의 내용을 검토해보면, 세부전공의 구체적 내용이 대학별 공급자특성과 수요자특성에 의해 결정됨을 알 수 있다(전영한, 2008). 즉, 학교별로 갖고 있는 교수구성 등의 장단점을 감안한 후 학생들의 교육수요에 맞추어 개발도상국의 유학생이 많은 학교는 국제개발 전공을 설치하고, 지방정부 공무원 수요가 많은 학교는 지방행정 전공을 설치하는 형태 등이다.

미국의 전문대학원교육을 벤치마킹한다면, 우리의 경우에도 보다 많은 대학(특히 여건이 잘 갖추어진 규모가 큰 대학)에서 일반대학원과 특수대학원의 이원화된 체제에서 벗어나, 전문대학원으로 전환하여 보다 다양한 학위를 수여하는 방향으로 나가야 할 것으로 보인다. 행정학과 정책학 학위는 물론 각 대학별로 실질 행정(및 정책)분야의 학위까지 수여하는 방향으로 나가야 할 것이다. 반면에 규모가 비교적 작고, 수요가 적은 대학은 학과에서 석사와 박사프로그램을 관리하는 방향으로 나가야 할 것으로 보인다.

표 8 미국 주요 행정 및 정책대학원 현황

대 학 원	석사과정	계	박사과정
시라큐스 Maxwell School	– a master' s of public administration (M.P.A.); – a master' s of arts in international relations (M.A (I.R.)); – a joint M.P.A./M.A (I.R.); – a joint M.P.A./J.D. (offered with SU' s College of Law); – a joint M.A. (I.R.)/J.D. (offered with SU' s College of Law); and – an executive M.P.A., tailored to the needs of midcareer students by Maxwell' s Executive Education program.	6	0
하버드 John F. Kennedy School of Government	–Master in Public Administration(MPA) –Master in Public Administration/International Development(MPA/ID) –Master in Public Policy(MPP) –Master in Public Policy/Urban Planning(MPP/UP) –Mid–Career Master in Public Administration(MC/MPA)	5	○
프린스턴 Woodrow Wilson School of Public and International Affairs	–Master in Public Affairs(MPA) –Master in Public Policy(MPP)	2	○

콜롬비아 School of International and Public Affairs	-Master of International Affairs(MIA) -Master of Public Administration(MPA) -MPA in Environmental Science and Policy -Executive MPA -Program in Economic Policy Management(MPA)	5	○
시카고 The Harris School	-Master of Public Policy(MPP) -Master of Arts in Public Policy(AM) -Master of Science in Environmental Science and Policy(MS) -Master of Arts in Public Policy and International Relations(AM/MA)	4	○
피츠버그 Graduate School of Public and International Affairs	-Master of Public Administration(MPA) -Master of Public and International Affairs(MPIA) -Master of International Development(MID) -Master of Public Policy and Management(MPPM) -Master of Public Policy and Management(MPPM)2+2Program	5	○
인디애나 School of Public and Environmental Affairs	-Master of Public Affairs(MPA) -Master of Science in Environmental Science(MSES) -Master of Arts in Arts Administration(MAA)	3	○
서던캘리포니아 School of Policy, Planning, and Development	-Master of Planning -Master of Public Administration -Master of Public Policy -Master of Health Administration -Master of Real Estate Development -Master of International Public Policy and Management -Executive Master of Health Administration -Executive Master of Leadership	8	○
캘리포니아(버클리) Goldman School of Public Policy	-Master in Public Policy(MPP) (*Core curriculum + Elective course 이수 후 분야별 정책학 학위부여)	1	○

자료: 홍준형(2008)을 토대로 보완함.

2. 유럽국가의 행정학 대학원 교육제도

유럽 국가들의 대학교육제도는 유럽전역을 하나의 고등교육권역으로 통합하려는 1999년 볼로냐 협약에 따라 대대적인 변화를 겪고 있다. 볼로냐 협약에서는 유럽대학들의 교육구조를 학사(Ba)-석사(Ma)-박사(Ph.D)의 3층 구조로 재편하고, 국가 간 교류가 이루어질 수 있도록 학점제도를 표준화(ECTS)하며, 외부기관의 인증을 통하여 대학교육의 품질을 보장한다는 것이다.

볼로냐 협약은 행정학 분야의 대학원교육제도에도 커다란 영향을 미치고 있다(Reichard & Kickert, 2008). 여기에서는 유럽 행정학 박사과정의 제도를 개관한 다음, 캐톨릭 루뱅대학(KU Leuven)의 행정학 석사과정의 사례와 중부 및 동부유럽의 현황을 간략하게 소개하고자 한다.[3)]

(1) 유럽국가의 행정학 박사과정 교육제도의 패턴

현재 유럽국가의 행정학 박사과정 교육은 세 가지 유형으로 구분된다(Reichard & Kickert, 2008). 즉, (1) 제1유형: 코스워크가 없이 개인지도 형태(오스트리아. 프랑스. 독일, 스페인), (2) 제2유형: Ph.D 훈련에 정부투자(교육과정 및 장학금 지급)가 시작되어 종합적 Ph.D 훈련프로그램이 형성되는 형태(이탈리아, 스위스), (3) 제3유형. 볼로냐 협정 이전에 집중적이고 활성화된 Ph.D 프로그램을 가진 형태(영국, 아일랜드, 북유럽 및 네덜란드)이다.

이러한 국가 간 차이는 유럽의 상이한 두 가지 학문적 전통을 반영한다. 즉, 제한된 훈련 이후 개별연구프로젝트를 진행하는 훔볼트 전통과 지속적인 교육의 다음 단계로 교과과정(coursework) 이수 후 논문프로젝트를 진행하는 영·미식 전통을 반영한 것이다. 볼로냐 협정은 영·미식 모형에 기초하고 있는데, 이 협정에서 모든 EU 회원국가가 3단계, 즉 학사(3년)-석사(2년)-박사(3년) 체계를 도입하도록 하였다. Ph.D 프로그램의 지속기간은 과거 5년 또는

3) 이 자료는 필자는 2010년 5월 10일부터 90일간 KU Leuven의 공공관리연구소(Public Management Institute)에 visiting professor로 머물면서 수집한 것이다. 유럽국가에서 행정학 분야가 크게 발달한 것은 아니다. 유럽전역을 통하여 행정학자의 숫자는 200여 명 정도이므로 행정학 공동체의 규모가 작다.

그 이상에서 3년으로 제한(180 ECTS 이수)하고자 한다.

유럽국가에서 행정학 프로그램을 제공하는 대학은 소수에 불과하며 행정학 분야를 전공하는 Ph.D 학생도 아주 적은 실정이다. 따라서 대학 간 협력이 필수적인 것으로 여겨지고 있다. 현재 네덜란드와 덴마크 등 두 국가에서 대학 간 협력프로그램을 운영하고 있다.

1) 제1유형: 독일, 오스트리아, 프랑스, 스페인

독일에서는 행정학이 법과대학, 정치학과, 그리고 경영학과(Business Administration)에서 교육되고 있다(Reichard, 2008). 공공관리에 초점을 둔 교육(박사과정 포함)이 이루어지는 대학은 Freiburg, Friedrichshafen, Hamburg, Kassel, Konstanz, Leipzig, Mannheim, Postdam, Spyer 등이다. University of Konstanz의 정치 및 행정학과에서는 최근 보다 체계적인 박사학위 교육훈련 프로그램을 개발하였다. 오스트리아의 경우 독일전통을 반영하여 행정학은 압도적으로 공법학 분야에서 다루어지고 있다. 따라서 일부 법과대학에서 행정학 관련 강의를 제공하고 있다. 프랑스는 소위 L.M.D. 학위 체제, 즉, 학사(License), 석사(Master), 박사(Docotrat) 학위 체제로 교육과정을 개편하였다. 행정학은 다양한 학위수여 기관이 관여하는 전통적인 학문분야의 하나이다(Bartoli, 2008). 국립행정학교(ENA)와 같은 그랑제꼴(grandes écoles)이외에도 행정학 분야의 프로그램(Phd 프로그램 포함)을 제공하는 대학교가 있다. 이들 프로그램은 법학, 사회학, 정치학 및 경제학 등 전통적인 학과에서 제공하며, 종합학문으로서 공공관리는 상당히 분산되어 있다. 오늘날 약 12개 대학에서 공공관리 학위를 수여하며 이들 가운데 일부가 Phd 교육을 제공한다(Bartoli 2008).

2) 제2유형: 이탈리아, 스위스

이탈리아에서는 지난 25년 동안 대대적인 대학개혁의 결과 박사과정 교육이 비교적 최근에 도입되었다(Reichard & Kickert, 2008: 62). 이탈리아에서는 다음 대학이 공공관리 관련 Phd 교육 프로그램을 제공한다. Catanzaro Magna Graeca(주로 보건의료), Milano Catholic(공공경제학), Parma와 협력하여 Bocconi U. Milano 및 Modena, Venezia, Trento 대학(공공관리), Rome II 및

Rome III (공공관리 및 거버넌스) 등이다.

3) 제3유형: 영국, 아일랜드, 북유럽 및 네덜란드

네덜란드에서는 Twente, Leiden, Rotterdam의 3개 대학에서 정규 전일제 행정학 교육프로그램을 제공한다(Reichard & Kickert, 2008: 65). 네덜란드의 NIG(Netherlands Institute of Government) 프로그램은 이들 3개 대학을 포함하여 모든 대학의 Ph.D 후보들에게 공동 Ph.D 훈련프로그램을 제공한다. 덴마크의 POLFORSK 프로그램은 덴마크의 모든 대학과 노르웨이와 스웨덴 일부 대학도 참여하여 프로그램을 운영한다.

(2) 벨기에 캐톨릭 루뱅대학(KU Leuven) 행정학 석사 프로그램 사례

벨기에 캐톨릭 루뱅대학에서는 사회과학대학 정치학과에 소속된 공공관리연구소(Public Management Institute)에서 MPMP(Master in Public Management and Public Policy)와 MEPP(Master of European Politics and Policy)의 두 종류의 행정학 석사 프로그램을 제공한다(Pattyn, Broucker & Brans, 2008).

MPMP는 1980년 개설되었으며, 주된 대상집단은 공무원과 전일제 학생으로 4년제 대학졸업자가 입학할 수 있다. MPMP 프로그램 교육과정은 [표 9]와 같다. 교육과정을 살펴보면 '행정 영역'의 유럽연합의 제도와 정책(Institutions and policy of the European Union)을 제외하면 우리나라에서 제공하는 교과목과 매우 유사하다.

표 9 벨기에 루뱅대학 MPMP 프로그램 교육과정

영 역	교 과 목	학점 (ECTS)	비 고
Management	Personnel and organisation management in public sector	5	각 영역에서 두 과목을 선택하여야 함.
	Organization and steering of public tasks	5	
	Financial management in the public sector	5	

Policy	Policy design and strategy	5	
	Hierarchy, market and networks in policy	5	
	Policy evaluation	5	
Administration	Public sector -citizenship	5	
	Administrative law	5	
	Institutions and policy of the European Union	5	
Methods and Techniques	Seminar management skills	5	
	Management and Information Technology	5	
	qualitative research methods	5	
소 계		40	
석사논문		20	
총 계		60	

한편 MEPP는 브루셀에 본부를 두고 있는 NATO와 EU 본부에 근무하는 종사자들을 주된 대상으로 하는 석사프로그램이다. 그러므로 교과과목의 구조가 MPMP 프로그램과는 상당히 다르다([표 10] 참조).

MEPP 프로그램 운영과 관련하여 다른 유럽국가들의 파트너와 콘소시움을 형성하여 학점을 교류하고 인정한다는 것이다. 2008년 1월 현재 MEPP 프로그램의 파트너는 다음과 같다(Brans & Pattyn, 2008: 363). 즉, 네덜란드, 독일, 영국, 핀란드, 헝가리, 에스토니아, 프랑스, 이탈리아, 스위스 등의 대학과 컨소시움을 구성하여 적극적인 교육관련 교류가 이루어지고 있다.[4]

4) 각국별 해당대학은 Erasmus Universiteit Rotterdam, Department of Public Administration (Netherlands); Rijksuniversiteit Leiden, Department of Public Administration(Netherlands); Spyer(Germany); University of Liverpool, Institute of Public Administration and Management(UK); University of Vaasa, Department of Public Management(Finland); Corvinus Univ of Budapest, Faculty of Public Administration(Hungary); Tallinn Technical Univ, Institute of Humanities and Social Sciences(Estonia); Institut d'Etudes Politiques de Paris(France), SDA Bocconi, Milan (Italy), University of Geneva(Switzerland) 등이다.

표 10 벨기에 루뱅대학 MEPP 프로그램 교육과정구조

영 역	교 과 목	학점 (ECTS)
필수과목 (compulsory courses)	Political analysis of the process of European Integration	4
	European Policy and decision making	4
	Comparative Public Administration in Europe	4
	Comparative Regionalism and Federalism	4
	Comparative Public Policy in Europe	4
	Comparative Public Management in Europe	4
연구세미나	Research Seminar	5
석사논문	석사논문	15
우선선택과목 (최소 12 ECTS)	International Political Economy	4
	European Foreign Policy	4
	History of European Integration	4
	International Environmental Politics and Sustainable Development	4
	Strategy: European Security and Conflict Prevention	4
	Comparative and International Socio-Economic Policy	3
	Pressure Groups in the European Union	6
	Current Issues in Eastern European Policy and Russian Studies	4
자유선택과목 최소 60학점에 도달할 때까지 자유선택	Economics of European Integration	5
	Constitutional Law of the European Union	6
	Economic Aspects of European Integration	3
	European International Social Security Law	4
	Managerial Aspects of European Integration	5

(3) 중부유럽 및 동부유럽국가의 상황

중부유럽 및 동부유럽의 소위 '이행국가(transition countries)'에서도 행정학 연구기관 및 대학의 숫자가 증가하고 있다. 이들 기관 사이의 상호학습 필요성 때문에 NISPACee(The Network of Institutes and Schools of Public Administration in Central and Eastern Europe)가 1994년 창설되었다(Jabes, 2008). NISPACCee를 중심으로 1) 여름 계절 학기에 IT, 공공관리, 공공정책 분야의 학습이 강조되고, 2) 학습자료 workshop이 수시로 개최되며, 3) 교수 및 학생교류가 증가하고 있다. NISPACee 기관회원은 동구권 국가의 대학내 단위(unit), 교육훈련기관, 독립비영리연구기관, 정부기관 및 부처이며, 2007년 현재 24개 국가에서 128 기관회원이 가입하고 있다.

Ⅳ. 교육환경변화에 대응한 대학원 교육제도의 제도적 구상

1. 교육환경변화에 대응

(1) 정부기관 내부의 교육수요 변화

전통 행정학 분야, 즉, 조직, 인사, 재무 등 행정학에서 전통적으로 다루고 있었던 부분이 감소되고, 각 부처(영역)별 전문교육수요, 즉 경제, 산업 정책, 환경, 사회복지, 정보통신, 생명공학 등 다양한 분야에서 행정 및 정책관련 교육수요가 증가하였다(홍준형, 2008). 그러므로 이에 대한 대응방안이 필요하다. 한편 중앙정부와 지방정부는 그 기능이 상당히 다르므로, 이를 교육(재교육수요 포함)에 반영시킬 수 있어야 한다.

(2) 공무원 채용방법의 변화

전통적인 공채위주의 채용방식에서 석사 또는 박사학위를 소지한 전문가의 특채 및 개방형 임용이 증가하는 방향으로 공무원 채용정책이 변화될 가능성이 있는데, 이에 대한 대응방안도 필요하다.

(3) 졸업생 진출 분야의 확대

전통적으로 행정학과 학생들의 취업통로인 공무원 뿐 아니라 정부산하기관, 민간부문, NGO분야 및 국제기구 등 다양한 분야에서 활동해야 할 것이다. 그러므로 이러한 다양한 분야를 포괄할 수 있는 전문성 있는 교육과정의 운영이 필요하다.

(4) 해외교육수요에 대한 대응

국제화 시대에 졸업생들을 외국이나 국제기구로 배출시키는 것도 중요하며, 또한 개발도상국의 공공기관 종사자에 대한 교육훈련을 담당할 수 있도록 하여야 한다.

2. 대학원교육의 제도적 구상

다음의 구상은 국내외 현황과 교육환경의 변화를 토대로 아이디어 차원에서 몇 가지 개선방향을 토론주제로 제시한 것이다.

(1) 대학원 교육프로그램의 다양화

현재 우리나라에서 행정학 석사-박사를 배출하는 대부분의 대학이 유사한 구조를 가지고 있으며(일반대학원의 석사-박사 학위과정 및 특수대학원 석사학위과정의 이원적 구조), 교육과정도 대동소이하다. 각 대학이 당면하고 있는 교육환경에 맞추어 다양한 제도를 가져야 한다. 예를 들면, 각 대학이 처한 교육여건과 교수진의 역량을 고려하여 지방공무원 교육에 특화된 대학원, 외국의 유학생을 받아들일 수 있는 대학원 등 차별화된 프로그램을 가질 수 있어야 한다. 해외 유학생을 받아들이려면 기숙사 시설 등 대학차원의 기반시설이 갖추어져야 할 것이다.

(2) 전문대학원 제도의 활용

전문대학원 제도는 응용학문 분야인 행정학에서 잘 활용할 수 있는 제도적인 틀이다. 규모가 큰 대학의 경우에는 특수대학원과 일반대학원을 통합하여 전문대학원으로 전환하면 여러 가지 장점을 살릴 수 있을 것으로 보인다(미국의 전문대학원 벤치마킹). 즉, 행정학 및 정책학 등 복수의 학위과정을 개설할 수 있다. 정부산하기관, 민간부문, NGO분야 및 국제기구 등 특화된 프로그램도 개설할 수 있다.

일반대학원과 비교할 경우 전문대학원이 인접분야와의 협력에도 유리하다. 서울대학교의 경우에도 전문대학원으로서 학내의 보건, 환경, 국제, 경영, 법학, 융합기술 등 인접분야와의 범학문적 연계와 협력을 추진하는데 유리하다(홍준형, 2008).

(3) 타 대학 대학원과의 협력 강화

우리나라의 경우 대학원 수준에서 타 대학과의 교류와 협력이 매우 부족한 편이다. 즉, 거의 모든 교과과정을 해당 대학 교수진이 담당한다. 그러므로 학생들에게 다양한 교육과목을 제공하는데 한계가 있다. 지리적으로 인접한 대학들끼리 컨소시움을 형성하여 협동교육을 할 수 있으면 좋을 것이다(네덜란드와 덴마크 사례 벤치마킹). 대부분의 대학에서 행정학과 교수진이 제한되어 있으므로 연합교육을 실시하면 시너지 효과가 나타날 수 있을 것이다.

(4) 재교육수요의 충족

시대적 상황의 영향으로 지식·정보의 수명이 단축됨에 따라 공공부문의 인재에 대한 재교육 주기가 짧아지고 있다. 미국과 유럽국가의 경우에도 행정학 분야의 대학원 교육과정(특히 석사)에서 공무원에 대한 재교육도 중요한 교육영역의 하나이다. 이러한 의미에서 특수대학원이 제도적인 장치로는 더욱 적합하다고 하겠다. 그러므로 개별 대학이 재교육에 특화하고자 할 경우, 일반대학원을 과감하게 폐지하고 특수대학원교육에 전념하는 방안도 고려할 수 있다.

(5) 해외 행정학 교육수요의 충족

공공관리와 공공정책 분야의 교육수요가 증가하는 국가들은 아시아와 아프리카의 개발도상국가와 동구권의 체제 이행국가들이다. 한국의 행정학 공동체가 상당한 역량을 갖추고 있으므로, 대학원에서 이러한 수요를 감당할 수 있도록, 제도적인 장치가 마련되어야 한다. 성균관대의 국정관리대학원과 KDI 국제대학원에서 이러한 역할을 담당하고 있는데, 이러한 교육이 확산될 수 있도록 프로그램을 준비하여야 한다. 미국의 유수한 전문대학원에서 국제개발(International development) 학위를 수여하는 것도 같은 맥락이다.

(6) 행정학 석사 및 박사학위에 대한 질 관리 방안 모색

행정학 석사 및 박사교육의 지나친 양적 팽창 과정에서 지나치게 많은 학위가 수여되고 있으며, 그 품질에 대한 우려가 제기되고 있는 실정이다. 특히 특수대학원에서 양산되는 행정학 학위의 품질이 문제시 된다. 이러한 학위 소지자도 박사과정에 입학할 수 있으며, 많은 학생들이 실제로 입학한다는 점에서, 박사과정의 부실화로 이어지고 있다. 행정학 공동체에서 석사 및 박사학위의 품질관리(Quality Control)를 위한 대책이 필요하다.

부 록

미국 행정학석사 프로그램

제도적 기반	개설대학	빈도
정치학과 (Dept of Political Science)	Auburn University at Auburn Arkansas State University California State University, Chico California State University, Fresno California State University, Fullerton California State University, Los Angeles California State Polytechnic University San Jose State University Howard University Augusta State University Valdosta State University University of West Georgia Southern Illinois University, Carbondale Kansas State University Northern Kentucky University Bridgewater State College Northeastern University Central Michigan University Wayne State University East Carolina University The University of North Carolina at Greensboro University of Dayton Kent State University University of Oregon Villanova University College of Charleston University of South Carolina The University of South Dakota The University of Texas at El Paso Texas State University – San Marcos Texas Tech University	31
행정학과 (Dept of Public Administration)	University of Alabama at Birmingham Troy University University of Arkansas at Little Rock	77

Division of PA 포함	California State University, San Bernardino California State University, Stanislaus University of La Verne San Francisco State University University of Southern California American University American University University of Central Florida Florida Gulf Coast University University of South Florida Clark Atlanta University Georgia College & State University Georgia State University Kennesaw State University Governors State University University of Illinois at Springfield Northern Illinois University Southern Illinois University at Edwardsville The University of Illinois at Chicago Indiana University, Northwest Indiana University-Purdue University, Ft. Wayne The University of Kansas Wichita State University Eastern Kentucky University Western Kentucky University Grambling State University Louisiana State University Southern University and A&M College Harvard University Suffolk University	

개설유형	개설대학	빈도
행정학과 (Dept of Public Administration) Division of PA 포함	University of Baltimore University of Maine Eastern Michigan University Oakland University University of Minnesota University of Missouri-St. Louis Missouri State University University of Missouri-Kansas City Saint Louis University Appalachian State University The University of North Carolina at Charlotte University of North Carolina, Wilmington University of Nebraska at Omaha Kean University Rutgers University, Newark Seton Hall University New Mexico State University University of Nevada, Las Vegas Binghamton University John Jay College of Criminal Justice, CUNY Long Island University, Brooklyn Campus Long Island University, C.W. Post Campus New York University State University of New York, The College at Brockport Syracuse University University at Albany, SUNY The University of Akron Cleveland State University The Ohio State University Wright State University Portland State University Willamette University The University of Memphis The University of Tennessee at Chattanooga Tennessee State University University of North Texas The University of Texas at San Antonio Brigham Young University The University of Utah George Mason University Old Dominion University Virginia Commonwealth University Virginia Polytechnic Institute & State University Seattle University West Virginia University	상동

개설유형	개설대학	빈도
정치·행정학과 (Dept of PS and PA, Dept of Government, Dept of Public Policy)	Auburn University at Montgomery California State University, Bakersfield California State University, Dominguez Hills California State University, Long Beach University of North Florida Albany State University Georgia Southern University Savannah State UniversityIowa State University Boise State University University of Kentucky University of Connecticut Jackson State University Mississippi State University University of North Dakota Rutgers University, Camden	15
전문대학원 (School of Public Affairs, Public Policy)	Arizona State University Naval Postgraduate School San Diego State University University of Colorado Denver The George Washington University The University of Arizona University of Delaware Florida Atlantic University Florida International University Florida State University The University of Georgia DePaul University Indiana University, Bloomington Indiana University–Purdue University Indianapolis Indiana University, South Bend Campus University of Maryland, Baltimore County University of Maryland, College Park Kentucky State University University of Louisville Grand Valley State University Western Michigan University University of Missouri–Columbia The University of North Carolina at Chapel Hill North Carolina State University	37

	The University of New Mexico Baruch College/City University of New York Milano, The New School for Management and Urban Policy The University of Toledo Carnegie Mellon University The Pennsylvania State University at Harrisburg University of Pittsburgh University of Puerto Rico – Rio Piedras Campus Texas A&M University The University of Texas at Arlington The University of Texas at Austin The University of Texas at Dallas University of Washington

* Department 이외에도 Division, Program 또는 Institute 등의 명칭도 학과로 분류하였음.
자료: NASPAA 2010에서 재구성

김성기

논평

1. 서 언

우선은 발표문의 논지를 추적해 그 내용을 숙지하고, 그 글의 강약점을 파악한 뒤에 강점을 신장하고 약점을 보강한다. 조성한 교수의 발표문의 논지를 요약하고 그에 대한 토론자의 의견을 비판 혹은 비평으로 덧붙인다. 이어서 행정학의 무한한 가능성을 타진하고 각 학교별로 특색 있는 교과목의 개발을 모색하고 행정고시가 면학 분위기 진작에 기여하는 순기능을 논의 한다. 마지막으로 행정학의 독립학부 내지는 단과대학 화의 가능성을 전남대학에서의 실패경험을 바탕으로 진술한다. 대학은 원리를 개발하도록 하는 곳이지 실무를 숙달시키는 곳은 아니다는 생각이 바탕에 깔린다.

2. 발표문의 요약

(1) 졸속한 인재 공급

이 발표문은 한국에서의 행정학 교육은 외국에서와는 달리 학부에서 이루어지고 있다는데서 논의 근거를 찾는다. 그 이유는 일본으로부터 해방된 한국에 정부를 운영할 수 있는 현대적 행정전문가가 없었고 한국전쟁 이후에도 외국으로부터의 원조물자를 효율적으로 사용할 수 없어 미국은 자신들이 개발한 행정학을 한국에 접목시켜 미국식 행정전문가를 속성으로 키우고자 한 데서 찾아낸다. 그리하여 고려대학, 연세대학, 중앙대학 등등이 행정학 학부 교육을 시작한 이후 공공부문 주도적인 국가발전을 이룩하는 과정에서, 많은 대학들에서의 행정학 학부 교육은 급속히 대규모로 확대되었음을 지적한다. 공무원시험이 행정학 학부교육을 키우는데 유리하게 작용했음을 인정한다. 즉 공공부문에 정부 관리와 관련된 지식, 기술, 가치관을 갖춘 인재들을 발굴하고 공급하는데 고시제도와 함께 부응했다는 것이다.

조성한 교수는 학부에서의 행정학 교육의 특징을 다음과 같이 요약한다.

첫째, 행정학 교육은 공공부문에 대한 이론, 기술, 가치관을 갖춘 인재를 공급하기 위한 목적을 갖는다. 둘째, 1990년대 말까지 고시위주의 교육이 이루어졌었다. 셋째, 따라서 졸업 후 사회에 나가 활동할 수 있는 전문적 지식이나 기술에 대한 교육이 다른 경쟁분야에 비해 뒤쳐진다. 넷째, 행정학 교육이 정부의 수요에 수동적으로 민감하다. 이러한 발표문의 주장에 대체적으로 공감하지만 셋째 주장에 대해서는 반론하고자 한다.

(2) 행정학 교육 환경의 변화

발표문은 1990년대 초중반이후 김대중 정부의 신공공관리적 정부개혁과 더불어 행정학 교육의 위기가 도래한 것으로 본다. 특히 문민화 정부에서의 행정개혁이 공무원들의 전문성문제와 윤리적 문제를 사회적으로 부각시켜 공무원의 직업적 자긍심을 저하시켰고 국가 관리에서 경영학이 행정학보다 더 우수하다는 인식을 확산 시킨 데서 기인한 것으로 본다. 그리고 각종 공무원 시험에서 행정학 과목이 큰 비중을 차지하지 못하는데도 한국의 대학에서는 공무원시험 자체에 몰두했다. 그리고 행정학 강의 내용이 실용적이고 현실적이지 못하다는 비판을 받고 있다는 것이다.

또한 한국 사회의 경제적 성장과 더불어 민간부문의 인력시장이 발전함으로써 정부부문에 대한 유인가가 감소했음을 지적한다. 물론 이 시기에 사회복지부문의 공적 수요가 커져서 이 부문이 전문공공부문에서 영역을 확대하는 바람에 행정학의 입지가 축소되었음을 지적한다.

(3) 행정학의 학부 교육의 당위성 지적

조성한 교수는 행정학과가 학부 교육을 포기하는 것은 행정학 학문자체를 스스로 폐지하는 것과 다름이 없다고 하면서 행정학의 학부 교육의 당위성을 지적한다.

3. 행정학의 학부 교육의 당위성

신 자유주의적 정부관리 개혁 풍조 속에서 행정학 내지는 행정학과의 위기기 논의 되고 있음이 사실이다. 그러나 한국행정학 50여년의 역사 속에서 아직까지 행정학의 정체성 문제가 논의 되고 행정의 대상에다 행정을 갖다 붙이면 00행정이 되는 상황은 오히려 행정학이 정체성을 확립하고 발달할 가능성이 많다고 할 수 있다. 민간 부문이 커지고 있지만 그에 비례해 공공부문도 커져야 한다. 그렇기 때문에 행정학의 가능성은 더 많아 진다. 다음과 같은 노력을 기울였으면 한다.

(1) Substance의 개발

지금까지의 행정학은 행정조직 안에서의 관리에 치중해 왔고 그로 인해 행정 밖의 문제에 대응하는데 취약성을 드러내 정부로부터 홀대를 받고 있다고 본다. 경제학은 수요와 공급, 경영학은 투입과 산출, 심리학은 자아와 인지 등등의 독자적인 내용을 갖고 학문적인 세를 확대하고 있다. 행정학은 행정조직내부에서 관리능률 향상에 치중하다보니 정권 교체기의 행정개혁 화두의 희생양이 되어 오늘의 위기를 당하고 있다. 행정은 국가사회의 공공문제를 해결하는 事國澤民을 목표로 하는 학문이어야 한다. 행정학은 지금 하는 것보다는 "공공성"을 강조하고 거기에서 아이콘을 찾아야 한다. 그렇게 되면 행정학의 비중이 조직 내부의 관리에서 자연히 정책으로 옮겨질 것이다.

(2) 시대정신을 주도하는 교과과정 개발

돌이켜 보면 한국에서의 행정학은 소위 개발연대에 크게 발달했다. 국가발전이 발전행정론을 발달 시켰는지 발전행정론이 국가발전을 주도했는지는 정확히 알 수 없지만 한국에서는 60-70년대의 국가개발시기가 행정학 발달의 계기를 주었다. 그렇듯 공공문제의 해결에 지대한 공헌을 할 교과과목을 개발한다면 행정학의 학부교육 위기는 극복될 수 있을 것이다. 지금까지의 행정학 교과 과정은 조직, 인사, 재무의 기본 틀 속에서 행정조직 내부의 문제에 치중했다. 이제 과감하게 그 틀을 축소하고 공공세계를 보는 종합적 안목을 길러주는 행정 철학과 행정윤리를 기초과목으로 도입하고 창의론, 인구론, 미래예측론, 갈등해결론, 국제지역론, 실패론 등등을 개발하여야 할 것이다. 그리고 행정은 법치를 벗어날 수 없으니 아무래도 행정법은 보다 강화해야할 것이다.

행정학 교과목의 개발은 현재의 필요성과 미래에의 대비로 나눠, 행정학 학문 본위, 개인입장, 대학입장, 국가사회의 입장을 고려해 행렬을 만들면서 이뤄진다면 보다 안전할 것이다.

(3) 이수학점의 상향자율화

현재의 대학의 교과과정은 대학설립의 준칙주의와 더불어 학점이수의 제약이 없어진 상태로 운영 되고 있다. 이수학점이 지나치게 낮다. 또한 선·후수의 구별마저 없다. 그렇기 때문에 정작 공공문제해결을 위해 필요한 행정학과 교과 과정을 짜는데 심각한 한계가 있고 교육의 체계성마저 없어지게 된다. 일례를 들면, 행정학 연습이 4학년 1학기에 개설되었는데 영문학과 1학년이 수강신청을 해서 영문을 물으니 행정학을 연습으로 해 보고 정식으로 수강을 하려고 한다는 어이없는 상황이 있었다. 교육법을 개정해 이수학점을 대학의 자율에 맡겨 공공문제의 해결에 필요한 교과 과목을 충분히 교육할 수 있는 제도를 마련해야 한다.

(4) 각 학교의 특색을 나타내는 교과목 구성

대개의 대학들이 교과 과정을 운영할 때 위인 설강을 하고 있는데 그렇게 해서는 정말로 사회가 필요해하는 교과목을 개설할 수 없을 것이다. 그와 더불어 교수 정원이 제한되어 있기 때문에 2.에서 얘기한 교과목들을 특정대학들이 모두 수용할 수 없을 것이다. 그런데 행정학이 풀어야할 공공문제는 그 실체나 내용이 정말로 다양하다. 그러니 여러 지역의 여러 학교가 각기 특색을 지닌 교과과정을 운영한다면 행정 전체의 입장에서는 보다 적실성이 높은 공공문제해결책의 강구가 보다 용이해 질 것이다. 예컨대, 고려대학이나 성균관대학은 문화행정, 연세대학은 종교행정, 부산대학은 해운행정, 서울시립대학은 도시행정, 전남대학은 환경행정, 경북대학은 공공계약 등을 특화하자는 것이다. 그렇게 되면 행정학 전체 입장에서는 이론의 뿌리를 확고히 하면서 공공문제해결의 적실성을 구할 수 있을 것이다. 각 대학들이 각자 놀면서 같이 노는 방식을 취했으면 한다.

(5) 행정고시와 면학분위기

조성한 교수는 행정학과가 5급부터 9급까지 공무원 시험공부를 시키고 있으므로 행정학과가 행정학의 학부교육을 포기하는 것은 행정학 학문자체를 스스로 폐기하는 것과 다름없다고 하면서 행정학의 학부 교육의 당위성을 주장하나 그 실효성과 응용가능성이 낮다는 점을 지적한다. 그러나 이는 2의 내용을 교과과정에 도입하고 거기에 맞춰 고시과목을 조정한다면 해결 가능한 문제이다.

대학에서의 행정학 교육의 일부는 5급 행정고시를 목표로 해야 한다. 7급과 9급은 그 제도의 설립 취지가 대학졸업자를 목표로 한 시험이 아니다.

행정고시 무용론을 주장하는 사람들이 두고 쓰는 문자가 “고시가 대학을 학원화한다”고 하는 것이다. PSAT 때문에 학원에 가는 사람들이 있을지는 모르겠다. 그러나 전남대학에서의 필자의 경험에 비춰보면 학교성적이 좋지 않은 사람이 고시에 합격하는 경우는 거의 없었다. 고시 무용론자들의 주장은 학사관리를 철저히 하지 않는 곳에서 가능할지 모른다. 또한 고시제도를 비판하는 사람들은 고시과목이 공공문제해결에 부적합하고 타당성이 낮다고 한다. 그러나 행정학 관련 교과목이 많지 않은 것을 빼고는 고시과목도 비교적 국가관리의 원리에 부합해 합리적으로 구성되었다고 할 수 있다. 행정윤리를 행정고시 필수 과목으로 지정하여 공직의 부정적 이미지를 완화할 수 있을 것이다.

대학 교육은 원리를 가르치는 것이지 맞춤형 실무를 숙달 시키는 것은 아니다. 실용성의 문제는 현장 훈련(on the job training)을 통해 확보할 수 있을 것이다. 우리의 인력 관리에서 보다 큰 문제는 고시를 통해 우수한 인재를 뽑아가지고 현장 훈련이나 연수를 통해 그들의 능력을 신장 시키는 것을 소홀히 하는데 있다.

조성한 교수는 행정학과 졸업생들이 졸업 후 사회에 나가 활용할 수 있는 전문 지식이나 기술에 대한 교육이 다른 경쟁분야에 비해 뒤처지고 있다고 한다. 그러나 고시과목의 구성으로 보아 고시공부를 열심히 하는 학생은 결코 다른 경쟁학과 졸업생에 비해 뒤처지지 않을 것이다. 실제로 입학 후 고시공부를 하는 학생은 그렇지 않은 학생에 비해 3배 이상의 공부를 한다. 그리고 정신적으로도 훨씬 성숙하다.

다산도 과규가 없으면 젊은이들이 분발하지 않는다고 했다. 지방대학의 경우는 행정고시가 사법고시와 더불어 대학 전체의 면학분위기를 잡는데 중심역할을 해 오고 있다. 사회의 엄청난 회오리 속에서도 그들은 의연했다. 그래서 비난을 받는지는 모르겠다.

(6) 행정학과와 독립학부

중앙대학의 공공인재학부의 성공적 운영은 인상적이고 보다 큰 성공을 바란다. 전남대학 행정학과는 1972년부터 2008년 까지 법학과와 함께 법과대학을 이룩하고 있었다. 2009년 Law School의 제도화와 더불어 행정학과 교수 대부분은 행정학과가 독립학부로 운영되기를 바라고 대학 본부에 이를 요구했다. 그 이유는 첫째 행정고시의 강점을 유지하고, 둘째 Law School에의 합격생을 많이 내고자 함이었다. 싫든 좋든 Law School 출신들이 공직에 많이 밀고 들어 올 터이니 그에 대비해 공공문제해결의 호남 맥을 이어주자는 것이다. 셋째, 거대한 단과대학에 소속됨으로써 잃게 될지 모르는 행정학과의 자율성을 보다 용이하게 확보하기 위함이었다. 독립학부에 행정학과 ,정책학과, 사회복지학과(신설 혹은 변경), 지역개발학과 등등 공공문제 중심의 학과를 설치해 운영하고자 했다. 그러나 관료제적 타산 때문에 독립학부의 설치에 실패했다.

4. 결 어

행정학의 교육에 대해서는 정답은 없다. 그러나 보다 유용한 교과목의 개발이나 정체성확립의 길은 위기가 만연 된 만큼이나 많은 것이다. 그간의 제도 특히 고시제도를 너무 흔들지 말고 장점을 살려 장기적 안목으로 행정학을 학부교육의 중심으로 삼아야 한다. 중요한 것은 대학 교육은 원리를 가르치는 것이지 실무를 숙달시키는 것은 아니라는 것이다.

김석태 | 논평

행정학과 교육 방향: '행정학'교육 대 '행정에 필요한 지식'교육

전국의 100여 개의 행정학과(부)가 처해 있는 사정은 신입생 충원, 졸업생의 진로, 교수진 등에서 매우 다르고 또 이들은 상호 경쟁관계에도 있다. 그렇기 때문에 모든 대학에 맞는 하나의 교육 방안을 낸다는 것은 맞지 않다. 여기서는 최근 변신을 모색하고 있는 지역 거점 대학 중에 하나인 경북대학교 행정학부를 중심으로 행정 및 행정학 교육의 방향을 모색해 본다.

경북대 행정학부는 1971년 교수 2명, 신입생 20명으로 출범한 이래 40여 년 동안 성장을 거듭하여 현재 교수 16명에 학년 당 100여 명의 학생을 두고 있다.[1)] 그동안 120여 명의 행정고등고시 합격자 등 유수한 인재를 정부와 공·사기업에 배출하였다.[2)]

행정학부의 외형은 근래 상당히 커졌지만 1990년대부터 심화되기 시작한 수도권으로 우수 학생 집중 현상으로 70-80년대에 세웠던 학과의 위상을 점차 잃어가고 있는 형편이다. 따라서 현재와 같은 교육방식으로는 더 이상 학생들

1) 행정학과에서 행정학부로 전환된 것은 2009년부터이다. 복수전공과 부전공 학생을 제외한 숫자이다.

2) 2010년 11월 현재 보건복지부 차관과 국토해양부 제2차관이 각각 행정학과 76학번과 77학번이다.

의 수요에 부응하기 어려울 뿐만 아니라 학부 발전도 기대하기 어렵다는 판단이다. 여기에 더하여 외부적으로도 변화가 요구되고도 있다. 법학전문대학원(Law School) 출범으로 2012년 3월부터는 법과대학이 폐지되기 때문에 새로운 소속 단과대학을 정해야하는 문제를 안고 있다.[3)]

행정학부의 발전방향을 모색하면서 늘 부딪치는 것이 행정학과의 정체성(identity) 문제이다. 1960년대 말 이래 행정학과가 우리나라 대학교에 속속 생기기 시작한 이래 행정학과에는 정체성 문제가 늘 함께 하였다고 할 수 있다.[4)] 행정학과가 '행정학'을 교육하는 학과인가 아니면 '행정'에 필요한 지식을 교육하는 학과인가 간에 방향을 잡기가 쉽지 않았기 때문이다.

학문의 한 분야를 교육하는 것이 학과 본래의 사명이라는 견지에 본다면 행정학과는 '행정학'을 교육하는 것이 본래 모습이다. 하지만 대학교에 행정학과가 설치되기 시작한 1970년대에는 신생 학문으로서 행정학을 전공한 교수가 많지 않아 행정학과에서 '행정학'만의 교육이 쉽지 않았다.[5)] 그 결과 행정학과 교과과정에는 행정고등고시 등에서 요구되는 법학이나 경제학, 정치학 등의 다양한 사회과학의 과목들이 포함되었다.

이런 교과과정은 공무원 시험 준비를 학생들에게는 직접적인 도입을 주었다. 이들에게 공무원 시험의 여러 과목 중의 하나인 행정학만을 집중적으로 배우는 것보다 다른 과목들도 교과과정 내에서 같이 학습하는 것이 시험 준비에 유리하였기 때문이다. 이 때 행정학과의 교육과정은 공직자로서 '행정'에 필요한 여러 과목을 교육하는 것에 가까웠다고 할 수 있다.

하지만 1990년대부터 행정학 전공 교수들이 대폭 충원되면서 교과과정에 행정학의 세부적인 교과목이 대폭 확대되었다. 반면으로 법학이나 경제학, 정

3) 현재 경북대학교 행정학부는 법과대학에 소속된 유일한 학과이다. 그동안 법과대학 소속을 고집한 것은 신입생 유치에서 다른 단과대학 예를 들어 사회과학대학 소속보다는 유리하다는 판단을 하였기 때문이다.

4) 우리나라에 행정학이 도입되기 전부터 행정학과의 명칭이 있었다(예 서울대). 이 때 행정학과는 법학을 중심으로 교육하였다.

5) 1970년대 경북대 행정학과 교과과정을 보면 법학(헌법, 행정법, 민법총칙, 물권법, 채권법 등), 경제학(가격론, 국민소득론, 화폐금융론 등), 정치학(정치학 개론, 서양정치사 Ⅰ,Ⅱ 등) 등이 전공과목으로 편성되어 있었다.

치학 등 인근 과목들은 대폭 축소되게 되었다. 이로서 행정학과의 학문적 정체성은 보다 분명해졌다고 할 수 있다. 하지만 '행정학' 교육 중심의 교과과정이 학생들에게 행정을 이해하고 공직에 진출하는데 얼마나 도움이 되었는가는 의문이다.

몇 년 전에 행정고등고시 등에서 행정학을 시험과목에서 제외시키려는 움직임에 행정학자들이 크게 반발한 바 있다. 행정학이 시험과목에서 제외된다면 학부 행정학 교육은 설 자리를 잃게 될 것이기 때문이다. 하지만 행정안전부의 인사 담당 공무원이 이 일을 주도했다는 사실, 그 중에는 행정학과 출신도 동조했다는 사실은 공직자들의 행정학의 유용성에 대한 인식을 그대로 반영하는 것이라 하겠다. 이는 행정학 중심의 행정학과 교육이 누구를 위한 것인가를 생각하게 하는 것이다.

사실 행정학의 정체성과 관련한 논의들이 많다. 정치학, 경제학, 법학, 사회학 등에서도 '공공의 문제와 정부정책'을 다루고 있고, 경영학에서 '관리'의 문제를 다루고 있음에 비추어볼 때 행정학만의 독자적인 연구 영역을 구축하는 것이 쉽지 않아 보인다.[6] 그리고 행정학의 발생지인 미국의 아이비 리그(ivy league)를 비록한 대부분의 명문 대학의 학부과정에서 행정학과를 발견하기 어렵고, 직업학교로서 행정대학원의 MPA과정에서도 우리나라의 학부 행정학과에서 같이 행정학을 세분하여 교육하는 곳도 찾기 쉽지 않다.

최근 경북대학교 행정학부에서 논의되고 있는 교육의 큰 방향은 '행정학'에 대한 교육에만 치중하는 것보다 '행정'에 대한 교육을 통하여 학생들의 진로의 폭을 넓히고자 하는 것이다. 여기에 더하여 사회과학에 폭넓은 소양을 가진 일반행정가뿐만 아니라 제한된 범위 내이지만 전문분야별 행정가를 양성하자는 것이다.

이런 발전방향을 추진하게 된 것에는 다음과 같은 몇 가지 여건이 조성

---

6) B. Fry and J. Raadchelders(2008)의 *Mastering Public Administration: From Max Weber to Dwight Waldo*에서 행정학 발전의 토대를 제공한 9명의 인물 중 자기의 정체성(identity)을 행정학자로 인식하는 사람은 L. Gulick과 D. Waldo 뿐이라고 한다. 위에서 나온 인물 외에 9명의 인사는 F. Taylor, M. Follett, E. Mayor, C. Barnard, H. Simon, C. Lindblom이 있다.

되고 있기 때문이다. 첫째, 법학전문대학이 설치된 대학교의 경우 2012년부터는 학부에서 법학교육을 체계적으로 교육을 담당할 학과가 없다는 것이다. 하지만 다양한 법과목이 공무원 채용 시험과목으로 되어있기 때문에 법학교육에 대한 수요는 많다. 그 간격을 행정학부에서 메우는 것이 우리의 임무라는 판단이다.

둘째 근래 행정학부에서 공부하고자 하는 학생 수가 계속 늘고 있다는 것이다.[7] 행정학부의 입학정원은 70명이지만[8] 2학년 때에 자율전공부에서 35명가량이 전입하여[9] 2학년부터는 행정학부 소속 학생이 100명 이상으로 늘어난다. 여기에 더하여 입학정원에 맞먹는 복수전공 학생(2009학번의 경우 67명)이 있다. 이외에도 공직으로의 진출을 희망하는 다수의 부전공 학생이 있다.

셋째, 교수의 숫자가 늘어나고 정책 분야별 전공자가 늘어나면서 보다 다양한 분야의 행정에 대한 교육이 가능해지고 있다는 것이다. 조직, 인사 재무의 전통적 행정분야나 정책형성, 분석, 평가의 정책일반이론 외에 도시와 지방, 복지, 토지, 에너지, 공법 등의 전공자가 재직하고 있기 때문이다. 또 추가될 분야별 전공 교수를 보충하고 겸임으로 임용하거나 초빙할 수 있는 여지도 상당하다.

이런 인식을 바탕으로 앞으로의 행정학부의 교육은 행정학·정책학을 핵심으로 하면서 분야별로 경찰, 법무, 소방, 세무 등의 관련 과목을 교육함으로써 학생들의 공직 진출 기회를 확대하고자 한다.

행정학·정책학에 더하여 다양한 분야의 교육이 되기 위해서는 '행정' 교육 기관을 학부에서 단과대학 수준으로 격상시킬 필요가 있다고 판단하고 있다. 독립 단과 대학(공공인재대학 혹은 행정대학)에는 기존 행정학부를 가칭 공공관리학과와 공공정책학과로 나누고 그 외에 지역(도시·자치)학과 법무·

7) 학과의 학문의 정체성은 학생들의 인기와는 관계가 없는 것이 보인다. 최근 행정학과에 대한 인기는 상승하는 반면 사회과학의 기본 학문인 정치학이나 사회학은 그렇지 않는 것 같다. 학생들의 인기는 장래 직업과 관련성이 크게 작용하는 것 같다.

8) 정원 외 입학생이 있기 때문에 실제 입학생은 이보다 몇 명 더 많다.

9) 인문사회 분야에서 경제와 경영 다음으로 많은 숫자로 지원자의 75% 정도만이 진입할 수 있었다. 2011년 경우 진입 인원을 70명까지 확대하는 것은 신청해 놓은 상태이다.

안전학과를 두는 것을 고려하고 있다.[10] 이들 학과들이 증설되면 교수들도 보다 다양한 전공, 예를 들어 법학(공법, 형사법 등), 경찰, 소방, 세무 등의 전공자를 충원하거나 대학교내 다른 학과의 교수를 겸임으로 모시고자 한다.

단과대학 수준에서 행정학 교육을 하는 대학으로는 대구대와 동양대의 행정대학이나 영남대의 정치행정대학을 들 수 있다. 최근 경북대학교 행정학부를 방문한 일본 간사이대 정책창조학부(Policy Studies)의 부장(Dean) 등 5명의 방문단에 의하면 일본에서 공공분야 진출을 위한 학부가 최근 많이 생겨나고 있다고 하는데, 간사이대와 비슷한 학부가 50여개가 된다고 하였다. 간사이대 정책창조학부는 2007년 창설되어 현재 1,500여명이 재학하고 있고 내년 2월 첫 졸업생을 배출하는데 인기가 좋다고 하였다. 행정학자들이 소수이고 학부에서 행정학과나 이와 비슷한 학과가 적었던 일본에서 이런 학과가 생긴다는 것은 우리나라 행정학과 교수들에게는 고무적인 일이라 할 수 있다.

우리나라에서도 행정학과 교육에 대한 수요가 많다는 것은 행정학과의 견지에서 보면 다행한 일이다. 하지만 1990년대에 오면서 대부분의 대학교에서 행정학과나 관련 학과가 생겨나 행정학과 출신자의 수요에 비해 엄청난 과잉공급이 문제되고 있다. 그런데 공직의 채용인원은 거의 늘어나고 있지 않는 형편이다.

행정학과 출신자의 진로 확대하기 위하여 공직의 진입 장벽을 줄여야 한다. 현재 공직의 진입장벽이 가장 높은 것이 중견 경찰직이다. 국립 경찰대학(1981년 설립) 때문이다. 경찰간부 후보생을 매년 50명 정도 선발하지만 경찰대학 출신자는 그 두 배가 넘는 인원이다(경찰대학 신입생 입학정원은 120명임). 일반 대학에서 경찰에 필요한 교육을 하고 있는 상황에서 굳이 국비를 들여 경찰대학을 둘 필요가 있는 것일까? 경찰대학과 같은 시기에 설립된 세무대학(1981년 설립)은 2001년 폐지되었다. 행정학과 출신자의 진로 확대 차원에서도 경찰대는 폐지되어야 할 것이다.[11]

---

10) 유사한 학과들이 국내 대학에 상당 수 있지만 그 소속이 다른 단과대학에 흩어져 있는 경우가 대부분이다. 한 예로 계명대학교의 경찰행정학과는 법경대학에 세무학과는 경영대학에 소속되어 있다.

11) 경찰대 폐지에 대한 의견은 NAVER 지식iN 등에서 찾을 수 있다.

사회·경제적 변화에 따라 공직 지원자들은 크게 늘고 있다. 그 만큼 공공인재 교육은 경쟁력이 있는 분야가 될 것이다. 학부에서 직업교육을 담당해야하는 우리나라 대학의 현실에서 볼 때 행정학과는 학문적 정체성이나 실용성이 약한 '행정학'만을 교육시키는 기관이기 보다 '행정'을 교육시키는 곳이 되어야 한다.[12] 또 행정학과는 '행정학'을 교육하는 공급자 중심이 아니라 '행정'을 교육하는 수요자 중심의 학과가 되어야 한다.

행정에 대한 교육도 행정이나 정책의 일반(generic)에 대한 교육에만 치중할 것이 아니라 분야별 행정(정부의 각 부처가 좋은 구분이 됨)을 위한 전문분야 교육도 행정학과에서 담당하여야 한다. 이런 분야별 전문 교육은 한 개의 대학교에서 모두 담당하기 어렵다. 따라서 대학교 별로 특성화도 필요하다.

지금까지 우리 대학들은 학생들의 공직 진출에 대체로 무관심하여 공무원 시험과 관련한 교육은 공무원 고시학원의 몫이 되어 왔다. 공무원 고시학원에서 속성으로 길러진 인재들이 우리가 원하는 공직자의 모습을 갖춘다고 기대하기 어렵다. 이제 대학이 공직으로 진출하려는 모든 학생들을 교육할 필요가 있다. 또, 이들의 수요에 부응하여 학생들이 배우기 원하는 과목을 제대로 교육하는 것도 필요하다. 대학이 처해 있는 사정에 맞게 공직에 진출하려는 인재 배출을 특성화하는 것이 행정학과가 사회적 수요에 부응하는 것일 것이다.

12) 우리나라 공무원의 공개경쟁채용은 학교 교육과 관계없이 시험만으로 공무원을 채용하는 전통적 방법을 고수하고 있다. 대학교육이 일반화된 시점에서 보면 교육과 직업이 연계되지 않아 사회적 낭비가 많다.

유민봉

논평

행정학 분야 전문대학원의 도전과 기회

1. 들어가며

현재 한국에서 행정학에 대한 대학원교육은 고등교육법에 근거하여 일반대학원, 전문대학원, 그리고 특수대학원에서 이루어진다. 그 중 전문대학원은 "전문 직업분야의 인력양성에 필요한 실천적 이론의 적용과 연구개발을 주된 교육목적으로 하는 대학원"으로 고등교육법 제29조의2에 규정하고 있다. 따라서 전문대학원의 핵심은 졸업생을 전문 직업 분야에 취업시키는데 있다. 이런 이유 때문에 전문대학원 형태에 적합한 학문 분야로는 직업의 전문성이 높은 법학, 의학, 경영학, 신문방송학, 사회복지학, 행정학 등의 영역에서 그 형태를 많이 찾아볼 수 있고 직무의 전문성을 강조하는 미국에서 널리 도입되고 있다. 현재 국내에서 행정학 분야의 전문대학원은 성균관대학교 외에 서울대학교의 행정대학원, 서울과학기술대학교 IT정책대학원, KDI 국제정책대학원을 들 수 있다. 이 글에서는 2004년 일반대학원 행정학과와 특수대학원이었던 행정대학원을 통합하여 전문대학원 체제로 전환한 성균관대학교 국정관리대학원의 지난 5년간의 경험을 중심으로 전문대학원의 도전과 기회를 논하고자 한다.

2. 도 전

한국에서 행정학 분야 전문대학원의 첫 번째 도전은 바로 졸업생의 취업 시장이 충분히 제공되지 않고 있다는데 있다. 의학이나 법학의 경우에는 의사와 변호사 자격증을 취득할 수 있기 때문에 전문대학원으로서의 존재를 가장 확고히 할 수 있다. 경영전문대학원의 경우에도 미국에서 보면 대학을 졸업하고 일반적으로 3년 이상의 직장 경험을 가진 경력자가 MBA학위 취득과 함께 이전보다 연봉이 많은 직장이나 상위의 직급에 취업하는 기회를 갖는다. 행정전문대학원도 미국에서는 졸업생에게 취업의 기회가 많이 열려있다. 그런데 한국에서 행정전문대학원은 그렇지 않다. 공직 진입의 기회가 공개경쟁시험에 전적으로 의존하고 있고 개방형 임용은 과장급 이상에게 제한적으로 허용되고 있는 실정이다. 행정전문대학원 졸업생에게 공직 취업시장의 문호가 폐쇄적이라는 한계가 있다. 공직 이외의 민간 부문 취업은 어떨까? 전문대학원 졸업생이 학부 졸업생에 비해 경쟁력을 가지고 있다면 취업을 걱정할 필요가 없을 것이다.[1] 하지만 최근 대졸자 취업난이 워낙 심각하기 때문에 학부에서 우수한 학생의 경우 취업이 되었는데도 불구하고 대학원 진학을 선택하는 학생은 극히 제한적이다. 인력을 구하는 기업의 입장에서 학부생보다 2년 더 공부한 대학원생의 직무수행능력을 높이 평가하지 않고 오히려 우수한 학부 졸업생을 선호한다. 한국에서 법학과 의학 전문대학원을 제외한 모든 전문대학원이 공통적으로 직면하고 있는 현상이며 행정전문대학원은 취업의 기회가 제한적이기 때문에 더 심각한 상황에 직면하고 있는 것이다.

전문대학원 체제에서 또 하나 어려운 문제가 석사학위를 마치고 취업을 목표로 하는 학생과 박사학위를 목표로 순수 학문을 추구하는 학생의 니즈가 다르다는 점이다. 미국 행정대학원의 경우 취업과 학문 지향의 과정을 구분하지 않는다. 대학원교육에서 실무와 이론을 구분하지 않고 통합적으로 교육하기 때문에 가능한 것이다. 하지만 한국에서는 박사학위를 목표로 하는 학술과

1) 미국에서 행정대학원은 전문대학원 체제이며, 대학원 졸업생들은 분명히 학부 졸업생에 비해 업무분야의 전문성에서 경쟁 우위를 갖고 취업의 기회를 가진다.

정의 경우 지나치게 이론성을 강조하고 있기 때문에 연구소나 대학이 아닌 기업이나 정부에 취직하였을 때 현장 문제해결능력이 문제가 된다. 경력 경로를 달리하는 이들 두 그룹을 별도의 과정으로 운영하지 않는 경우 양쪽 모두의 니즈를 충족시켜주지 못하게 된다. 학술 연구에 초점을 맞추어 교육을 하는 경우 현장에서 바로 일할 수 있는 전문 인력 양성이 어렵고, 전문 인력양성에 부합하도록 실무 능력을 개발할 수 있도록 가르치는 경우 학술과정 학생들의 수업강도와 연구에의 진정성이 떨어져 일반대학원 출신들에 비해 경쟁력이 떨어질 수 있다.[2)] 이러다 보니 현재의 취업환경에서 전문대학원 체제는 취업 경쟁력을 확보하기 어렵고, 학술연구인력 양성을 목표로 하는 교육도 부실해질 수 있는 딜레마 상황을 맞고 있다.

3. 대안 모색

그렇다면 전문대학원 대신 대부분 행정학과가 운영하고 있는 일반대학원과 특수대학원(행정대학원)을 병치하는 것이 바람직한 것인가? 그렇지 않다. 각 대학의 행정학과는 미션을 분명히 점검할 필요가 있다. 현재 특수대학원인 행정대학원은 직장인을 대상으로 한 재교육에 초점을 맞추고 있다. 그런데 일반행정에 대한 교육이 포화상태가 되고 입학 수요가 점차 줄어들면서 새로운 시장을 찾아 특화된 전공을 만들어 운영하고 있다. 과거 성균관대학교 행정대학원의 경우를 보면 감사행정, 안보행정, 의료행정, 교통행정 등의 전공을 순차적으로 만들어 정원을 채운 적이 있다. 이 때 가장 큰 문제는 전공을 가르칠 전임 교수가 1-2명이고 남은 과목은 강사에 의존한다는 것이다.[3)] 대학 차원에

2) 현재 법학전문대학원의 경우 변호사 시험을 준비하는 학생과 학술학위를 목표로 하는 학생의 정원을 별도로 관리하고 학점이수체계도 구분하고 있다. 경영전문대학원의 경우는 두 과정을 이원화하여 출발하였지만 MBA과정에 진학하는 학부졸업생과 학술과정 진학생과의 구분이 어렵고 강좌의 특성이 크게 다르지 않아 교차 수강을 허용하면서 두 과정의 구분이 점차 모호해지고 있다.

3) 이런 결과가 나타나는 가장 큰 이유는 학부가 없는 서울대 행정대학원을 제외하고 모든 대학이 학부교육이 중심이고 교수 수가 10명 내외인 현실에서 학부 교육에 적합하도록 모든 전공에 걸쳐 교수가 구성되어 있기 때문이다. 특수대학원에서 특유한 전공과정을 만들

서 특수대학원은 훌륭한 수입원이 되겠지만 교육의 질이나 학생만족도를 높이 유지할 수 없는 분명한 한계가 있다. 졸업생이 만족하지 못하는 과정은 오래 존속할 수 없다. 몇 년 지난 뒤에 학생모집이 끊기고 전공은 사라지고 만다. 무엇보다 특수대학원의 문제는 연구중심대학을 지향하는 대학교의 경우 자원을 연구력 증진에 집중시키지 못하고 분산시킨다는 점이다. 특수대학원은 연구보다 교육에 집중하는 대학에서 운영하는 것이 바람직하다. 한국 전체의 자원 배분 차원에서 연구중심 대학교는 고급 연구인력과 학문후속세대를 양성하는 일반대학원 행정학과를 유지하고, 교육중심 대학교는 현직자를 대상으로 재교육을 하는 행정대학원 체제로 역할을 분담하는 것이 좋은 대안이 될 것이다.

그러면 현재 행정전문대학원의 나아갈 길은 무엇인가? 첫째 5~7급 공무원에 대한 개방형 충원이 극히 제한적인 현실에서 다른 취업 영역을 넓게 확장시킬 필요가 있다. 대표적인 예로 시민단체, 의회의원 보좌관, 국제기구가 될 것이다. 이들 기구에서의 업무는 학술연구보다는 실무 현장에서의 문제해결 중심이라 할 수 있다. 전문대학원에서 40학점 내외의 강도 높은 실무형 교육을 한다면 졸업생이 학부나 타 전문대학원 졸업생에 비해 경쟁우위를 확보할 수 있을 것이다.

둘째, 전문대학원의 중요한 미션을 관리자급 재교육에 두는 것이다. 특수대학원이 24학점 졸업의 일반경력자를 대상으로 한다면 전문대학원은 중앙정부나 자치단체의 중간관리자 이상을 대상으로 관리역량을 중심으로 재교육하는 것이다. 현재 고위공무원단은 물론이고 관리자급 공무원 교육이 역량 중심으로 전환되고 있기 때문에 전문대학원에서 보다 체계적인 관리역량교육을 제공한다면 충분한 수요를 확보할 수 있을 것이다. 특히 공무원의 관리역량강

더라도 그 분야의 전임교원은 1-2명에 불과한 것이 현실이다. 실제로 한국에서 학부 행정학과와 대학원(전문, 일반, 특수)은 개별 단위로 환원시켜 분석할 수 없는 동일체이다. 특수대학원의 정원을 채우려다 보면 학부 교육은 물론이고 연구력도 약화될 수밖에 없다. 정규 대학원 과정 이외에 고위공무원을 대상으로 하거나 외국 공무원을 대상으로 하는 비학위과정도 같은 맥락에서 제한된 교수의 자원을 분산시킬 수밖에 없다. 학부, 대학원 할 것 없이 한국 대학에서 필요한 것은 보다 본질적인 미션을 각 대학의 위치에서 분명히 정립하고 미션 달성에 자원을 집중시키고 의미 있는 성과를 거두는 것이 될 것이다.

화는 현장 투입형 전문가 양성과 함께 전문대학원의 중요한 미션이 될 수 있을 것이다. 이를 위해서는 특수대학원과 분명히 차별화된 교과목과 교육내용을 제공하여야 한다. 그렇지 못하면 전문대학원도 단순히 학위를 주는 대학원의 하나가 될 것이고 24학점에 졸업하는 특수대학원과의 경쟁우위를 확보할 수 없을 것이다.

셋째, 학문 탐구에 전념하여 연구와 교육을 담당할 학문후속세대 양성을 위해서는 취업목적이나 재교육과정과 어느 정도 독립적인 학술 트랙을 운영해서 학문 분위기를 조성해야 할 것이다. 학문 탐구의 목적으로 공부하는 학생과 실무에서 요구하는 기술과 경험을 중심으로 수학하는 학생을 혼합하는 경우 학문적 진정성과 깊이가 약화될 수 있기 때문이다. 이런 수요자 중심의 다양한 교육과정을 운영하기 위해서는 일정 규모 이상의 교수진이 확보되어야 하고 그런 정도의 투자가 가능할 때 전문대학원의 설립은 의미가 있을 것이다.

4. 맺 으 며

전문대학원 체제는 분명히 일반대학원이나 특수대학원 체제에 비해 매력적이다. 이수 학점을 40학점 내외로 강화시킴으로써 미국 행정대학원과 동등한 학습 강도를 유지하고 있다. 대학원의 설립목적이 너무나 판이한 일반대학원과 특수대학원을 병존시킴으로써 오는 자원분산을 막고 정체성을 분명히 하는 장점이 있다. 이러한 장점을 살리기 위해서 무엇보다 본질적인 이슈는 실무교육과 이론교육을 이분법적으로 보지 않는 통합형 교육을 해야 한다는 점이다. 앞서 지적한대로 전문대학원에서 학술연구와 전문직업 교육의 두 프로그램을 병렬적으로 제공하는 것만으로는 학습분위기를 저해하고 비효율을 초래할 수 있다. 실무와 이론교육을 통합시켜 시너지 효과를 내기 위한 하나의 방법으로 현재 지나치게 실증주의 접근에 빠져 있는 행정학 연구를 질적 접근과 같은 현장과 경험 중심의 연구로 보완하는 것을 고려해볼 수 있을 것이다. 또한 대학원 진학의 목적을 달리하는 두 학생집단을 하나로 아우르고 서로간의 소통과 이해를 높이기 위한 부단한 노력이 필요할 것이다.

문명재

논평

한국의 행정학과 대학원의 균형적인 성장을 위한 제언

1956년에 학자와 공무원이 함께 한국행정학회의 전신인 '한국행정연구회'(초대 회장 백낙준 전 연세대학교 총장)를 조직하고 이 땅에 행정학과가 하나씩 설립된 이후 지난 반세기 동안 한국 행정학계는 괄목상대할 만한 성장을 이루었다. 누구도 현재의 규모로 성장할 것을 예측하지 못했다. 특히 행정학 관련 학과 수, 교수, 그리고 학생의 규모는 어느 나라에서도 전례를 찾기 어려울 정도로 압축적으로 성장했다. 2010년 현재, 행정학과에서 수학하는 학부생은 9천 5백명에 이르고 행정학 관련 교수는 9백명이 넘는다.

학부뿐만 아니라 대학원 과정도 급속도로 성장했다. 행정학 관련 분야의 일반대학원은 99개, 전문대학원은 2개, 그리고 특수대학원은 225개이며 수학하는 대학원생이 3,000명에 이른다. 행정학계는 한국의 사회과학을 대표하는 학문공동체가 되었다. 1959년에 고려대와 부산대에서 일반대학원의 석사과정이 개설된 것을 시작으로 연세대와 성균관대를 비롯한 서울에 소재한 주요 대학을 중심으로 1960년대에 석사과정이 개설되었다. 그 후 1970년대에 지방 소재의 거점대학을 중심으로 석사과정이 본격적으로 개설되어 오늘의 규모에 이르렀다. 박사과정의 경우에는 1964년에 연세대와 부산대에서 처음 개설된 후 1970년대와 1980년대에 크게 확장되어 현재 50여 개의 대학에서 행정학 박사학위를 수여하고 있다.

그러나 대학원 과정이 폭발적으로 성장한 이면에는 어두운 그림자가 짙게 드리워져 있다. 지난 반세기 동안 한국 행정학 특히 대학원 과정이 양적인 성장에 치중했다는 비판의 목소리가 높다. 최근 연구재단의 재정적 지원을 받는 Brain Korea나 World Class University 사업단을 통하여 대학원 수준을 제고하려는 노력을 일부 기울이지만 그 혜택을 누리는 학교는 극히 소수이다. 그 또한 연구의 양적인 성장에 방점이 찍혀 있을 뿐, 상대적으로 질적인 성장과 내용의 충실화에 큰 관심을 두지 못한 것이 사실이다. 그 결과로 여전히 많은 학생들이 최종 학위를 취득하기 위해 해외 유학길에 오른다. 국내 대학원 과정에 대한 평가절하 문제나 전임 대학원생이 감소하는 서글픈 현실에 대한 통렬한 자성의 목소리가 여전히 높은 것이 현실이다.

한편 행정학 대학원교육시장이 빠르게 변함에 따라 수요와 공급의 불일치가 가속화 되고 있다는 점을 인식할 필요가 있다. 1970년대나 1980년대에는 행정학계가 전반적으로 성장함에 따라서 공급이 주도하는 시장이었기 때문에 행정학 석사학위를 취득한 학자들도 비교적 용이하게 교수직이나 연구직을 구할 수 있었다. 1990년대에는 공급주도적 시장이 점차 깨어지게 되었다. 이후 국내에서 석사를 취득한 후 외국에서 박사를 취득한 학자들이 학계에 대거 진출하게 되었다. 2000년대에 들어서서는 점차 공급과다 현상으로 인하여 국내에서 석사학위나 박사학위를 취득한 사람들은 안정적인 연구직이나 교수직을 구하는데 상당한 어려움을 겪고 있다.

학위를 선호하는 사회적인 분위기에 행정학 프로그램이 무분별적으로 편승한 것도 한국 행정학 대학원 과정이 규모 위주의 불균형적 성장을 하게 된 주요 원인이다. 대학원 과정은 일반적으로 차세대 행정학자 또는 공공분야의 실무전문인력을 양성하거나 현직 공무원과 같은 공공부문 인력을 재교육시키는 것이 기본 목적이지만 대학의 현실과는 괴리가 크다. 많은 대학들이 행정학 석·박사 과정을 개설하고 있지만 몇몇 대학교를 제외하면 차세대 학자를 꿈꾸는 대학원 지원자 수는 점차 줄어들고 있다. 특히 전일제 대학원생의 비중은 크게 감소하고 있어 대학원교육의 존폐를 이야기하기도 한다. 대학원을 통한 재교육 시장도 거의 포화상태에 이르러 몇몇 야간 특수대학원을 제외하면 학생충원에 많은 어려움을 겪고 있다. 특수대학원의 경우에는 체계적인 재교육 기회를 제공하려는 본래의 목적은 점차 사라지고 단순히 학위를 얻고자 하는 열망을 충족시켜주거나 사회적 네트워크를 구축하는 기회를 제공하는 매개자적 역할에 만족하는 경우가 많다.

이와 같이 대학원은 본질적으로 연구중심적 프로그램이나 전문성을 제공하는 재교육 프로그램으로 운영되어야 하지만 위에서 언급했던 것처럼 현실과의 괴리는 점점 커진다. 연구중심의 대학원이 제대로 자리 잡지 못하다 보니 대학원의 목적과 실제 운영사이의 불일치와 한국 행정학계의 연구수준에 대한 회의적인 목소리가 크다. 행정학 대학원의 교육목적을 원점에서 검토하여 대학원 교과과정을 체계화시키고 한국 행정학 연구수준을 제고하기 위한 노력을 경주해야 한다. 대학원교육의 목표와 교과과정 그리고 최종 산출물인 석사 또는 학위자의 취업과 진로에 대한 면밀한 검토가 이루어져야 한다. 대학원 교과과정에 대한 제언을 정리하면 아래와 같다.

첫째, 대학원의 개설 목적에 대한 본질적인 검토와 평가가 이루어져야 한다. 특히 일반대학원과 전문대학원 그리고 특수대학원이 제각기 차별화된 교육목적을 가지고 개설되어 있지만 실제 그 차별성을 제대로 발휘하지 못하는 경우가 많다. 현직 공무원에 대한 재교육, 차세대 행정학자 양성, 미래 공공부문 전문인력 양성 등의 목적을 달성할 수 있도록 맞춤형 교과과정을 개설해야 한다. 또한 학생들의 진로를 고려한 트랙별 교과과정을 개설해야 한다. 대학별로 특화된 인재를 양성하는 프로그램을 개발하여 비교우위적 지위를 점하면서 지속적으로 평판을 쌓아나갈 수 있는 방안도 강구할 필요가 있다. 모든 문을 열 수 있는 만능열쇠를 구하려다가 하나의 문도 제대로 열지 못할 수 있다는 점을 명심해야 한다. 둘째, 행정학 또는 정책학 학위에 대한 핵심요소를 기준으로 최소한의 표준화된 교과과정에 대한 합의를 도출할 필요가 있다. 최근 이러한 필요에 부응하고자 행정학 프로그램에 대한 기초요건과 교과과정 인증제도에 대한 관심이 높아졌다. 미국과 같은 인증제를 도입하지 않더라도 향후 표준화 된 교과과정이 개발·공유되어 행정학 석사 또는 박사과정의 최소 기준이 확보되어야 할 필요가 있다. 셋째, 행정학 프로그램에 대하여 체계성과 심화성이 부족하다는 비판의 소리가 높다. 그동안 외연은 확대되었으나 개론과 각론의 구분이 모호하거나 각론 과목들도 상호 중복된 부분이 많기 때문에 심화학습이 제대로 이루어지지 않는 경우가 많다. 경제학의 경우에는 경제학 원론, 미시경제학, 화폐금융론 등과 같이 수준별로 심화하는 교과과정이 상대적으로 명확히 구분되어 있거나 각론 별로 명확한 영역을 가지고 있다는 점을 참고할 필요가 있다. 넷째, 현재 대학원 교과과정은 주로 교수 위주로 구성되는 경우가 많다. 사회의 변화나 학생의 요구를 적극적으로 반영하는 수요중심이 아닌 공급자중심의 강의가 제공되는 경우가 많다. 교과과정을 한 단계 발전시키기 위해서는 미래사회가 요구하는 역량을 수요자 중심으로 만들어가야 한다. 마지막으로 한 대학의 행정학과가 제공할 수 없는 전공(교과목)과 교과과정의 질적 제고를 위하여 학교간 학점교류나 학과간 협력을 보다 적극적으로 모색할 필요가 있다. 형식적인 학점교류나 협력관계보다는 실제적인 교과과정 설계나 강의개설과 같은 협력관계를 통해 활성화된 학교간 협력 프로그램도 조심스럽게 시도할 가치가 있다.

한국 행정학 대학원의 발전을 위해서는 교과과정을 개선할 뿐만 아니라 연구중심의 질적인 성장을 지속적으로 추진할 필요가 있다. 특히 한국의 행정학이 아직도 수입 행정학 수준에서 벗어나지 못하고 있다는 비판적이고 자괴적인 목소리를 감안하면 더욱 그렇다. 한국의 행정현상을 서구에서 개발된 이론으로 설명하는데 급급하거나 국제적으로 인정되는 독특한 행정학이론을 제대로 개발하지 못하고 있다는 비판에 고개를 숙이기에는 우리의 덩치는 너무 크다. 이제 뼈아픈 자괴적 목소리를 가슴에 묻고 한국 행정학의 이론적 선도성을 높이기 위해서 다음과 같은 사항을 다함께 고민해야 할 필요가 있다.

첫째, 한국 행정학계의 구성원이 이론적 연구에 대한 자신감을 회복해야 한다. 외국이론에 대한 무분별한 수용에서 벗어나 우리의 행정현상을 우리의 언어로 개념화하고 나아가 국제화하는 노력을 경주해야 한다. 특정한 사례와 경험을 통하여 Jeffrey Pressman과 Aaron Wildavsky가 'Implementation을 저술하고 'Herbert Kaufman이 The 'Forest Ranger'를 저술하듯이 우리 행정현상에 대한 이해를 높이고 이를 설명하려는 연구가 지속적으로 진행되어야 한다. 여러 가지 행정과 정책현상을 설명하기 위해 서구학자들이 '쓰레기통 모형'이나 '정책창 이론' 등을 개발한 것처럼 우리 학자들이 우리의 행정현상을 설명하기 위해 새로운 개념을 만들어내고 이를 바탕으로 이론화 작업을 자신 있게 해나갈 수 있도록 학계의 풍토가 변해야 한다. 우리나라 학자가 의사결정과정을 연구하다가 쓰레기통 모형을 제시했다고 하면 우리 학계에서 받아들여졌을까? 그리고 세계적인 이론으로 발전될 수 있었을까? 우리 학자들이 이론적 역량이나 현실에 대한 이해가 부족하다기보다는 새로운 개념을 만들고 이론화하는데 자신감이 없는 게 아닐까? 오히려 우리 행정학자들이 행정현실에 참여하는 빈도나 기회가 어느 나라보다도 더 높음에도 불구하고 이러한 학문적 자산(academic asset)을 제대로 이론화하지 못하고 있는 것은 이론적 실험성이 없기 때문이 아닐까? 이제 한국 행정학계는 서구이론에 몸을 숨기는 겁쟁이의 모습에서 벗어나 당당하게 우리의 개념으로 우리의 행정현상을 설명하고 이를 국제 행정학계를 통하여 검증하고 공유해나가야 한다.

둘째, 해외의 연구동향을 잘 이해하고 이와 관련된 연구를 수행해야 하지만 우리의 행정현상과 관련된 연구 질문을 주체적으로 던지고 이에 대한 해답을 찾아나갈 필요도 있다. 예를 들면, 최근 네트워크나 협력에 대한 연구가 부쩍 많아졌는데 이는 네트워크나 협력이 새로운 행정현상으로 등장해서라기보다는 주요 해외학술지에서 이러한 주제가 많이 등장하는 흐름에 따라 우리나라 학자들도 이에 대한 연구관심이 덩달아 높아진 결과라고도 볼 수 있다. 결국 연구 질문도 해외 학계의 흐름에 일방적으로 아가는 경우가 많은 것이다. 이제 학문적인 자신감을 회복하면서 독자적으로 연구 질문을 던지고 주체적인 연구역량과 연구물을 축적할 때다.

셋째, 행정학의 특성상 실현가능성이 매우 중요한 연구의 기준이 될 때가 많다. 그러다 보니 간결결정성(parsimonious)보다는 포괄적인 해답을 구할 때가 많다. 이론은 현실성이나 실현가능성이 다소 떨어지더라도 간결결정성이 높아야 한다. 현실을 특정한 시각으로 설명하고 바라볼 수 있는 간결결정성이 높은 이론적 틀을 제시하고 이에 대한 학계의 논쟁이 벌어질 때 진정한 학문적 발전이 이루어질 수 있을 것이다.

한국의 행정학 특히 대학원교육은 중대한 기로에 서있다. 불균형적 거대증을 앓고 있는 유아기에 그대로 머물러 있을 것인가 아니면 이론적 자신감을 기르며 수입 위주의 행정학에서 벗어날 것인가의 문제이다. 신체적으로 건장한 청년이 세상에 나가지 못하고 숨을 곳만 찾는 겁쟁이의 모습을 한국 행정학의 자화상으로 그릴 수는 없다. 우리의 행정현상을 토대로 행정이론을 만들고 이를 국제학계에서 적극적으로 알리는 시동을 걸어야 한다. 우리의 경제성장이 국제적으로 귀중한 모델이 된 것처럼 한국의 행정이 행정학 이론의 중요한 소재가 되어야 한다. 앞으로 10년 그리고 20년 뒤에는 한국 행정학과 대학원교육의 위기에 대한 논쟁이 더 이상 필요치 않게 되기를 바라는 마음이 간절하다.

사 / 회 / 자 / 평

_윤재풍

교육을 어떻게 할 것인가의 해답은 제도의 문제로 귀결된다. 특히 공식적인 교육은 공식적인 교육기관(학교), 교과과정과 방법, 교육담당자, 학생의 선발과 교수 및 졸업생 배출 등에 관한 제도로서 구체화 된다.

대학에서 이루어지는 행정학 교육을 어떻게 할 것인가의 문제 역시 제도로 귀결되고 구체화된다. 한국의 행정학 교육은 1950년대 이후 대학에 학과를 만들고 교수를 채용하며 교과과정을 마련하여 학생을 가르치기 시작한데서 비롯한다. 행정학 교육제도를 창시하여 운영함으로써 교육이 시작되었고 교육을 통하여 많은 행정학도들이 배출되어 공공인적자원으로 이용되었으며 학자들의 연구를 통하여 행정학이 뿌리를 내려 거대한 학문으로 발전하였다. 행정학교육제도가 시작된 후 약 60년 동안 성공적인 경험을 많이 하였지만 미래의 성공적인 교육을 위하여 지금 구상하고 선택하여야 할 대안적 제도에 관하여 현재의 행적학자들, 정부실무자들 및 행정학도들 간에 일어나고 있는 논의와 담론은 매우 무성하다.

여러 가지 논의와 담론이 함축하는 뜻을 고려하고 본인이 생각하는 바를 몇 가지로 요약하여 말하면 다음과 같다.

첫째, 현재 대학의 행정학 교육제도는 새롭게 변화되어야 한다. 교육의 수요가 질적으로 많이 변화하고 있기 때문이다. 1960년대 이후 한국의 행정은 산업화를 선도하는 기능수행이 중요하였고, 그것을 성공적으로 수행하기 위해서 능률적이고 효과적인 기획과 관리능력이 필요하였다. 따라서 대학의 행정학과는 조직·인사·재무 등의 관리 중심의 이론과 지식을 가르쳐 그들을 공공인적자원으로 양성하는 교육제도를 만들고 운영하여 왔다. 그러나 지난 세기말 이후 정부행정은 급격히 전개되는 탈산업사회·지식정보화·세계화 및 민주화의 환경 속에 존재하며, 행정문제의 해결과 기능수행에 있어서 고도의 창의성과 혁신성이 요구되고 있다. 따라서 대학의 행정학 교육제도도 새로운 변화가 요구되고 있다. 지금은 한국의 대학에 행정학교육이 도입되고 제도화된 이후 가장 획기적인 변화가 필요한 때이다. 행정학교육의 가치와 목적에 대하여 근원적으로 성찰하고 총체적으로 평가한 후에 새로운 프로그램과 방법을 선택할 때라고 생각한다.

둘째, 행정학 교육제도는 미래의 시각과 세계적 지평을 바라보면서 발전을 구상하여야 한다. 1950년대 이후 한국에 행정학 교육제도(학과·교과목·교수 등)가 도입된 후 우후죽순격으로 많은 대학에 행정학 교육프로그램이 탄생하였다. 현재 한국의 4년제 대학 177개 중 행정학과의 학사과정이 설치된 대학이 105개, 일반대학원 석사과정이 63개, 박사과정이 56개라고 한다. 현대행정학의 모국이라고 말할 수 있는 미국의 경우 약 2,000여 개의 대학 중 행정학 석사과정프로그램을 가진 대학이 160여 개이고 박사과정은 50여 개이며 학사과정의 행정학프로그램은 최근에 매우 소수의 대학에 소규모로 설치·운영하고 있는 상태이다. 미국행정학의 수용을 통하여 탄생한 한국대학의 행정학 교육은 1960년대 이후 정부의 역할과 규모가 지속적으로 급속히 확대되는 상황속에서 가속적인 양적성장을 해왔다. 국가의 규모와 전국 대학의 수에 비추어 볼 때 한국은 세계에서 가장 많고 거대한 행정학 교육제도와 프로그램을 대학에 설치·운영하고 있다. 이러한 제도형성을 통하여 많은 학자와 공공인적자원을 육성하였고, 학문의 성장과 행정발전에 괄목할 만한 기여를 해왔다.

그러나 1990년대 말 이후 "작은 정부," "큰 시장"으로 상징되는 신공공관리체제의 확산속에서 다수의 대학들이 행정학교육프로그램의 양적성장을 지양하거나 조절하는 단계에 들어섰다. 한국의 대학 행정학교육이 성장 위기를 맞이하였다고 말할 수 있다. 따라서 현재의 한국 행정학 교육자들은 당면한 문제의 근원이 어디에 있는가를 성찰하여 올바른 미래의 방향을 선택해야 할 것이다. 이제는 기왕에 양적으로 거대하게 성장한 교육프로그램의 규모와 수를 조절하고 재편성하면서 지속적인 질적 발전을 도모하여야 할 때라고 생각한다. 또한 지금까지 추구하여온 국내중심의 폐쇄적 교육운영체계를 점차적으로 세계적인 개방적 체계로 개편하면서 질적 수월성을 지향하여야 한다. 이러한 지향에 맞추어 대학들이 미래와 세계적인 비전을 가진 교육내용과 방법을 적극적으로 구상(design)하고 적용해야 한다.

셋째, 교육과정에 적합하도록 교과목이 체계적으로 분화되어야 한다. 대학의 행정학 교육은 교육과정(학사·석사·박사)에 따라 수직적으로 교과목을 분화하고 각 과정안에서 수평적으로 분화하여 이루어지고 있다. 그런데 대학의 일반적인 경향을 보면 교육과정의 단계별 목적에 적합하게 교과목의 체계적 분화가 잘 되어 있지 않은 것을 확인할 수 있다. 교과목이 지나치게 학사과정 중심으로 체계화 되어 있다. 학사과정에 필요 이상으로 전공과목이 다양하고 많이 세분화 되어 있으며 석사과정과 박사과정 교과목은 학사과정 것을 약간 수준을 높여 세분화하는 정도로 이루어지고 있다. 말하자면 전공학습을 심화시켜야 할 석·박사 과정의 행정학 과목은 학사과정에 비추어 상대적으로 수준이 별로 높지 않으며 세분화 정도도 높지 않다고 생각된다.

행정학 교과목의 분화는 교육과정의 단계별 목적(학사과정-전공기초·석박사과정-전공심화)에 따라 적합한 체계로 이루어져야 하며 교수들의 책임 당당과목은 학·석·박사과정에 골고루 배당되어야 한다.

넷째, 학제적인 행정학 교육체계(學際的体系)를 발전시켜야 한다. 행정학은 태생적으로 학제성을 지닌 학문이며 행정학 교육은 학제적인 체계적 교육을 통해서 그 목적을 원만하게 달성할 수 있는 것이다. 경영학·정치학·사회학·심리학 등과 같은 인접학문과 학제적 관계체계를 확립함으로써 행정학의 학문적 유용성과 교육의 내실을 확보할 수 있는 것이다. 특히 행정학이 경영학이나 정치학과 학제관계를 밀접하게 함으로써 행정학 및 행정학 교육의 정체성을 손상하는 것으로 인식해서는 안된다. 오늘날 행정문제의 해결이 질적으로 복잡해짐에 따라서 인접학문과의 유기적인 관계 및 학제적 연구와 교육의 필요성이 더욱 높아지고 있다. 학문간의 경계를 넘어 융합(Convergence)하는 현상이 앞으로의 추세라고 할 수 있다. 이러한 추세 속에서 행정학자들은 앞으로 행정학과 인접학문의 융합, 행정학 교육과 인접학문 교육의 융합의 형태와 수준을 어떻게 할 것인가를 연구하고 제도화하는 과제를 수행해야 한다.

다섯째, 행정학교육과 행정실무와의 연계는 더욱더 강화되어야 한다. 행정학은 응용학문이며 전문직업적 성격이 강한 실용의 학문이다. 교육과 실무가 연계됨으로써 행정학은 학문·연구와 교육의 유용성을 갖는 것이다. 행정학 교육과 실무의 연계를 강화시키기 위해서는 교육담당자와 정부 및 공공기관간의 지속적인 협력적 노력이 필요하다.

먼저 행정학 교육자들의 성찰과 노력이 요구된다. 교육자들은 정부와 공공조직에 필요한 지식과 기술이 무엇인가를 부단히 연구하여 교육에 반영하여야 한다.

오늘날 사회와 경제의 급진적인 변화·발전과 더불어 공공문제가 더욱 복잡·다양화하고 있으며 공공문제의 해결은 정부조직 안에서만 이루어지지 않는다. 비정부, 비영리 조직뿐만 아니라 심지어 영리조직인 기업체에서도 해결하여야 할 공공문제가 증대하고 있다. 따라서 행정학 교육담당자들은 정부부문에 필요한 인적자원을 육성할 뿐만 아니라 공공문제가 존재하고 그 해결이 요구되는 사회의 모든 조직에 적극적으로 공공인재를 배출하는 역할을 하여야 한다.

정부와 공공조직들은 행정학도들이 교육의 필수과정으로 정부와 공공조직에서 실무수습을 할 수 있는 제도를 마련하여 시행하여야 한다. 그렇게 함으로써 행정학 교육의 실용성을 높이고 정부 및 공공조직은 필요한 인적자원을 발견하고 확보하는 수단을 갖게 되는 것이다. 행정학 교육을 받고 정부나 공공조직에서 일정한 실무수습과정을 이수한 사람은 그 학위등급(학사·석사·

박사)에 적합한 직위에 채용되는 기회가 확대됨으로써 공공인적자원을 육성하는 행정학 교육과 인적자원을 활용하는 정부의 인사채용제도가 유기적으로 연계된다고 말할 수 있다.

학술회의 요약 및 평가

김현준·윤견수

Ⅰ. 서　　언

제 1 패널은 “학부교육 어떻게 할 것인가?”라는 큰 주제를 가지고 진행되었다. 세부적인 질문으로는 학부 또는 각급 대학원교육의 목표를 어디에 둘 것인가, 행정학 교육을 통해 양성하고자 하는 인재상은 무엇인가, 교육목표에 부합하는 교육방법 (프로그램, 커리큘럼, 교수법 등)은 무엇인가 등이 발제자와 토론자에게 제시되었다.

제 2 패널, “행정학 연구”는 그동안 한국행정학의 학문적 성격과 관련하여 행정학계에서 논의가 되어왔던 주제들을 다루었다. 크게 두 가지 방향에서 토론이 이루어졌는데 첫째는 그동안 다루지 않은 것들이 없을 정도로 다양한 주제들을 연구해왔던 행정학이 앞으로 어떤 주제에 관심을 가져야 하는가, 둘째는 그동안 학문의 독자적 지위와 성격에 대해 비판을 받아왔던 행정학이 과연 고유성을 확보할 수 있는가 하는 문제들이다. 두 가지 질문은 크게 보면 행정학의 토착화 이론화 및 정체성과 관련된 논의들이며, 한국의 행정학이 다른 사회과학에 비해, 그리고 다른 나라의 행정학에 비해 현실적으로 얼마나 유용하며, 이론적으로 얼마나 치밀할 수 있는지에 대한 우려와 가능성에 대한 논의들이다.

제 3 패널, "행정학 교육제도"는 기존 학부와 대학원교육 체계의 현황을 분석하고 각급 행정학 교육 제도의 개선을 위한 장·단기적 발전 방안을 모색하는데 목적이 있다. 구체적으로는 학부와 대학원 공히 현재 교육제도의 문제점을 진단하고, 대안적 모델을 탐색하며, 새로운 교육 수요에 부응하는 교육제도를 고민하고, 대학별·교육제도별 특성화 전략이 무엇인지 논하였다. 또한 최근 여러 학교에서 시도되어 온 행정학 교육제도 개편과정에 나타난 다양한 시도를 소개하고 그 성과와 한계를 공유함으로써 유사한 과제에 직면해 있는 다른 행정학과의 교육제도 개편작업에 매우 유용한 시사점을 제공하였다.

II. 제 1 패널 "행정학 교육"의 소결

1. "학부교육 어떻게 할 것인가"의 주요 내용과 토론

(1) 주요 내용

첫 번째 발표자로 나선 김준한 교수는 행정학 교육 환경에 대한 분석을 통해 현재 행정학 학부 교육의 문제점이 발생하게 된 원인을 찾고, 이에 대한 대응책을 모색하였다. 이를 위해 김 교수는 일반적인 대학교육의 목표를 전문인, 교양인, 직업인 양성의 세 가지로 분류하고, 시대적 상황이 교육에 부여한 역할에 따라 각 목표의 상대적 중요성이 변화하여 왔다고 주장하였다. 하지만 안타깝게도 한국에서의 학부 행정학 교육은 목표 설정에 혼란을 겪고 있으며, 이 세 가지 목표의 우선순위가 확립되어 있지 않다고 분석한다. 그 결과 높지 않은 전문성, 비체계적 교양교육, 미흡한 실용성이라는 비판으로부터 학부 행정학교육이 자유롭지 않다고 진단하였다. 또한 이러한 행정학 교육 목표의 혼란은 행정학 개별 수업의 목표수립과 수업 방법의 문제점과도 맞물려 있다고 분석한다. 즉, 현재의 학부 행정학 교육은 지식에 대한 이해를 바탕으로 이를 구체적인 문제 상황에 응용하고, 분석된 현상으로부터 새로운 정보를 생산하는 역량을 배양하는 역할을 하지 못하고, 사실과 정보를 전달하고 이해하는 수준에 머물러 있다는 것이다. 그렇기 때문에 수업 방법 역시 보다 상위 수준의 목표 달성에 필요한 토론, 사례탐구, 문제해결, 독립연구, 현장연구 등의 방법을 적극적으로 도입하지 못하고 강의와 질의응답에 치중하는 형태로 이루어지고 있다고 주장하였다.

이와 같은 학부 행정학 교육의 취약점은 21세기 대학교육 환경 속에서 더욱 부각될 수밖에 없다는 것이다. 행정학 교육 환경은 심화된 전문지식인과 복잡한 문제 해결을 창의적으로 주도할 혁신인을 요구하는 데 비해, 현재 학부 행정학 교육은 이러한 환경이 요구하는 인재를 배출하고 있지 못하고 있다는 분석이다. 동시에 현장에서 학부 졸업생에 기대하는 기초 직무능력 배양 교육과 전문적인 지식을 심화시킬 수 있는 교양교육도 균형을 이루어야 하나 현재의 행정학 교육은 그러한 기대에도 미치지 못하고 있다고 평가하였다. 이와 같은 환경의 요구와 현행 학부 행정학교육 간의 간극을 좁히기 위해 수업 목표와 방법의 재설정을 중요한 수단으로 제시하고 있다. 즉, 행정학과 학생들의 응용-분석 능력과 종합 능력의 배양에 적합한 토론-사례탐구-문제해결-독립/현장 연구를 단계적으로 강화함으로써 전문성과 혁신성을 갖춘 행정인재의 배출이 가능하다고 보는 것이다. 마지막으로 행정학 교육이 궁극적으로 구현하고자 하는 내용적 목표를 "사회설계(social design)"로 설정할 것을 제안하였다. 복잡한 정치, 사회, 행정현상을 분석하고 종합적인 해결방안을 마련하기 위한 설계-관리-집행-운영의 제반활동을 포괄적으로 사회설계라고 규정하였다.

(2) 제 1 발제문에 대한 토론

거시적인 환경분석과 현행 행정학 학부 교육의 교육목표, 수업목표, 수업

방식에 대한 김준한 교수의 비판적 고찰에 대한 토론자들의 주요한 평가는 다음과 같다. 우선 제 1 토론자인 송하중 교수는 전반적으로 김준한 교수의 거시적이면서 통시적인 접근방법의 적정성에 대해 전반적으로 공감하면서도, 전문인과 혁신인 양성에 필요한 자원과 실천 노력의 확보가 매우 어려운 교육 여건을 어떻게 극복할 것인가라는 우려를 표명하였다. 또한 행정학 교육의 주요한 내용적 목표로 제시한 "사회설계"의 중요성에 대해서 개념적으로는 동의하지만, "사회설계"가 일반적으로 이해되기에 적절한 용어인가에 대해서는 의문을 제기하였다.

김준한 교수의 발제와 송하중 교수의 토론은 모두 행정학 교육이 다른 사회과학 분야와 마찬가지로 대학교육이라는 공통성을 지니지만 동시에 행정학 고유의 독자성 또한 갖고 있다는 암묵적인 가정에서 출발하고 있다. 학부 행정학교육의 목표를 재설정하고, 이의 실현을 위한 수업목표와 수업방식을 재구성하는 것은 행정학 고유의 역할을 구현하기 위한 수단이라는 것이다. 제 2 토론자인 유재원 교수는 이와 다분히 상반된 견해를 피력한다. 우선 행정학은 본질적으로 잡학적 성격을 갖고 있다는 전제에서 출발한다. 다시 말하면, 행정학이 가진 학제적 성격이 다른 학문 분야와 대별되는 중요한 특성이라고 볼 때, 행정학 교육의 질적 향상은 독자성과 고유성을 확보하기 위해 노력하기 보다는 정치학, 경제학, 경영학, 법학 등 "행정학의 핵심구성 학문분야"를 적극 수용하는데 역점을 두어야 한다는 것이다. 유교수는 행정학 고유의 지식을 구축하기 위한 노력이 오히려 행정학 교육의 장점을 발전시키는데 오히려 저해요소가 된다고 주장하였다. 현실적인 측면에서도 행정학과 학부 졸업생들의 경쟁력은 이러한 다양한 분야에 대한 융합적인 지식을 고루 갖추는데 있음에도 불구하고 실제 교육 내용은 학생들의 다양한 교육수요를 제대로 반영하지 못하고 공급자, 즉 행정학과 교수들 개개인의 선호에 따라 결정되는데 큰 문제점이 있다고 분석하였다.

2. “대학원교육 어떻게 할 것인가”의 주요 내용과 토론

(1) 주요 내용

제 2 발제자인 이승종 교수는 대학원 행정학 교육의 현황과 문제점을 광범위한 통계자료를 인용하여 분석적으로 검토하고, 이를 바탕으로 개선방향에 대한 논의를 전개하였다. 국내 행정학과 관련 대학원의 학과와 전공은 양적인 면에서 급속도로 팽창하여 왔으나 학부와 대학원간, 나아가 일반대학원, 전문대학원, 특수대학원간에 교육 목표와 내용에 차별성이 확보되지 않거나 목표의 혼돈 현상이 나타나는 문제점을 지적하였다. 특히 유사 학과 또는 전공이 일반대학원, 전문대학원, 특수대학원에 중복적으로 설치됨에 따라 취업시장에서 행정학 대학원 졸업생들이 취업시장에서 차지하는 입지가 취약해 지는 문제로 이어지는 것으로 분석한다. 이러한 문제는 이는 행정학의 학문적 특성 때문이라기보다는 대학원 행정학 교육의 전문성과 독자성이 취약한 점에서 원인을 찾고 있다.

행정학 학과 및 전공의 설계에 나타나는 문제점들은 교육목표와 교육과정의 문제점에도 동일하게 나타난다고 분석하였다. 앞서 김준한 교수가 학부 행정학 교육의 문제점으로 제시하였던 교육목표의 모호성과 유사하게 각급 대학원교육 과정이 배출하고자 하는 인재상에 대한 명료하지 않은 목표 제시가 교육과정의 난맥상으로 이어진다고 보는 것이다. 모호한 대학원 교육목표는 중복되고 특성 없는 교육과정을 양산했고, 학술교육과 전문교육 간의 차별화도 취약하게 만드는 악순환이 반복되고 있다고 분석하였다. 그 결과 대학원 행정학 교육은 행정학 학위의 남발이라고 일컬을 만큼 양적으로는 팽창하였으나 입학자원의 질적 수준을 담보하기 어렵게 되었고, 교육과정 및 학위 관리가 부실화하는 현상을 초래하고 있다고 진단한다. 이 교수는 이러한 대학원 교육의 문제점의 해결 방안을 행정학의 학문적 위상정립, 교육목표의 명확화, 그리고 교육과정의 특성화를 제시하였다. 먼저 행정학의 학문적 위상정립을 위해서는 공공관리를 행정학의 핵심영역으로 하여 독자성을 확보함과 동시에 유관 학문 분야를 행정학의 핵심분야와 유기적으로 연계함으로써 행정학의 간학문성도 균형적으로 발전시켜야 한다고 주장하였다. 교육 과정의 특성화를 강화하기 위해서는 교육대상 별 맞춤형 교육과정이 편성되어야 하고, 학술학위 과정과 전문 학위 과정 간의 차별성을 높일 것을 강조하였다. 특성화 강화를 위한 또 하나의 방안으로 다른 학문분야와의 협동과정, 또는 학교 간 협동과정의 설치를 제안하였다. 마지막으로 행정학 학위의 질을 제고하기 위한 대안으로 학위제출 요건의 강화나 인증제의 도입을 제시하였다.

(2) 제 2 발제문에 대한 토론

대학원교육 분야의 첫 번째 토론자인 송희준 교수는 이승종 교수가 진단한 대학원 행정학 학위과정, 교육과정, 교육목표의 문제점에 대해 전반적으로 공감하면서도, 무엇보다 우선적으로 추진해야할 과제는 행정학 교육의 이념적 바탕을 재정립하는 것이라고 주장하였다. 행정학의 이념적 목표를 공공성, 공정성, 사회적 기여에 맞추고 이를 각 학교의 전통과 교육 목표에 연계할 것을 제안하였다. 또한 현장과의 연계, 즉 우리나라의 행정 현실에 부합한 이론을 도입하고 발전시키는 것이 중요하다는 점을 강조하였다. 더불어 행정학은 사회적 합의 도출과 해결이 용이한 문제를 다루는 것이 아니라 과학적 지식이 충분히 축적되어 있지 못한 난제(wicked problem)를 해결하기 위한 지식체계를 개발하는 것을 고유한 영역으로 삼아야 한다고 주장하였다.

두 번째 토론자인 윤성식 교수는 대학원 행정학 교육의 문제점과 개선방안을 경영학과의 비교 분석을 통해 제시하였다. 학문적 성격과 교육적 역할의 측면에서 행정학과 많은 유사성을 가지는 경영학 분야의 발전과정을 소개함으로써 행정학 교육 발전을 위한 시사점을 찾고자 한 것이다. 경영학이 행정학과 마찬가지로 종합적 학문의 성격을 가지면서도 정체성 논쟁으로부터 자유로운 이유는 경영학이 인접 학문 분야를 성공적으로 흡수하여 전문성과 독자성을 확보한 때문이라고 분석하였다. 반면, 행정학은 공공문제 해결이라는 고유의 과제를 수행하기 위한 전문성과 독자성을 충분히 발전시키지 못 하였다고 평가한다. 따라서 행정학이 학문적으로 성장하기 위해서는 인접 학문 분야의 전문가를 적극적으로 행정학 영역으로 포섭하여 공공문제의 해결에 천착할 수 있는 학문적 인프라를 구축하여야 한다고 주장하였다. 소수의 행정학자들이 많은 인접학문들을 종합하고 소개하는 수준에서는 행정학의 전문성과 독자성이 확보될 수 없고, 이는 행정고시에서도 행정학 과목이 전문성보다는 원론적 지식의 습득과 암기로 해결할 수 있는 영역으로 전락한 근본적인 이유라는 것이다. 또한 많은 공공문제가 해당 분야의 전문지식만으로는 해결이 불가능하고 갈등관리, 정부규제에 대한 이해 등 행정학적 지식과 융합될 때 해결 가능하다는 점을 부각시킬 것을 강조하였다. 또한 행정학의 유용성을 고양하기 위해 각종 사례를 발굴하여 교육에 활용할 것을 제시하였다. 나아가 한국의 역사와 철학으로부터 한국적 행정학의 단서를 찾고, 한국적 행정 현상으로부터 행정이론을 발굴하는 노력이 경주되어야 하며, 이러한 연구와 교육이 가능하기 위해서는 행정학과를 대규모 학과로 육성하여 전문적 지식 확보를 위한 기반을 구축할 것을 제안하였다.

3. 종합 토론

종합토론에는 발제자와 토론자뿐만 아니라 일반 청중들로부터도 많은 의견이 개진되었다. 종합토론은 대학원과 학부 교육을 별개로 구분하기보다는 행정학의 정체성과 연관시켜 행정학 교육 전반에 대한 포괄적인 논의로 진행되었다.

토론 참여자들로부터 가장 많이 제기된 논제는 행정학의 학문적 성격과 목표에 대한 것이었다. 먼저 백완기 교수(고려대)는 행정학 교육의 어려움은 바로 행정학이 가치지향적인 학문이며 공공성을 목표로 하는 데 있다고 규정하고, 이러한 특성으로 인해 행정학의 교육목표는 명확하게 제시하기 어렵다고 주장하였다. 이러한 인식에 기반할 때 공공 문제의 해결은 행정학화된 문제해결 도구를 통해 가능하지, 인접 분야에서 개발된 지식과 도구를 행정학화하는 과정 없이 도입하는 것으로 실현될 수 없다고 비판하였다. 행정학의 고유한 성격에 대한 토론은 미국과 달리 학부 행정학 교육이 중요한 비중을 차지해 온 한국적 행정학 교육의 맥락에서 학부 교육의 당위성을 찾을 수 있다는 주장으로 이어졌다.

박종민 교수(고려대)는 전문대학원교육 위주의 미국적 행정학 교육모델을 한국의 행정학 학부를 비롯하여, 각급 대학원교육에 식재하는 것이 타당한지에 대한 토론이 필요하다는 점을 강조하였다. 다수의 토론 참여자들은 공공부문에 대한 인식(public mind)을 갖추기 위한 기초적인 교육장으로서의 학부교육의 필요성에 공감하였다. 또한 윤성식 교수는 전문대학원 위주로 발전해 온 미국 행정학계에서도 학부 과정 설립의 필요성에 대한 논의가 진행되고 있음을 상기시키며, 한국 행정학 교육에 보다 중요한 과제는 한국적 전통에 대한 반성과 이를 행정학 연구와 교육에 반영하는 것이라고 주장하였다.

박통희 교수(이화여대)는 현장 실무자들을 위한 전문교육을 보강하기 위한 방안을 모색하는 것이 필요하고, 행정 현장의 전문가들이 필요로 하는 전문성을 제고하기 위한 교육 프로그램에 대한 고민이 행정학회 차원에서 시급히 논의되어야 한다고 주장하였다. 이외에도 최영준 교수(고려대)는 한국의 발전행정의 경험을 개발도상국가에 전파할 수 있는 교육 프로그램 개발의 필요성을 영국 사회학의 위기 극복 경험에 비추어 제시하였다.

또 하나의 중요한 토론 주제는 행정학 내에서의 법학 교육의 필요성과 방식에 대한 논의였다. 행정 실무에서 법학지식의 활용도를 고려할 때 법학교육을 행정학 교육 체계로 포함시켜야 하는지에 대한 토론이 필요하다는 의견이 다수 제기되었다.

Ⅲ. 제 2 패널 "행정학 연구"의 소결

1. "행정학 연구에서 무엇을 어떻게 연구할 것인가"의 주요 내용과 토론

(1) 주요 내용

첫 번째 발표자인 정용덕 교수는 어떤 주제를 연구할 것인지는 연구자의 주관적 영역에 속하지만 그 주제에 대한 다른 학자들의 주관적 공감이 가능하기 때문에 연구주제를 선정하고 수행하는 것은 상호주관적 세계에 속한다고 가정하였다. 그러기 때문에 그동안의 연구성과를 시대별로 살펴보는 것은 객관적으로 앞으로의 연구방향에 대한 단초를 제공해 줄 수 있다는 것이다. 정용덕 교수는 연구주제에 대한 지도 (research map) 작성 등의 방법을 통해 연구의 중복, 보완, 혹은 공백의 여부를 확인하는 학문공동체적 차원의 논의가 필요하다고 하였다. 그리고 개인의 선호에 의해 주관적 차원에서 연구가 수행되지만 여기에 영향을 미치는 객관적인 구조가 분명하게 있다고 하였다. 행정학과가 대학 시스템 내에서 법과대학에 속해 있는지 아니면 사회과학대학에 속해 있는지의 문제와 관련된 [지적 제도], 시대별로 한국 사회 혹은 국가가 요구하는 [기능], 강함과 약함의 차원을 갖고 있는 [국가]의 성격 (예컨대 미국처럼 국가성이 취약한 나라도 국가가 연구에 미치는 영향이 상당하다고 할 때 국가성이 강한 우리의 경우에는 더욱 크게 영향을 받을 수 있다), 사회를 이끌어가는 [지배적 이해관계], 이것들은 모두 학문의 연구방향에 영향을 주는 객관적 구조들이라는 것이다. 이러한 특성들이 어떻게 반영되고 있었는가 하는 점과 함께 정용덕 교수는 대한민국 정부 수립 이후 60여 년간의 한국 행정학 연구 경향을 10년 단위의 연대기 순으로 정리하였다.

첫째 단계인 1960년대 이전에는 현대 행정학을 소개하는 단계로 당시 행정학자들의 실제 행정에 대한 기여는 크지 않았다. 1960년대는 행정관리론 및 비교발전론의 시기로서 제 1 세대 행정학자들이 주로 행정관리 문제들을 미국에서의 행정학 발전 경향에 따라 소개하고 정리하는 수준, 즉 이종범 교수의 토착화 단계 분류에 따르면 외국이론의 '단순 모방기'에 해당한다. 1970년대는 제 2 세대 행정학자들이 사회과학적 지식과 방법론을 본격적으로 행정학에 도입함으로서 사회과학으로서의 행정학 발전이 이루어졌고, 동시에 한국의 대학에서 하나의 분과학문으로서 학문성을 인정받는데 기여한 시기다. 1980년대는 제 3 세대 행정학자들에 의해 정책학으로서의 행정학적 성격이 강조된 시기다. 국가 주도의 경제성장이 가져온 노사갈등 및 소득격차 등의 사회 문제와 더불어 정책에 대한 관심이 늘어나고, 이것이 행정학에 대한 더 큰 수요를 가져왔다. 분야별 정책에 대한 지식뿐 아니라 정책의 집행과 평가에 대한 일반 지식 및 전문 지식이 급증한 시기다. 1990-2000년대는 행정학 연구의 양적인 성장 및 질적 팽창과 더불어 연구주제의 다양화가 이루어진 시기로 이 시기에 활동한 학자들을 제 4 세대 행정학자로 구분할 수 있다. 특히 이때부터 사회의 민주화 흐름을 반영하여 탈근대주의와 탈관료제에 대한 연구를 강조하기 시작했다고 분석하였다. 그렇다면 앞으로의 행정학 연구에 대한 주제는 무엇이 될 것인가? 정용덕 교수는 학문의 진화적 성격 때문에 기존의 연구경향들이 지속되겠지만 패러다임적 성격도 갖기 때문에 행정학이 좀더 적극적으로 그런 변화에 대응할 수도 있어야 한다고 하였다. 예를 들어 환경 노동 등의 주제와 더불어 최근에는 인구 양성평등 보건의료 등의 새로운 문제들이 나타나는데 여기에 대응해야 한다는 것이다. 이 과정에서 각 세부 영역별로 정교한 이론의 정립과 방법론의 성숙, 미시적 수준에서의 깊이 있는 연구와 거시적 맥락에 대한 연구, 한국 행정의 역사적 맥락에 대한 분석과 지구촌에서의 비교론적 맥락에 대한 분석. 학제간의 긴밀한 연계 작업이 필요하다고 보았다.

(2) 제 1 발제문에 대한 토론

제 1 토론자로 나선 박천오 교수는 '무엇을 어떻게 연구할 것인가'에 대해 학문적 차원과 현실적 차원의 논의가 가능할 것이라고 하였다. 우선 학문적 차원에서는 패러다임적 접근보다는 행정학의 정체성 확립에 도움이 될 수 있는 점진적 접근이 필요하다고 보았다. 예컨대 지난 수십 년간 경영학과 NPM식 접근의 과잉이 행정학의 정체성을 훼손시켰기 때문에 민주성, 공익, 사회적 형평성, 공공성, 행정윤리 행정 철학 등 행정학 고유 가치에 대한 논의가 강화되어야 하며, 행정의 가치들이 서로 모순되어 현장에서는 오히려 혼란을 야기한 측면이 있기 때문에 가치에 대한 좀 더 세밀한 연구가 더 필요하다고 보았다. 현실적 차원에서는 한국 행정학이 한국의 독특한 현실을 이해하거나 설명하지 못하고, 방법론 역시 정부가 미리 정한 목표를 효과적으로 수행하는 방법론에 치중하고 있는데, 이는 행정학자들의 문제의식에 기초한 연구가 적다는 것을 의미하며 바로 이점을 반성해야 한다고 하였다. 박천오 교수는 보다 깊이 있는 연구의 진척을 위해서는 외국이론이든 내국이론이든 기초 연구를 토대로 사회적으로 유의성 높은 주제에 관심을 가져야 하는데, 정부불신의 해결, 지난 50차례에 걸쳐 행해진 정부 개편에 대한 효과 및 성과에 대한 전반적 연구, 준정부기관에 대한 정치적이고 관리적 통제를 그 예로 들었다.

제 2 토론자인 염재호 교수는 이번 뉴프론티어 논의 핵심은 근본적인 문제로 회귀한 것을 보아 행정학이라는 학문이 태생적인 문제를 끌고 왔다고 지적하였다. 수십 년간 연구가 축적되었는데도 불구하고 왜 지금 이 순간 행정학이 무엇을 연구해야하는가에 대해 다시 논의할 상황이 되었다라는 것은 행정학의 보편적인 위기 같은 것이 있기 때문이라는 것이다. 염재호 교수는 특히 그런 위기가 신자유주의 이후 나타나는 공공성 위기에 대한 행정학자의 대응이 부족했기 때문에 나타났고 따라서 이에 대한 반성이 필요하다고 보았다. 즉 행정학의 장점을 지키지도 못하고 여전히 관리학문으로 행정학을 바라보는 인식이 팽배한데, 행정학이라는 것은 본래 천성산이나 4대강 개발처럼 특히 사회적 비용이 많이 드는 공공의 문제에 대한 해결방안을 제기해줄 수 있는 학문이라는 것이다. 즉, 어느 것도 행정학의 영역이 아닌 것이 없기 때문에 연구대상의 고유성 보다는 사회적 비용의 측면에서 유사한 이슈의 문제를 대상 특성에 따라 분류해 보고, 다양한 이론들을 단순히 소개하는데 그치지 말고 실제로 이론을 현실에 적용하는 구체화된 연구가 필요하다고 하였다. 그러기 때문에 용역과제를 수행할 때도 과학적 근거와 윤리의식을 가지고 한다면 오히려 이론화에 도움이 된다. 마지막으로 고유한 문제를 풀기위한 적절한 방법론인가에 대한 고민 없이 오로지 방법론만을 위한 논문이 산출되는 경우가 있는데 이에 대한 고민과 반성이 중요하다고 하였다.

2. “행정학 연구의 고유성을 어떻게 확보할 것인가?”의 주요 내용과 토론

(1) 주요 내용

제 2 발제자인 박통희 교수는 한국 행정학은 20세기 중반 이후 괄목할 만한 성장을 이루었지만, 행정 연구의 적실성은 여전히 부족하다고 하면서 그 원인으로 한국의 맥락적 특성을 반영하지 못한 미국 행정학의 답습, 효율성 위주의 미시적 처방 연구에 대한 집중, 논리실증주의에 입각한 과학주의적 방법론에 대한 지나친 선호를 들었다. 박통희 교수의 관심은 지난 60여 년간의 한국 행정학계의 비판과 성찰이 실제 연구에 제대로 반영되지 못한 이유, 즉 한국 행정학계에서의 성찰적 논의에도 불구하고 실천이 부족한 이유를 찾는 데 있다. 행정학의 고유성과 정체성은 다른 말로 하면 타학문과의 차별성인데, 행정학의 인접학문에 대한 의존성은 상대적으로 높은 편이지만, 연구대상에 대한 배타적 지배성은 그 학문들에 비해 높지 않다. 예컨대 전통적 관리 지식인 조직, 인사, 재무 등은 인접학문에 비해 전문성이 부족하고, 20세기 중후반에 행정학이 정부정책에 대한 연구로 확장되었지만 연구대상과 내용의 지나친 다양화로 인해 오히려 연구내용이 산만하다. 더구나 타학문에 비해 정부용역이 많은 편이지만 학계와 실무계의 관계는 갑과 을의 계약관계에 따라 연구주제 및 기한이 정해지기 때문에 정부용역 중심의 학관의 교류가 오히려 연구대상이 행정학을 지배하는 결과를 가져왔다고 비판하였다. 내실 있는 교류를 위해서는 이론과 실무의 연계강화가 가능한 인적 교류체계, 예컨대 엘리트 공직자들의 국내대학원 위탁교육이나 대학에서의 교육 참여 기회의 확대 같은 방안이 필요하다.

연구대상 못지않게 연구의 초점도 고유성을 확보하는 것이 필요한데 박통희 교수는 앞에서 말한 요인들, 즉 실증주의 방법론에 대한 지나친 집착과 대미의존적인 학문과 학자양성시스템 등이 행정학의 고유한 연구초점인 민주성과 공공성을 주변으로 밀어냈다고 비판하였다. 행정과정에서 성숙한 민주주의의 구현을 통해 공익, 공공성, 공동선을 증진 할 수 있는 방안, 즉 ‘좋은’ 정부를 구현할 수 있는 방안을 연구하는 것이 행정학이라는 것이다. 그래서 한국의 맥락적 특성이 반영된 행정의 민주성과 공공성의 개념, 구성에 대한 연구가 필요하다. 특히 행정학의 우위는 '정부', '공공', '비영리' 라는 특수성에서 찾아볼 수 있기 때문에 이런 영역에 대한 배타적 지배성을 강화할 수 있는 평가, 감사, 규제활동 등도 행정학의 고유한 연구초점이 될 수 있다고 하였다. 한국행정학계가 지나치게 친미적이어서 한국의 고유한 현상에 대한 관심이 지속적이지 못하고, 잘못된 용역의 관행 때문에 전문가적 비판가로서의 역할을 다하지 못하며, 과다하게 계량적인 업적평가체계 때문에 연구의 진정성을 확보하기 힘들다. 이러한 문제들을 극복하기 위해서는 공동체로서의 학회가 지금보다 훨씬 더 나설 필요가 있다는 것이 박통희 교수의 내린 결론이다. 학회가 정부 및 대학들과 협력하여 국내 우수한 행정학자 양성을 위한 시스템을 고안하는 일, 학회가 정부와 협의하여 학관의 인적교류를 활성화하는 일, 학회가 중심이 된 연구업적 평가체계의 혁신 등을 예로 들고 있다.

(2) 제 2 발제문에 대한 토론

제 1 토론자인 최병선 교수는 박통희 교수가 발표한 내용에 대해 전적으로 다른 입장을 피력하였다. 예컨대 박통희 교수는 민주성과 공공성에 대한 문제를 도외시했다고 하는데, 비록 이에 대한 수준의 차이는 존재하지만 이를 도외시하는 논문은 거의 없을 것이라고 하였다. 또한 행정학이 효율성에 편중했다고 비판했는데 효율성에 근거한 행정학 연구가 문제시되는 이유를 먼저 논의했어야 하며, 효율성이라는 개념에 대해서도 상세한 논의가 필요하다고 하였다. 효율성 보다는 행정 연구에 있어서 인과적 지식을 축적할 필요성이 더 중요할 수도 있다는 것이다. 최병선 교수는 미국 행정학에서조차 학제간 교류가 일어나고 있지 않는 현상을 예로 들면서 행정학이 학제간 학문이라는 것에 대해서도 의문을 제기한다. 미국행정학의 전모조차 제대로 보고 있지 않으면서 행정학의 대미의존성을 얘기하는 것에 대해서도 행정학을 지나치게 협소하게 바라보기 때문이라고 비판하였다. 최병선 교수는 특히 공동체로서의 학회가 나서는 것에 대해 크게 부정적으로 보았다. 학회가 나서서 정부와

MOU를 체결하면서 교류 방안을 마련하는 것보다는 행정학자들의 질적 수준을 제고하는 것이 먼저이며, 학회 역시 정치적 파퓰리즘에 빠져 있기 때문에 학회는 순전히 행정학 토론의 장으로만 마련되어야 한다고 보았다. 학회가 나서서 국내 행정학자들을 배양하는 것 역시 잘못된 생각이며 이것은 전적으로 학생들이 알아서 할 문제라고 보았다. 최병선 교수는 학문은 학자의 문제의식에 따라 각자가 연구하는 것이며, 행정학의 고유성에 대한 문제는 타학문 분야나 다른 사람이 인정해줘야 하는 문제라고 하였다. 진짜 중요한 것은 학자들이 진지하게 연구하는 것이라고 하였다.

제 2 토론자인 하연섭 교수는 행정학 위기의 고유성에 대한 문제를 한국 사회과학 전반의 문제로 인식하여 바라보고 토론을 하였다. 사회과학 전반에 걸친 칸막이식 연구 분위기가 사라지지 않는 한 행정학의 고유성에 대한 고민 역시 없어지지 않을 것이라는 것이다. 응용연구의 경우 자료수집과 현실에 대한 실제적 접근을 위해 용역과제 수행이 필요하지만 그것이 지식의 축적으로 연결되지는 않으며, 기초연구의 경우는 박통희 교수가 지적한 것처럼 계량적 평가분위기 때문인지는 몰라도 너무 사소한 주제들에 매달리는 경향이 있다는 것이다. 더구나 행정학은 공공성을 연구대상으로 하기 때문에 본래부터 대상의 성격이 모호하며, 모든 것을 아우르는 다학문적인 성격이 있기 때문에 잡학에 가까워 고유성의 위기라는 것이 행정학의 숙명일 수도 있다고 지적하였다. 하연섭 교수는 고유성을 확보하기 위해서는 한국의 중요한 문제들을 연구 대상으로 하되, 다른 나라의 학자들과 공유할 수 있는 이론과 방법론을 적용할 수 있는 방안들을 모색할 필요가 있다고 하였다. 특히 한국에서의 박사학위자들의 공급과잉 문제가 결국 학문의 질적 수준 확보에 영향을 줄 수 있기 때문에, 학문적 후속세대를 키우기 위해서는 이를 해결하기 위한 제도적 장치를 만들어야 한다고 하였다.

청중석에서도 많은 토론이 있었다. 염재호 교수는 개인적 학문 차원이 아니라 행정학의 울타리 내에서 연구를 하는 경우에 행정학 공동체라는 울타리가 어떻게 잘 지켜지는가에 대한 고민은 필수적이라고 하였다. 김현구 교수는 최병선 교수의 주장에 대해 우선 학문의 보편성과 특수성의 관계를 변증법적으로 바라보지 않고 대립적 관점으로 보는 것 역시 일종의 편견일 수 있고, 학문은 반드시 학문을 위해서만 존재한다는 볼 수는 없고 현실의 문제를 해결하기 위한 실천적 기능도 하고 있으며, 학문의 국적은 없지만 인문사회과학은 사회문화적 속성과 여건을 무시할 수 없다고 반대의견을 제시하였다. 이용숙 교수는 박통희 교수와 최병선 교수의 주장이 근본적으로 상반되는 것은 아니며 많은 부분 문제의식을 공유하고 있는 것 같다고 하였다. 예컨대 최병선 교수가 강조한 정부의 속성 제도 개혁 정치과정 등을 추상적 언어로 표현하면 박통희 교수가 말한 민주성이나 공공성이 된다는 것이다. 또한 미국의 정책, 제도에 대해서 제대로 연구한 연구자가 어디 있느냐는 최병선 교수의 주장은 박통희 교수가 말한 사대주의와 내용상 일치할 수 있다는 것이다. 이용숙 교수는 행정학과 관련해서 다양한 주제를 엮을 노드만 있다면 주제의 다양성은 문제가 안 되며, 비록 공공성을 정의하기는 힘들지만 현장에서 보면 공공성과 관련된 행정학적 주제들을 상당히 많이 찾아볼 수 있다고 하였다. 사회를 본 백완기 교수는 박통희 교수와 최병선 교수가 완전히 이견을 갖고 있는 것은 아니며 행정현상에 대한 진지한 고민을 서로 다른 관점에서 표현한 것이라고 정리하였다, 박통희 교수는 전(前)세대 행정학자들이 제기한 논점을 정리하면서 우리 행정학이 너무 지나치게 대미의존적이라는 점을 경계한 것이고, 최병선 교수는 고유성을 찾으려는 노력이 잘못 하면 연구의 대상을 제한하고 학문의 자유를 구속할 있다는 것을 경계한 것이라는 것이다.

Ⅳ. 제 3 패널 “행정학 교육제도”의 소결

1. “학부교육을 위한 제도적 구상”의 주요내용과 토론

(1) 주요 내용

첫 번째 발표자인 조성한 교수는 한국 행정학 학부교육의 의의와 행정학 교육의 환경 변화를 분석하고, 학부 행정학 교육의 필요성을 고시제도를 비롯한 우리나라 공무원 선발제도의 성격과 연관지어 설명하였다. 하지만 행정학 교육의 실용성이 의심받는 현재의 상황을 고려할 때 학부 행정학 교육의 내실화를 위한 새로운 대안의 모색이 필요하다는 점을 강조하였다. 조성한 교수는 학부 행정학 교육제도에 적용 가능한 세 가지 모델을 제시하였다. 첫 번째로 제시된 모델은 공직 진출을 준비시키는 데 초점을 맞춘 현재의 학과 형태를 유지하되 공기업 진출 기회를 증대하기에 적합한 방향으로 커리큘럼을 조정하고 연계 전공의 확대를 추구하는 방안이다. 두 번째로는 유관 학과와 공동으로 새로운 학부를 설립하는 방안을 제시하였다. 공직 진출의 비중이 상대적으로 적은 행정학과에서는 국제기구의 관리전문가 양성을 위한 전공을 정치외교학과와 협력을 통해 설치한다던가, 사회복지학과와 공동으로 사회복지조직의 전문관리자를 배출하는 전공을 설치하는 방안을 예시하였다. 세 번째로는 독립된 학부를 설치하거나 다양한 전공을 지닌 학과로 확대하는 모형을 제시하였다. 최근 관심에 증대되고 있는 환경, 복지, 보건, 비영리조직 분야의 관리에 전문적인 능력을 지닌 전문가를 양성하기 위한 전공을 설치하는 것을 고려할 수 있고, 또한 최근의 법학전문대학원 설립에 따라 필요성이 대두되는 pre-law 프로그램을 행정학과에서 운용할 수 있을 것으로 예상하였다.

이어서 소개된 중앙대학교 공공인재학부 수립 과정은 유사한 상황에 놓여져 있는 다른 행정학과들에게 큰 시사점을 제공하였다. 중앙대의 경우 비록 행정학과로부터 독립학부로의 전환이 학과 내부의 성찰과 기획에 의한 것이 아니라 외부적 요인에 의해 이루어졌지만, 이러한 과정에서 대두될 수 있는 과제와 대응 전략을 예상하는 데 유용한 정보가 되었다. 특히 법학전문대학원의 등장이라는 외부적 요인이 행정학 학부 교육제도에 미치는 영향이 매우 크다는 점을 확인할 수 있었다. 행정학과가 법학전문대학원 진학을 계획하는 학생들의 수요를 반영하는 커리큘럼을 제공하는 것이 행정학의 기능과 역할에 충실한 것인지에 대한 논의는 앞서 제 1 패널에서 제시되었던 행정학 커리큘럼에 법학 교육을 포함시켜야 한다는 주장과도 밀접하게 연관되어 있다. 또한 행정학과가 독립된 학부로 확대될 경우에는 이해 관계자의 다양한 요구를 능동적으로 수용해야 할 상황이 발생할 수도 있다는 점도 중앙대의 사례에서 나타났다. 예를 들어 계획단계에서는 고려되지 않았으나 국제기구 진출에 뜻을 둔 학생들의 요구에 따라 국제행정연계전공이 신규 전공으로 개설될 예정이고, 이 과정에서 유관 학과와의 원활한 협의가 매우 중요하다는 점도 확인할 수 있었다. 행정학과 내부적으로도 기존의 커리큘럼을 상당 부분 조정하는 작업이 수반되고, 그 과정에서 기존 교과목이 폐지될 경우 학과 구성원의 합의를 도출하는 과정에 어려움이 따를 수 있다는 점도 발견하였다. 또한 새로운 교과목을 기존의 교수진이 담당하기 어려울 경우 학과 차원의 대응뿐만 아니라 학교 차원에서의 제도적인 뒷받침을 이끌어 내는 노력이 필요하다는 지적도 시사하는 바가 크다.

(2) 제 1 발제문에 대한 토론

제1 토론자로 나선 김성기 교수는 일반적인 분석과는 달리 민간부문의 확대가 오히려 공공부문의 확대의 필요성을 증대시킨다고 진단하고, 행정학 학부교육의 당위성을 재정립하기 위해 행정학 교육이 관리의 능률성 향상 중심에서 벗어나 보다 공공성을 강조하는 방향으로 나아가야한다고 강조하였다. 이를 위해서 행정학 교과과정은 공공세계를 보는 종합적 안목을 기르기 위해 행정철학과 윤리를 기초과목으로 도입하고, 타 분과에서 해결하기 힘든 난제를 통찰력을 가지고 해결하기 위한 창의론, 인구론, 미래예측론, 실패론 등의 과목을 개발하여야 하며, 법치의 중요성을 인식하여 행정법 교육을 강화해야 한다고 주장하였다. 제도적인 측면의 개선점으로는 행정학 교과과정 설계에 제약요인으로 작용하는 이수학점제를 개정하여 대학의 자율성을 높이고 각 학교의 특색을 살리는 교과과정으로 특화시킬 것을 제안하였다. 또한 행정고시 제도의 유용성을 환기시키면서 학부교육 과정의 개편과 고시과목 개편을 상호 연동시킨다면 행정학 학부교육과 고시제도의 유용성을 동시에 달성할 수 있다는 의견을 제시하였다. 이어서 김성기 교수는 중앙대학교와 마찬가지로 법과대학 소속이었던 전남대학교 행정학과가 법학전문대학원의 등장에 따라 행정학과, 정책학과, 사회복지학과, 지역개발학과 등 공공문제를 종합적으로 교육하는 독립학부 설치를 추진하였으나 실패한 사례를 소개하였다.

제 2 토론자 김석태 교수는 앞서 소개된 중앙대학교와 전남대학교의 경우와 마찬 가지로 법과대학 소속으로서 법과대학 폐지 이후의 행정학 학부 교육의 방향 설정에 대한 경북대학교 행정학부의 고민을 공유하였다. 이어서 김석태 교수는 기존의 행정학 학부 교육이 '행정학'에 대한 교육에 치우쳤다고 비판하며, '행정'에 대한 교육 제도의 구축을 통해 행정학과 졸업생들의 진로를 확대하고, 전문행정가를 배출할 수 있다고 주장하였다. 구체적으로 앞으로의 학부 행정학 교육은 행정학, 정책학을 핵심으로 하면서도 분야별로 특화된 세부 전공(경찰, 소방, 세무 등)을 본격적으로 교육함으로써 학생들의 공직진출 기회를 확대하는 것이 필요하고 강조하였다. 학부 수준에서 다양한 분야의 행정학 교육을 제공하기 위해서는 단과대학 수준으로 행정학과를 격상시키고, 그 안에서 분야별 학과를 설립하는 모델을 제시하였다.

2. "행정학 대학원교육을 위한 제도적 구상"의 주요 내용과 토론

(1) 주요 내용

제 2 발제자인 남궁근 교수는 우리나라 대학원의 현황을 일반대학원, 전문대학원, 특수대학원을 연대별로 제시하고, 우리나라 행정학 대학원교육제도가 석사학위자와 박사학위자를 매우 많이 배출하고 있고, 특히 특수대학원의 이상비대현상이 나타나는 점을 문제점으로 지적하였다. 또한 특수대학원이 과다하게 설치됨에 따라 일부 학교에서는 일반대학원이 위축되고 대학원교육의 전반적인 질이 저하되는 심각한 문제가 야기되고 있다고 진단하였다. 대학원 교육제도의 개선을 위해서는 대학원교육의 정체성이 무엇인지 분명히 하여야 한다고 강조하였다. 교육목표가 공공부문 인재의 배출인지 아니면 학문후속세대의 육성인지, 순수 행정학과 실질적인 행정 및 정책 영역의 교육 비중을 어떻게 균형을 이룰 것인지, 그리고 대학원의 종류를 일반, 전문, 특수 대학원으로 구분하고 있는 제도적 틀을 어떻게 활용하고 개선할 것인지 등에 대한 합의가 이루어져야 한다는 것이다. 대학원 행정학 교육제도에 대한 고민은 우리만이 아니라 유럽대학들도 국가간, 지역간 이질적인 대학원 행정학 교육제도를 통합하려는 노력을 전개하고 있다고 소개하였다. 남궁교수는 대학원교육의 개선을 위한 제도적 구상을 위해서는 교육 환경이 어떻게 변화하고 있는지에 대한 이해가 선행하여야 한다고 보았다. 우선적으로 변화가 일어나는 지점을 정부기관 내의 교육수요의 변화에서 찾았다. 즉, 경제, 산업, 환경, 복지 등 다양한 분야에서 교육수요가 증가하였다는 것이다. 또한 공무원 채용방법의 변화는 지속적으로 일어날 것이고, 행정학 대학원 졸업생들의 진출 분야가 공직뿐만 아니라 공공기관, 민간, NGO, 국제기구 등 다양한 분야를 확대될 수 있을 것으로 예측하였다. 이 같은 인식을 바탕으로 대학원 행정학 교육은 교육프로그램을 다양화하고, 학교 별 특성화를 추진하여야 하며, 전문대학원 제도를 적극적으로 활용하여 범학문적 연계노력을 확대하고, 학교 간의 협력 체계를 강화하여 다양한 교과목을 제공할 수 있도록 하며, 개별 학교의 여건에 따라서는 특수대학원을 중심으로 재교육수요를 충족시키는데 집중할 것을 대안으로 제시하였다. 또한 증가하는 개발도상국의 행정학 교육수요를 충족시키기 위한 국제개발전공의 강화와 양적으로 팽창한 행정학 석·박사 학위자의 품질관리가 필요하다는 점을 강조하였다.

(2) 제 2 발제문에 대한 토론

유민봉 교수는 기존의 일반대학원과 특수대학원을 통합하여 전문대학원을 설립한 성균관대학교의 독특한 사례를 소개하였다. 애초 전문대학원의 설립 취지와 전문대학원 설치 이후에 나타난 현실 사이의 괴리는 전문대학원의 설립을 염두에 두고 있는 다른 학교들에게 매우 유용한 시사점을 제공하였다. 행정학 전문대학원의 가장 큰 도전은 졸업생의 취업기회가 제한적이라는 점이다. 공직의 상당 부분이 공개경쟁시험을 통해 충원되는 반면 개방형 임용은 중간관리자급 이상으로 제한되기 때문에 전문대학원 졸업생을 위한 공직 진출의 문호가 제한적이라는 점을 지적하였다. 더불어 전문 분야의 취업을 전제로 한 전문대학원교육이 순수학문을 추구하는 학생들의 학술연구 역량을 발전을 저해할 수도 있다고 우려하였다. 또한 일반대학원과 특수대학원을 병행하는 경우에는 특수대학원교육이 직장인의 재교육을 위주로 한 프로그램으로 운영되게 되는데 이 경우 수준 높은 교육의 질을 담보할 수 없고, 오히려 교수진의 역량을 분산시키는 부정적 결과를 초래할 가능성이 높다는 점을 인식하여야 한다고 주장하였다. 이러한 문제점을 고려할 때 행정전문대학원이 추구해야할 제도적 틀은 다음과 같은 세 가지 방향으로 재편되어야 한다고 제안한다. 우선, 공직뿐만 아니라 시민단체, 의원보좌관, 국제기구 등으로 진출 분야를 확대하여야하고, 전문대학원의 교육 대상을 정부기관의 중간관리자급 이상으로 높여 관리역량을 제고하는 재교육 프로그램으로 운영하여야 하며, 또한 학문후속세대 양성을 위한 학술트랙을 운영해야한다는 것이다. 즉, 실무교육과 이론교육이라는 일견 상충되는 교육 목적을 균형감 있게 운영하는 것이 전문대학원 제도에 필요하다고 할 수 있겠다.

이어진 토론에서 문명재 교수 역시 현재 한국 대학원 행정 교육의 문제점을 여러 대학원 과정의 설립 목적과 현실 간의 불일치로 진단한다. 차세대 학자를 육성해야할 일반대학원에서는 전일제 대학원생이 줄어들고 있으며, 특수대학원 같은 재교육 기관은 체계적인 교육 기회 제공이라는 목표는 도외시되고 사회적 네트워크에 참여와 학위 취득의 기회로 전락하고 있다고 지적하였다. 이러한 문제점이 재생산되는 구조를 개혁하기 위한 방안으로 다음 다섯 가지를 제안하고 있다. 먼저 공무원 재교육, 차세대 학자 양성, 미래 전문인력 양성 등 특화된 목적 달성을 위한 맞춤형 교과과정과 트랙별 관리가 필요하고, 학교별 특성화 전략을 고민하여야 한다는 것이다. 또한 행정학 프로그램의 질적 수준을 담보하기 위해서는 표준화된 교과과정을 확립하여야 하며, 행정학 교육의 체계성과 심화성을 높이고 과목간의 중복성을 배제하는 노력이 필요하다고 역설하였다. 이는 앞서 발제와 토론에서도 지적된 바와 같이 대학원 교과과정이 공급자 중심에서 수요자 중심으로 진화할 필요가 있다는 주장이다. 마지막으로 대학별 교류를 활성화하여 제한된 교육역량을 최대한 활용하는 방안을 진지하게 고민할 것을 제안하였다. 이러한 대학원교육 제도 개선을 위한 구상은 한국 행정학 연구의 질적인 성장이 동반하여야 가능하다는 점도 지적하였다. 마지막으로 우리의 행정현상으로부터 주체적으로 연구질문을 도출하고, 이에 대한 연구를 통해 이론을 구축하고 일반화 하는 과정을 통해 실현가능성이 높은 한국행정학의 이론화로 이어질 수 있다는 점을 강조하였다.

Ⅴ. 결 어

심포지엄의 각 패널에서 다루어졌던 담론들은 유기적으로 연결되어 있다. 1패널의 주제가 수요자인 학생의 요구와 입장을 염두에 둔 것이라면, 2패널은 공급자인 행정학자들의 고민과 정체성을 반영한 것이고, 3패널은 양자의 접점이 되는 교육연구기관의 내실화 방안에 대해 고민한 것이다.

제 1 패널, "행정학 교육"에서는 학부와 대학원 행정학 교육의 현황과 문제점을 파악하고 개선하기 위한 다양한 방안들이 제시되었다. 행정학 교육의 질적 전환을 위한 시발점은 한국 행정학의 정체성에 행정학계의 오랜 논의를 정리하는 데서 찾아야할 것으로 보인다. 행정학계 내적으로는 행정학이 추구하는 공공성의 가치를 공공문제의 해결이라는 도구적 가치와 연계시키기 위해서는 행정학이 보편적으로 가지는 학제적 특성에 대한 인식을 분명히 하고, 한국 행정학이 발전해 온 역사적 맥락에 대한 깊은 이해 속에, 변화하는 행정환경의 요구에 능동적으로 대응하는 것이 새로운 행정학 교육의 당면 과제라 하겠다. 행정학의 잠재적 유용성은 행정학계의 학문적 노력뿐만 아니라 행정학 교육의 다양한 수요자들의 요구에 대한 면밀한 분석을 통해 다른 인접 분야에서는 제공할 수 없는 행정학만의 지식체계와 실천 도구를 개발하고 이를 교육 프로그램에 내재화함으로써 구현될 수 있을 것이다.

제 2 패널의 주제는 행정학을 공부하는 사람들에게는 늘 뜨거운 감자 같은 것이어서 많은 논쟁이 있었다. 첫째 주제는 행정학 연구의 폭과 관련되고 둘째 주제는 행정학 연구의 깊이와 관련된다. 정용덕 교수는 행정학이 이미 독립된 학문으로 인정받고 있기 때문에 지나치게 비관적이거나 부정적으로 보지 말고 행정학이 갖고 있는 장점들을 살려 나가자고 결론에서 제시하였다. 청중석에 앉아있던 송희준 교수는 행정학이란 단순한 문제가 아니라 복잡한 문제를 해결하는 것이며, 그러기 때문에 용역 수행을 늘 부정적으로만 바라볼 필요는 없다는 의견도 제시하였다. 이러한 의견은 행정학의 학문적 외연이 확대되는 것을 긍정적으로 바라보려는 입장이다. 한편 행정학의 고유성 문제는 행정학의 학문적 깊이와 관련되는 주제이며, 행정학자들이라면 언젠가 한번 맞부닥칠 숙명과도 같은 것이다. 사회를 본 백완기 교수는 정치학이 권력의 문제를 다루고, 경제학이 이윤의 문제를 다루는 것처럼, 행정학은 가치의 문제를 다룰 필요가 있다고 하였는데, 이러한 지적은 행정학의 고유성을 찾기 위한 노력에 속한다. 백완기 교수는 학자의 진지한 고민과 성찰이 고유성을 찾을 수 있는 원동력이 될 수 있다고 하였다. 행정학을 연구하는 학자들은 학문적 자유를 지키며 자신만의 고유한 연구주제를 천착해 가야한다는 최병선 교수의 주장도 크게 보면 유사한 맥락이라고 볼 수 있다. 억지로 고유성을 찾을 이유는 없다는 주장의 이면에는 학문의 깊이도 중요하지만 그에 앞서 학자의 깊이가 더 중요하다는 생각이 깔려 있기 때문이다. 그런데 그 어떤 담론이 되건 그것을 찾기 위한 방법론과 인식론이 하나의 신념으로 굳어지면, 일종의 도그마에 빠질 수 있다는 박통희 교수의 마지막 지적은 귀담아들을 만하다. 학자들의 진지한 노력을 인정하는 긍정적인 태도가 학문 공동체 내에 존재해기 때문에, 행정학회에 대한 관심과 기대도 그만큼 크다는 것이 제 2 패널의 발표와 토론 과정에서 얻어진 소중한 결론이다.

3패널의 주제는 앞의 두 패널에서 나왔던 아이디어들을 구체화하는 방법들이다. 본 패널의 사회자인 윤재풍 교수가 토론 진행 중에 언급한 "우리나라에는 행정학이 있기 전에 제도가 있었다"라는 짧은 문장이 한국 행정학 교육제도의 대안을 모색하는 이번 토론에 시사하는 바는 크다. 이제까지의 행정학 교육 제도는 다분히 행정학 교육의 공급자 위주의 모형으로 공급자, 즉 행정학자에 의해 설계된 시스템에 수요자가 부응하는 것이었다고 볼 수 있다. 이에 반해 앞으로의 행정학 교육 제도는 행정학자들이 가진 행정학 교육에 대한 이상과 정치, 사회, 경제적 환경의 요구와 수요 사이의 교호작용을 통해 재설계하는 것이 필수불가결하다. 이러한 방향성은 제 3 패널의 발제자와 토론자들이 소개한 다양한 행정학 학부 및 대학원교육 모형에 공통적으로 투영되었다.

바로 교육주체가 지향하는 행정학 교육의 목표와 교육 환경의 수요와 제약 요인 간의 긴장과 갈등을 해소시키기 위한 노력이 다양한 제도적 틀로 발현되어야 한다는 점이다. 또한 행정학 교육의 문제점을 해소하는 길은 교육제도의 개선뿐만 아니라 한국의 행정현상을 이론적으로 해석하고 적실성 높은 대안을 제시할 수 있는 연구역량의 성숙이라는 토대위에서 찾을 수 있다는 공감대도 확인할 수 있었다.

심포지엄을 통해 얻은 교훈은 이러한 노력이 일회적으로 끝나거나, 특정 대학을 중심으로 이루어질 수만은 없다는 것이다. 거론되었던 주제와 질문들에 대한 후속연구와 공동연구, 그리고 구상을 실현하기 위한 노력을 기대해 본다.

참고문헌

제1편 교　　육

1장 (김준한)

김기환·김상묵. (2009). 교육중심대학 행정학 교육과정 개발. 「한국행정학회 추계학술대회 발표논문집」.

김정수, 정익재, 노종호. (2010). 우리나라 대학교육의 현황과 미래전략. 「한국정책학회 기획세미나: 잘 가르치는 대학과 한국교육의 선진화」 발표논문

김준한·강명구. (1992). 한국 정책학 교육실태에 관한 연구. 「한국정책학회보」 창간호: 42-62.

김준한. (2000). 행정학의 위기: 다면적 현상. 「KAPA@포럼」. 제90호.

김태일. (2008). 행정학 및 타전공 졸업자의 전공 만족도, 취업 유형 및 직업 만족도 비교. 「한국행정학회 하계학술대회 발표논문집」

문명재. (2009). 연구중심대학 교육과정 개발에 관한 연구: 학생, 교수 그리고 채용자를 대상으로 한 설문자료를 중심으로. 「한국행정학회 추계학술대회 발표논문집」.

박종관·김상묵. (2009). 행정학전공 교육과정 개발에 관한 연구: 전문대학을 중심으로. 「한국행정학회 2009년 추계학술대회 발표논문집」.

송병주·정원식. (2000). 행정학과 4년제 대학 교과과정 운영모형: 방향과 대안의 모색. 「한국행정학회 하계학술대회 발표논문집」.

이선우. (2006). 행정학 교육내용의 적실성: 상아탑의 딜레마. 「한국행정학회 동계학술대회 발표논문집」

이종범·정용덕·김준한. (1990). 행정학 교육프로그램 개발에 관한 연구. 「한국행정

학보」, 24(1): 367-426.

정연택·이주실(2008). 사회적 유용성 제고를 위한 행정학 교육에 관한 고찰. 「한국행정사학지」, 23: 55-75.

정영근 외. (1999). 「동서양 주요 국가들의 대학교육」, 서울: 문음사.

정우현. (2001). 「한국 대학교육 논고」, 서울: 삼진기획.

제갈욱·최근열·김태영. (2001). 행정학 교육실태 및 개선방안. 「한국행정학회 하계학술대회 발표논문집」, 617-629.

______. (2005). 행정학교육의 과제와 방향: 변화와 지속성. 「한국행정학회 춘계학술대회 발표논문집」.

조경호. (2005). 행정학과 학부 교과과정 분석과 발전 방안 연구. 「한국인사행정학회보」, 4(2): 143-158.

조경호·황영호. (2009). 학부 행정학 교육과정 논의의 쟁점. 「한국행정학회 추계학술대회 발표논문집」.

채창균·옥준필. (2006). 「기업의 대학교육 만족도와 신입사원 교육훈련」. 경제·인문사회연구회 협동연구총서 06-17-02, 서울: 한국직업능력개발원.

최성락·이혜영. (2009). 한국 행정학 교육의 변화: 행정학 개론서 내용 분석을 중심으로. 「한국사회와 행정연구」, 19(4): 163-185.

홍준형. (2008). 행정학·정책학 교육의 방향 모색: 서울대학교 행정대학원 정책학과 신설과 교육과정 개편. 「한국행정학회 동계학술대회 발표논문집」.

하태수. (2004). 전문성 제고를 위한 행정학교육 개선방향의 시론적 모색: 의학과의 비교를 중심으로. 「행정논총」, 42(3): 213-239.

2장 (이승종)

권해수. (2009). 한국행정학의 학문후속세대교육의 위기구조아 대응방안 연구. 「한국행정학보」, 43(1): 299-320.

김기환·김상묵. (2009). 교육중심대학 행정학 교육과정 개발. 「한국행정학회 추계국제학술대회 발표논문집」

김대건·오수길. (2007). 한국행정연구의 연구자 특성과 거버넌스연구영역 변화분석, 「한국행정학보」, 41(1): 227-245.

명승환. (2010). 대학원졸업자들의 취업진로 개선·추진경과 및 과제. 「한국행정학회 공동학술대회 발표논문집」, 1-22.

명승환. (2009). 행정학과 대학원졸업자들의 현황분석 및 제도개선방안. 「한국행정학회 동계학술대회 발표논문집」, 1-11.

신희권. (2000). 행정대학원 교육의 발전 모형. 「한국행정학회 춘계학술대회 발표논문집」

양승범. (2010). 행정학교육 인증제도 도입전략. 「한국행정학회 춘계학술대회 위기관리특별위원회」

이병량. (2010). 행정학의 위기와 행정학 교육: 한국행정학 교육의 실용성에 관하여. 「행정논총」, 48(2): 169-188.

정용덕. (1996). 한국 행정학 발전의 동인. 「한국행정학보」, 30(4): 1-17.

주상현. (2002). 한국 행정학 연구경향의 실증적 분석: 최근 7년(1995-2001)간 한국행정학보 기고논문을 중심으로. 「한국행정학보」, 36(3): 39-55.

하태권. (1995). 한국인사행정의 실증적 연구에 대한 고찰: 연구경향과 연구결과를 중심으로. 「한국행정학보」, 29(4): 1463-1483.

홍준형.(2008). 행정학 정책학교육의 방향모색. 「한국행정학보」, 43(1): 299-320.

Tanner & Tanner(1993) Curriculum Development: Theory into Practice, NYL MacMillan.

논평 (송희준)

송희준. (2006). 정책평가윤리에 대한 통합적 접근방법. 「행정논총」, 44(4): 405-427.

송희준. (2008). 공공난제 해결을 위한 행정학지식의 활용방향. 「한국행정학보」, 42(4): 69-93.

Beniger, James R. (1986). The Control Revolution: Technological and Economic Origins of the Information Society. Harvard University Press, Cambridge, MA.

Blunt, Barrie E. (1989). "Developments in Public Administration Pedagogy: 1880 to the Present" in Jack Rabin, W. Bartley Hildreth, and Gerald J. Miller(eds.), Handbook of Public Administration, Marcel Dekker Inc, New York, 609-631

Chandler, Ralph Clark. (1989). "Public Administration Pedagogy: Evolutionary Paradigms in Theory and Practice," in Jack Rabin, W. Bartley Hildreth, and Gerald J. Miller(eds.), Handbook of Public Administration, Marcel Dekker Inc, New York, 633-655.

Hoppe, R. (1999). Policy Analysis, Science and Politics, from 'Speaking Truth to Power' to 'Making Sense Together,'. Science and Public Policy, 26(3): 201-210.

Koppenjan, Joop, and Erik-Hans Klijn. (2006). Managin Uncertainties in Networks: A Network Approach to Problem Solving and Decision Making, Routledge, London.

Merton, R. (1973). The Sociology of Science: Theoretical and Empirical Investigations, Chicago, Ill, University of Chicago Press.

Wildavsky, Aaron. (1987). Speaking Truth to Power: The Art and Craft of Policy Analysis. Brunswick, NH.

Wilson, Woodrow. (1887). The Study of Administration. Political Science Quarterly, 2:2, 197-222.

제 2 편 연 구

3장 (정용덕)

강근복·오철호·최도림. (2010). 한국 행정학 패러다임의 변화. 「성균관대학교 행정학과 창립 50주년 기념 학술세미나 (한국 행정학의 정체성) 발표논문」.

강신택 외. (1973). 특집 교수세미나: 새마을운동. 「행정논총」. 11(2): 1-100.

강신택. (1981). 「사회과학연구의 논리」. 박영사.

권경득. (2006). 한국행정학보 게재논문의 연구경향 분석: 연구영역과 연구방법을 중심으로. 「한국행정학 50년: 1956-2006」. 서울: 한국행정학회: 617-40.

김광웅. (1976). 「사회과학연구방법론」. 박영사.

김운태. (1966). 우리나라 고급공무원에 관한 실태조사분석과 한국관료제의 개혁을 위한 제안. 「행정논총」, 4(2): 153-206.

김운태. (1970). 「조선왕조행정사: 근세편」. 서울: 박영사.

김운태. (1970). 「조선왕조행정사: 근대편」. 서울: 일조각.

김태영. (2001). 「행정학교육워크숍」. 서울: 대영문화사.

김해동. (1970). 「조사방법론강의」. 삼중당.

김호섭. (2009). 미국의 행정이념과 실용행정. 이민호·윤수재·채종헌 편저. 「한국의 행정이념과 실용행정」. 파주: 법문사.

노정현. (1980). 「한국근대화론」. 서울: 박영사.

박동서. (1961). 「한국관료제의 역사적 전개」.

박동서. (1972). 「한국행정론」. 법문사.

박동서 외. (1972). 「발전행정론」. 서울: 법문사.

박동서 교수 유고집간행위원회. (2008). 「나의 삶과 행정연구: 지천 박동서 교수 자서유고집」. 파주: 법문사.

박정택. (2010). 한국 행정철학의 연구와 교육의 방향 모색. 「성균관대학교 행정학과 창립 50주년 기념 학술세미나 (한국 행정학의 정체성) 발표논문」.

박종민 외. (2001). 「정책과 제도의 문화적 분석」. 박영사.

백완기. (1982). 「한국의 행정문화」. 서울: 고려대출판부.

백완기. (2010). 한국행정학의 토착화에 제1세대 학자들의 역할. 「한국행정학회 춘계학술대회 발표논문」.

안병영. (1980). 한국행정학의 '탈정치적' 접근과 문화적 편향성. 「사회과학」, 18: 141-66.

안종범. (2010). 국정과제 추진의 문제점과 성공적 추진전략. 「국무총리실 국정과제 보고회 발표 논문」.

안해균. (1986). 「한국행정체제론」. 서울: 서울대출판부.

유 훈. (2009). 한국에서의 재무행정 연구. 「한국행정학회 재무행정연구회 발표논문」.

윤수재·이민호·채종헌 편저. (2008). 「새로운 시대의 공공성 연구」. 파주: 법문사.

윤재풍. (1986). 한국행정학회의 창립: 그 배경과 의의. 「한국행정학보」. 20(2): 283-292.

이문영. (1964). 우리나라에서의 적용을 위한 행정개혁의 이론 모색. 「법학행정논집」, 7: 163-207.

이민호·윤수재·채종헌 편저. (2008).「한국의 행정이념과 실용행정」. 파주: 법문사.

이종범. (1986). 「국민과 정부관료제」. 서울: 고려대학교출판부.

이종범. (2006). "서론," 「한국행정학 50년: 1956-2006」. 서울: 한국행정학회: 13-35.

이한빈. (1967). 'POSDCORB'의 재음미. 「한국행정학보」, 1: 103-14.

이한빈. (1968). 「사회변동과 행정」. 서울: 박영사.

임동진·정지범·박경돈·최호진 편저. (2008). 「미래 선진한국의 행정연구」. 파주: 법문사.

정성호. (2001). 한국행정학의 근대성. 정부학 연구, 7(2): 41-65.

정용덕. (1996a). 미국 행정(학)의 '무(無)국가성'이 한국 행정(학)에 미친 영향. 「행정논총」. 34(1): 33-50.

정용덕. (1996b). 한국 행정학 발전의 동인. 한국행정학보. 30(4): 1-17.

정용덕. (2001). 현대 국가의 행정학. 서울: 법문사.

정용덕. (2003). 미국의 국가이념과 행정개혁. 행정논총, 41(3): 1-22.

정용덕. (2006). “행정개혁,” 「한국행정학 50년: 1956-2006」. 서울: 한국행정학회: 379-402.

정용덕. (2009). “한국의 시대적 상황과 주요국 연구의 의의,” 이민호·윤수재·채종헌 편저. 한국의 행정이념과 실용행정. 파주: 법문사: 223-48.

정용덕. (2010). 서론: 공공갈등과 정책조정 연구. 「행정논총」. 48(4): 1-15.

정인흥. (1955). 「행정학」. 서울: 제일문화사.

조석준, (1980). 「한국행정학」. 서울: 박영사.

한국행정연구원 편. (2008). 「한국행정60년: 1948-2008」. 파주: 법문사.

한국행정연구원. (2009). “한국행정연구, 2006-2009,” 행정포커스. 09-10: 1-2.

한국행정학회 편. (2006). 「한국행정학 50년: 1956-2006」. 서울: 한국행정학회.

한영환. (2000). 「발전행정론」. 서울: 아세아문화사

황인정. (1970). 「행정과 경제개발」. 서울: 서울대출판부.

황혜신 외 편저. (2009). 「한국의 미래 행정과 정책과제」. 파주: 법문사.

Allison, G. (1971). The Essence of Decision: Explaining the Cuban Missile Crisis. Boston, MA: Little and Brown.

Dror, Y. (1968). Public Policymaking Reexamined. Chandler Publishing Co.

Jun, J. (2005). The Social Construction of Public Administration: Interpretive and Critical Perspectives. Albany, NY: The State University of New York Press.

Jung, Y. (2005). Stateness in Transition: The Korean Case in a Comparative Perspective. Zeitschrift fuer Staats- und Europawissenschaften (ZSE), 3(3) 2005: 410-33.

Jung, Y. (2010a). The Institutional Change and Continuity of the Korean State Administration, 1948-2010," Korean Social Science Journal. 37(2) 2010: 131-175.

Jung, Y. (2010b). “National Development and Governance in Korea,” Paper Presented at the International Conference of UN Project Office on Governance (Good Governance for National Development), 17-18 June 2010, Seoul.

Jung, Y, et al. (2010). Special Symposium on Public Administration and Governance in a Time of Global Economic Turbulence: Searching for New paradigms," Korean Journal of Policy Studies. 25(1): 57-171.

Kuhn, T. (1962). The Structure of Scientific Revolutions. Chicago: Chicago Univ. Press.

Lasswell, H. (1971). A pre-view of Policy Sciences. NY: American Elsevier Publishing Co

Lindblom, C. (1959). The Science of Muddling Through. Public Administration Review. 19(2): 79-88.

Marini, F. (1971). Toward a New Public Administration. NY: Chandler.

Ostrom, V. (1974). The Intellectual Crisis in American Public Administration. Tuscaloosa: Univ. of Alabama Press.

Simon, H. (1946). The Proverbs of Public Administration. Public Administration Review. 6(4): 53-67.

Wilson, W. (1887). The Study of Administration. Political Science Quarterly. 2(2): 197-222.

Wollmann, H., et al. (1987). Social Science and the Modern State: Knowledge, Institutions and Societal Transformations. Wissenschaftzentrum Berlin fuer Sozialforschung Working Paper # P-87-3.

Wagner, P., et al. eds. (1991). Social Sciences and Modern States. Cambridge: Cambridge Univ. Press.

Waldo, D. (1978). Organization Theory: Revisiting the Elephant. Public Administration Review, 38(6): 589-597.

Wildavsky, A. 1975. Budgeting. Boston: Little, Brown.

4장 (박통희)

강신택. (1971). 한국행정학서설.「한국정치학회보」, 4: 135-144.

강신택. (1987). 행정학 연구방법의 변천과정과 앞으로의 방향.「한국행정학보」, 21(1): 3-32.

강신택. (2005).「한국 행정학의 논리」. 서울: 박영사.

김광웅. (1997). 신행정학서설: 왜 정부학이어야 하는가.「행정논총」, 35(1): 1-16.

김병섭. (2010). 한국행정학의 토착화: 제2세대의 역할과 공헌.「한국행정학회 하계학술대회」 발표 논문.

김운태. (1969). 영역과 방법.「한국행정학보」, 3: 31-36.

김종술. (1987). 행정이론의 규범성.「한국행정학보」, 21(1): 195-212.

김종술. (2005). Missing Link를 찾아서.「kapa@포럼」, 112: 15-17.

김태영. (2007). 행정학 한국화의 주요 논점에 관한 탐색적 연구. 「한국행정학회 동계학술대회」.

노화준. (2010). 정책설계의 사회의 재구성과 발전적 평가의 활용 - 새마을 운동 정책을 중심으로. 「한국정책학회보」, 19(4): 1-34

문태현. (2005). 적실성의 관점에서 본 행정학 교육의 한국화. 「kapa@포럼」, 112: 23-26.

박동서. (1967a). 한국행정이론서설. 「행정논총」, 5(1): 43-62.

박동서. (1967b). 국가발전에 있어서 행정의 역할. 「한국행정학보」, 1: 90-101.

박동서. (1988). 한국행정연구의 사적 변천. 「행정논총」, 26(2): 220-249.

박동서. (1992). 한국행정의 과제와 행정학의 재정향. 「한국행정학보」, 26(4): 1429-1435.

박동서. (1994). 한국에서의 행정이론의 발전. 「행정논총」, 32(2): 1-21.

박동서. (1999). 행정학의 정체성 위기. 「한국행정학회 소식」, 86: 8-9.

박동서. (2004a). 행정연구의 회고와 과제. 대한민국학술원. 「한국의 학술연구: 인문사회과학편 제5집 행정학」, 25-44.

박동서. (2004b). 국가성격의 변화와 행정이론. 대한민국학술원. 「한국의 학술연구: 인문사회과학편 제5집 행정학」, 209-233.

박문옥. (1969). 한국행정학의 발전과정: 경향, 문제점 및 전망. 「한국행정학보」, 3: 9-30.

박병련. (2005). 행정학 연구의 한국황 관한 단상. 「kapa@포럼」, 112: 17-19.

박순애. (2007). 행정학 연구분야의 시대적 적실성에 대한 시론적 연구. 「한국행정학보」, 41(3): 321-344.

박종민. (2006). 한국 행정이론을 위한 비판적 성찰. 「한국행정학 50년: 1956-2006」, pp. 37-59. 서울: 한국행정학회.

박종민. (2009). 행정학의 연구대상. 박종민·정무권 편. (2009). 「한국행정연구: 도전과 과제」. 서울: 박영사. pp. 3-26.

박종민·정무권 편. (2009). 「한국행정연구: 도전과 과제」. 서울: 박영사.

박흥식. 한국행정학 토착화의 실체와 의미. 「kapa@포럼」, 111: 13-16.

백완기. (1978). 한국 행정학의 학문성 정립문제: 과학주의의 입장에서. 「한국정치학회보」, 12: 73-91.

백완기. (1987). 한국적 행정이론의 성립가능성 모색. 「한국정치학회보」, 21(2): 153-174.

백완기. (2003). 행정학사: 행정학과 공공정책. 「한국정치학회50년사」, 서울:한국정치학회.

백완기. (2005). 「한국 행정학 50년」. 서울: 나남출판사.

백완기. (2010). 한국행정학의 토착화에 제1세대 학자들의 역할. 「한국행정학회 춘계학술대회 발표 논문」.

소영진. (2004). 행정학에 있어서 현상학적 방법의 가능성 탐색. 「한국행정학보」, 38(4): 10-20.

소영진·이영철·윤견수·하민철. (2008). 「딜레마와 제도 설계」. 서울: 나남.

안병영. (1979). 한국행정현상과 행정학 연구의 주체성. 「한국정치학회보」, 13: 49-66.

안병영. (2005). 한국행정학의 성찰과 전망. 한국행정학회 춘계학술대회 전임회장단 라운드 테이블 기조 발표 논문.

안병영. (2005a). 행정학의 <토착화>, <한국화>, 그리고<세계화>. 「kapa@포럼」, 111: 6-10.

안병영. (2006). 시대별 국가 과제와 행정학의 대응분석. 「한국행정학 50년: 1956-2006」, pp. 403-432. 서울: 한국행정학회.

오석홍. (2005). 행정학의 한국화 논의, 무엇을 남겼나? 「kapa@포럼」, 112: 10-11.

윤견수 외. (2000). 「딜레마와 행정」. 서울: 나남.

윤재풍. (1999). 행정학 이론. 대한민국학술원. 「학술총람」54집 Ⅲ, 행정학. 349-354.

윤재풍. (2004). 행정학 이론. 대한민국학술원. 「한국의 학술연구: 인문사회과학편 제5집 행정학」, 66-92.

윤재풍. (2005). 우리나라의 공공문제 해결에 최적한 이론의 탐구. 「kapa@포럼」, 111: 10-12.

이도형. (2006). 비교행정·발전행정·국제행정. 「한국행정학 50년: 1956-2006」, pp. 209-226. 서울: 한국행정학회.

이문영. (1963). 한국에 있어서 행정학연구 현황. 「법률행정논집」, 4: 267-279.

이영균. (1994). 행정학연구의 변천에 관한 소고: 박사학위논문분석을 중심으로. 「한국행정학보」, 28(4): 1463-1479.

이종범. (1977). 행정학의 토착하에 관한 논거. 「한국행정학보」, 11: 198-223.

이종범. (1986). 「국민과 정부관료제」. 서울:고려대학교 출판부.

이종범. (2003). 행정이론의 토착화의 재음미:「국민과 정부관료제」에 대한 비판적 성찰. 「한국사회와 행정」, 14(2): 1-22.

이종범. (2005). 한국행정학 연구의 한국화: 이론의 세계화. 「kapa@포럼」, 112: 11-14.

이종범. (2008). 형식주의의 재음미: 딜레마와 상징적 형식주의. 「정부학연구」, 14(3): 5-34.

이종범. (2009). 서평: 한국행정60년, 1948-2008, 1권 배경과 맥락, 2권 국정관리, 3권 공공정책, 4권 사건과 인물. 「한국행정학보」, 43(1): 351-358.

이종범·안문석·염재호·박통희. (1994). 「딜레마 이론 : 조직과 정책의 새로운 이해」. 서울: 나남.

임도빈. (2009). 「정부조직과 시간관리」. 서울: 서울대학교출판문화원.

임의영. (2005). '행정학의 한국'를 위한 단상. 「kapa@포럼」, 111: 26-29.

임의영. (2006). 「행정철학」. 서울: 대영문화사.

전영평. (2008). 한국사회 변동성의 관점에서 본 행정학의 한국화 담론. 「한국행정학회 동계학술대회」.

정무권. (2005). 한국 행정학의 정체성 찾기와 한국화 전략. 「kapa@포럼」, 111: 17-22.

정무권·한상일. (2009). 공공부문의 다양화와 새로운 연구 영역. 박종민·정무권 편. (2009). 「한국행정연구: 도전과 과제」, pp. 27-62. 서울: 박영사.

정성호. (2005). "행정학의 한국화"에 대한 정신분석학적 사색. 「kapa@포럼」, 111: 23-25.

정정길·이달곤 (공편). (1997). 「한국행정의 연구」, 서울: 박영사.

정정길 외. (2005). 「행정의 시차적 접근」. 서울: 박영사.

조석준. (2005a). 한국 행정학의 성찰과 전망. 한국행정학회 춘계학술대회 전임회장단 토론.

조석준. (2005b). 행정학 연구의 한국화. 한국행정학회, 「kapa@포럼」, 112: 8-10.

주상현. (2002). 한국행정학연경향의 실증적 분석: 최근 7년간(1995-2001) 행정학보 기고논문을 중심으로. 「한국행정학보」, 36(3): 39-56.

한국행정연구원 (편). (2009). 「한국행정60년, 1948-2008」, 서울: 법문사.

한국행정학회. (1969) 한국 행정학의 반성과 진로. 「한국행정학보」, 3: ?.

한국행정학회. (2005a). 한국 행정학의 성찰과 전망 (I). 전임회장단 기조 토론. 2005 한국행정학회 춘계학술대회.

한국행정학회. (2005b). [기획특집] 한국행정학의 한국화. 「kapa@포럼」, 111: 6-29.

한국행정학회. (2005c). [기획특집] 한국행정학의 한국화: 행정학 연구의 한국화. 「kapa@포럼」, 112: 8-41.

한국행정학회. (2006). 「한국행정학 50년: 1956-2006」. 서울:한국행정학회.
한배호. (2003). 한국정학 학사: 총론. 한국정치학회(편), 「한국정치학50년사: 1953-2003」, 33-79.
한세억. (2006). 행정학 연구내용의 적실성 소고: 행정학의 정체성 재인식과 지향. 2006년 한국행정학회 동계학술대회에서 발표된 논문.
Frederickson, H. G. (1980). New public administration. Alabama: The University of Alabama Press.
Maslow, Abraham H. (1954). Motivation and personality, 2nd. New York: Harper & Row.
Morgan, Gareth. (1986). Images of Organization. Beverly Hills, CA: SAGE.
Ostrom, Vincent. (1974). The intellectual crisis in American Public Administration. University, Alabama: The University of Alabama Press.
Rainey, Hal G. (1997). Understanding and managing public organizations. San Francisco, Calif.: Jossey-Bass.
Sayre, W. (1947). Premises of public administration: past and emerging. Public Administration Review, 18(2): 102-105.
Simon, H. (1947). Administrative behavior: a study of decision-making processes in administrative organizations. New York: Macmillan.

논평 (염재호)

Appleby, Paul H. (1949) Policy and Administration (University, AL: The University of Alabama Press)
Kettl, Donald F. (2000) "Public Administration at the Millennium: The State of the Field," Journal of Public Administration Research and Theory, Vo. 10, No. 1.
Ostrom, Vincent (1974) The Intellectual Crisis in American Public Administration, Revised Edition (University, AL: The University of Alabama Press)
Simon, Herbert A. (1947) Administrative Behavior: A Study of Decision-Making Processs in Administrative Organization (New York: The Free Press)
Waldo, Dwight (1948) The Administrative State: Study of the Political Theory of American Public Administration (New York: Ronald Press Company)
White, Leonard D. (1955) Introduction to the Study of Public Administration, 4th ed.

(New York: The Macmillan Co.)

Wilson, Woodrow (1887) “The Study of Administration,” Political Science Quarterly, Vol. 2.

논평 (최병선)

김영평. (2009). 정책학의 한국화: 그 빛과 그림자. 「한국정책학회보」, 18(4): 권두사

최병선. (2010). 한국 정책학 발전을 위한 정책학 교육과제. 「한국정책학회보」, 19(1): 권두사

Lindblom, Charles E. (1990). Inquiry and Change. New Haven: Yale University Press.

Wildavsky, Aaron. (2003). “The Political Economy of Efficiency,” in The Revolt Against the Masses and Other Essays on Politics and Public Policy. New Brunswick: Transactions Publishers.

제 3 편 교육 제도

5장 (조성한)

강신택. (2005). 「한국 행정학의 논리」. 서울: 박영사.

김주환. (2001). 한국의 행정학교육 수요에 관한 연구: 경기도를 중심으로. 「한국정책학회보」. 10(3): 1-17.

김호정. (2008). 한국행정학의 위기와 조직학연구. 한국정책학회 하계학술대회 발표논문.

이병량. (2010). 행정학의 위기와 행정학 교육: 한국 행정학 교육의 실용성을 위하여. 「행정논총」. 48(2): 169-188.

조경호. (2005). 행정학과 학부 교과과정 분석과 발전방안연구. 「한국인사행정학회보」. 4(2): 143-158.

최성락·이혜영. (2009). 한국 행정학 교육의 변화: 행정학 개론서 내용 분석을 중심으로. 「한국사회와 행정연구」. 19(4): 163-185.

NASPAA. (1997). Guidelines for Baccalaureate Degree Programs in Public Affairs/Public Administration. D.C./NASPAA.

Waldo, Dwight. (1980). The Enterprise of Public Administration. Novato: Chandler & Sharp Publishers, Inc.

Wilson, Woodrow. (1987). The Study of Administration. Political Science Quarterly. 2(2): 197-222.

6장 (남궁근)

홍준형. (2008). 행정학·정책학 교육의 방향모색- 서울대학교 행정대학원 정책학과 신설과 교육과정 개편. 한국행정학회 동계학술대회 발표논문.

전영한. (2008). 행정학과 대학원 교과과정 개편- 서울대학교 행정대학원 사례. 한국행정학회 동계학술대회 발표논문.

제갈욱. (2006). 한국대학의 행정학 교육분석. 「한국행정학 50년」. 서울: 한국행정학회.

Jabes, Jak. (2008). "On the Way to Bologna: Development in Public Policy Programs in Europe," in Public Administration and Public Policy Degree Programmes in Europe. Slovakia: NISPAcee Press.

Reichard, Christoph. (2008). The Study of Public Management in GErmany. in Walter Kickert, (ed.) The Study of Public Management in Europe and the UA: A comparative analysis of national distinctiveness, London: Routledge. 42-69.

Bartoli, Annie, (2008). The Study of Public Management in France. in Walter Kickert, (ed.) The Study of Public Management in Europe and the UA: A comparative analysis of national distinctiveness, London: Routledge. 14-40.

Reichard, Christoph & Walter Kickert. (2008). PHD Education in Public Administration and Management in Europe. Public Administration and Public Policy Degree Programmes in Europe. Slovakia: NISPAcee Press.

Pattyn, Valere, Bruno Broucker & Marleen Brans, (2008). Quality Management in Public Administration Master Programms: Towards a Holistic Approach. Public Administration and Public Policy Degree Programmes in Europe. Slovakia: NISPAcee Press.

Brans, Marleen & Valere Pattyn, (2008). Fostering Higher Education Mobility in Europe: Challenges for International Program Collaboration in the Post-Bologna era. Public Administration and Public Policy Degree Programmes in Europe. Slovakia: NISPAcee Press.

공저자 약력(순서는 가나다순)

김석태
Syracuse University 경제학 박사
경북대학교 행정학과 교수

김성기
고려대학교 대학원 행정학 박사
전남대학교 행정학과 교수

김준한
University of Pennsylvania 정책학 박사
아주대학교 행정학과 교수

김현구
University of Pittsburgh 행정학 박사
성균관대학교 행정학과 교수

김현준
Syracuse University 행정학 박사
고려대학교 행정학과 교수

남궁근
University of Pittsburgh 행정학 박사
서울과학기술대학교 행정학과 교수

문명재
Syracuse University 행정학 박사
연세대학교 행정학과 교수

박종민
University of California at Berkeley 정치학 박사
고려대학교 행정학과 교수

박천오
Washington State University 정치학 박사
명지대학교 행정학과 교수

박통희
University of Texas at Austin 행정학 박사
이화여자대학교 행정학과 교수

백완기
Florida State University 정치학 박사
고려대학교 행정학과 명예교수

송하중
Harvard University 정책학 박사
경희대학교 행정학과 교수

송희준
University of Pennsylvania 정책학 박사
이화여자대학교 행정학과 교수

염재호
Stanford University 정치학 박사
고려대학교 행정학과 교수

유민봉
Ohio State University 행정학 박사
성균관대학교 행정학과 교수

유재원
University of North Carolina at Chapel Hill 정치학 박사
한양대학교 행정학과 교수

윤견수
고려대학교 대학원 행정학 박사
고려대학교 행정학과 교수

윤성식
University of California at Berkeley 경영학 박사
고려대학교 행정학과 교수

윤재풍
동국대학교 대학원 행정학 박사
서울시립대학교 도시행정학과 명예교수

이승종
Northwestern University 정치학 박사
서울대학교 행정대학원 교수

정용덕
University of Southern California 행정학 박사
서울대학교 행정대학원 교수

조성한
University of Chicago 사회정책학 박사
중앙대학교 공공인재학부 교수

최병선
Harvard University 정책학 박사
서울대학교 행정대학원 교수

하연섭
Indiana University at Bloomington 정책학 박사
연세대학교 행정학과 교수

한국행정학의 방향 -교육, 연구 및 제도-

2011년 6월 15일 초판인쇄
2011년 6월 20일 초판발행

편저자 박종민·윤견수·김현준
발행인 안 종 만
발행처 (주) 박영사
서울 특별시 종로구 평동 13-31번지
전화 (733)6771 FAX (736)4818
등록 1959. 3. 11. 제300-1959-1호(倫)

저자와 협의하에 인지첩부 생략함

www.pakyoungsa.co.kr e-mail: pys@pakyoungsa.co.kr

파본은 바꿔드립니다. 본서의 무단복제행위를 금합니다.

정 가 20,000원 ISBN 978-89-6454-158-6